HISTOIRE

CIVILE & RELIGIEUSE

DE GRASSE

PENDANT

LA RÉVOLUTION

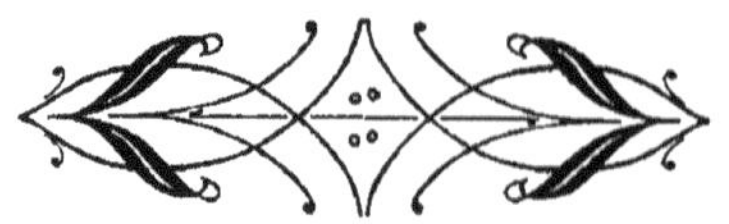

ON TROUVE A LA MÊME ADRESSE :

Prières et Cantiques pour la Première Communion et les Pèlerinages, prix 0.30 ; 20 pour 5 francs 100 pour 20 francs.

Calendrier Liturgique de la Paroisse de Grasse
Prix : 0,20 centimes.

Bulletin Paroissial
Se distribue gratuitement à la Sacristie.

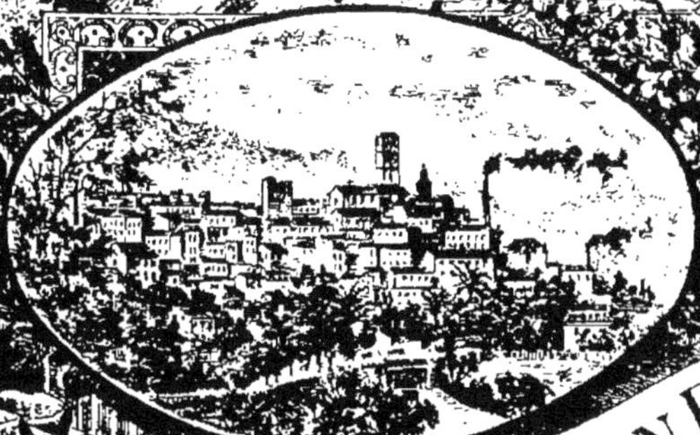

LA RÉVOLUTION FRANÇAISE

Histoire
Civile & Religieuse
DE GRASSE

1re PARTIE

La Ville
La Paroisse
Le Diocèse
Le Clergé
Le Culte

2me PARTIE

La Cathédrale
Les Évêques
Les Religieux
Les Hommes Célèbres
Notes

Église du XIIe Siècle

GRASSE
Chez tous les Libraires.
A la Sacristie de la Cathédrale.

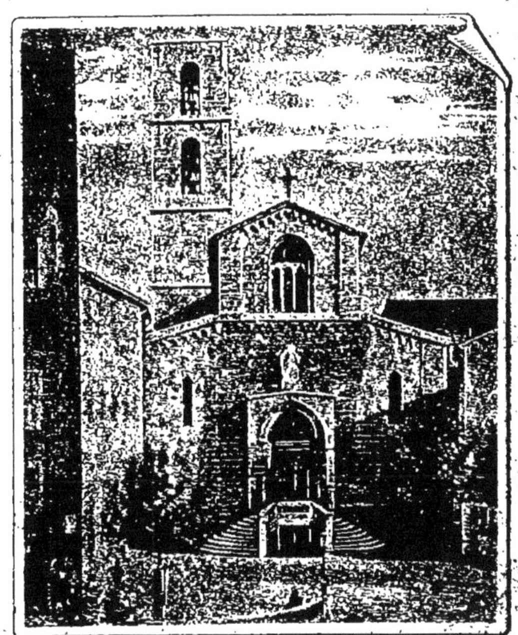

J. PH. LATIL,
Curé de Grasse

HISTOIRE
CIVILE & RELIGIEUSE
DE GRASSE

PENDANT LA RÉVOLUTION

Préface de Monseigneur LATTY, *évêque de Châlons.*

La Révolution n'a pas produit dans ces contrées les mêmes effets qu'ailleurs et la Religion s'y est conservée au milieu des agitations les plus violentes.

(*Mgr. Colona d'Istria, Évêque de Nice*)

Discours de prise de possession.

GRASSE

A la Sacristie de la Cathédrale et chez tous les Libraires.

A LA MÉMOIRE

DE MA SŒUR BIEN-AIMÉE

SUR LES GENOUX DE LAQUELLE,

TOUT PETIT ENFANT,

APRÈS LA MORT DE NOTRE SAINTE MÈRE.

J'AI APPRIS A CONNAITRE ET A AIMER DIEU.

A Mes chers Paroissiens.

C'est pour vous, Mes chers Paroissiens, et pour vous seuls, que j'ai écrit ces pages. Le reste du monde m'importe peu. Je n'ai connu que vous dans ma vie, je n'ai travaillé que pour vous, et je n'ai qu'une ambition, c'est de vous être utile et de conduire vos âmes au ciel.

Voilà le seul but qui m'a fait entreprendre ce travail, et surmonter beaucoup de fatigues pour réunir les documents religieux qui honorent votre pays.

J'en ai formé un petit recueil, je vous l'offre avec bonheur; vous n'y trouverez pas les charmes du style, mais, à chaque page, un peu de mon cœur.

J'ai pensé que l'exemple de vos pères, dans les temps malheureux où ils ont vécu, servirait à vous donner du courage à l'époque néfaste et troublée que nous traversons, et vous engagerait à vous rapprocher de Dieu.

Vous habitez le plus beau pays du monde ! Cela seul devrait vous inspirer une grande reconnaissance pour notre Père Céleste. Chez vous, le ciel est si beau, l'air si pur, le climat si sain, la nature si fertile ! Tout charme l'esprit, tout sourit à l'œil ; c'est un pays béni de Dieu : l'abondance des cours d'eau, le voisinage de la mer, les montagnes d'oliviers qui ressemblent de loin à de grandes forêts ! Quelle richesse ! Jamais d'épidémies ! Peu de maladies ! Une race sobre, laborieuse, honnête ! Tout est réuni pour rendre l'homme heureux.

Je vis au milieu de vous depuis 45 ans. J'y étais

venu malade, aujourd'hui je porte assez gaillardement le poids de mes 68 années. Je le dois à votre climat merveilleux, et, aussi bien, aux bonnes relations que j'ai rencontrées dans cette chère paroisse. Car « c'est vraiment curieux, dit LOUIS VEUILLOT, comme le grand soleil et le beau temps favorisent la santé et les honnêtes gens, et permettent la vie douce et tranquille ».

C'est pour moi un devoir de reconnaissance de citer ici les principaux auteurs qui m'ont aidé dans cette œuvre de patriotisme et de religion. Ce sont :

M. SÉNÉQUIER, l'érudit et patient historiographe de notre ville, qui a passé sa vie à recueillir, dans nos archives et dans la tradition, tout ce qui pouvait intéresser notre pays mais en négligeant un peu le côté religieux.

M. EDMOND BIRÉ, dont les études sur la Révolution sont si précieuses, par la sûreté des documents qu'elles renferment.

M. CARION, qui m'a fourni toute la matière de mon premier chapitre, par ses ouvrages sur *l'Ancien Régime*.

M. LÉON ROSTAING, l'auteur d'un excellent ouvrage sur la *Franc-Maçonnerie dans l'Ardèche*, où j'ai puisé largement tout ce qui intéressait mon pays.

M. l'abbé TISSERAND, l'historien trop fécond de toute la contrée, qui a remué toutes les Archives du Département, mais qui, pour avoir fait trop hâtivement ce travail, est tombé dans bien des erreurs. Rarement sont sûrs les renseignements qu'il donne. Cependant il serait injuste de tout rejeter, et je lui ai emprunté beaucoup de faits que j'ai pu vérifier.

M. le Chevalier TOSELLI, le savant auteur de *l'Histoire de Nice depuis sa fondation*, remplie de documents d'une grande valeur pour l'histoire de notre pays.

Enfin M. le Chanoine LAUGIER, dont *l'Étude sur le schisme constitutionnel* forme un arsénal précieux contre les persécuteurs du Clergé.

JE LEUR RENDS CE QU'IL M'ONT PRÊTÉ. (LABRUYÈRE).

Mais j'ai utilisé surtout la tradition. Quelques vieillards respectables qui avaient vu la Révolution ou qui touchaient de près à ces temps : MM. les abbés CLÉRIQUE, REBOUL, SARRAZIN etc. MM. MERLE, CRESP, GIRARD ATHANASE, l'aimable Franc-Maçon, qui nous dévoilait si volontiers les mystères de la Secte ; et bien d'autres encore que j'interrogeais souvent sur l'époque Révolutionnaire m'ont raconté les faits intéressants que je signale, et qui sont maintenant complètement oubliés, parce qu'ils n'avaient été consignés nulle part.

*********************-**********************

Lettre à Monseigneur MICHEL-ANDRÉ LATTY,
Évêque de Châlons.

MONSEIGNEUR,

Je vous envoie la première partie de cet ouvrage que Votre Grandeur a manifesté le désir de connaître.

Vous n'y trouverez rien du jeune professeur de belles-lettres, que vous avez connu, il y a longtemps, au Petit-Séminaire de Grasse.

Si notre brillant et lettré supérieur, M. BLACAS ; si le savant et austère M. GOATY, qui lui succéda, voyaient ces épreuves, ils n'en croiraient pas leurs yeux.

Serez-vous plus indulgent, vous qui, à cette époque, marchiez déjà à la tête de cette phalange de jeunes et ardents professeurs qui composaient notre chère maison de Grasse, si aimée de nous tous.

Vous qui êtes arrivé par vos vertus et votre seul mérite à cette haute dignité que, parmi nous, chacun vous prédisait déjà !...

Vous vous souviendrez que j'ai blanchi sous le harnois, dans ce beau pays de Grasse, si religieux, mais si absorbant, et vous ne considérerez dans ce travail que l'intention de réhabiliter ma chère paroisse, trop méconnue, et de la glorifier dans la mesure de mes forces.

Excusez cette audace, MONSEIGNEUR ; je compte beaucoup sur Votre Grandeur, qui aime tant ce pays ! Si Elle veut bien aider mes faibles efforts, ma cause sera gagnée.

Ce travail que je dédie à mes paroissiens, avec l'assurance de leur plaire, parce que je leur parle de ce qu'ils aiment, est plutôt un recueil d'extraits d'autres ouvrages et des archives qu'une composition suivie.

Il a été fait avec une montagne de notes, recueillies depuis quarante ans, mais j'ai trouvé une immense consolalion dans la pensée que j'écrivais pour un peuple que j'aime et dont, je crois, être un peu aimé.

Daignez agréer, MONSEIGNEUR l'assurance du plus profond respect de votre bien sincère et vieil ami.

Ph. Latil chn
Cau. arch.

LETTRE PRÉFACE

de Monseigneur LATTY, *Évêque de Châlons.*

MONSIEUR L'ARCHIPRÊTRE ET CHER AMI,

Vous avez trouvé une manière charmante de complimenter vos paroissiens : vous avez écrit, pour eux, l'histoire de leur paroisse.

N'est-ce pas aussi une manière de les prêcher? Peut-être. Mais ils ne peuvent que vous en savoir beaucoup de gré ; car cette prédication ne laisse pas d'être noble, délicate, digne du pasteur et de son troupeau. Rien ne flatte comme les faits ; rien, non plus, ne moralise davantage.

Mais, vous le dirai-je tout d'abord ? les faits que vous nous présentez de l'histoire de Grasse, sont si variés et si précis qu'on se demande comment vous avez eu le loisir et la patience de les chercher et de les réunir en corps d'ouvrage, au milieu des graves et nombreuses occupations de votre ministère.

C'est là, dites-vous, le fruit de quarante années de travail.

On vous croira sans peine : tant de détails abondent dans votre livre ! Origines de toute nature, généalogies, dates, suite des évènements : vous n'avez rien omis de ce qui pouvait rendre votre récit instructif et intéressant. A vous entendre, au début, vous ne vouliez écrire que l'histoire religieuse de Grasse : en réalité, vous nous en faites connaître tout le passé, tantôt dans ses grandes lignes, tantôt en des traits piquants et circonstanciés. Ce que fut la cité dans sa vie propre, ses franchises et ses servitudes, son administration municipale, politique et même militaire, ses luttes intestines ou extérieures, son industrie et son commerce, et, parmi les mouvements divers d'une activité toujours croissante, les idées qui l'animèrent et lui donnèrent, avec des mœurs solides, un caractère très marqué et une physionomie vraiment vivante ; vous touchez à tout cela, rapidement, mais de façon suffisante à nous attacher sans cesse à votre sujet, et à nous entraîner agréablement à votre suite jusqu'au bout de votre narration. Les éléments complexes qui en forment la trame, s'y trouvent fondus naturellement : on sent qu'ils ont longtemps vécu dans votre pensée, et que, lorsque vous avez voulu écrire votre histoire, vous n'avez eu qu'à laisser courir votre plume, librement, au fil des années, sous l'impulsion facile de vos innombrables et fidèles souvenirs.

Aussi quel style aisé, sobre et pressant à la fois ! Et, pour ne citer qu'un trait, quelle simplicité d'expression et quelle vérité de ressemblance dans ce portrait du peuple Grassois en sa longue histoire : « Ce peuple industriel, travailleur, aimait sa maison, sa famille, sa religion par dessus tout. »

On ne pouvait dire mieux, ni plus fortement ; et ce portrait reste toujours vrai.

* * *

Il faut reconnaître, pourtant, que ce sont les faits religieux qui dominent dans votre livre ; et il semble bien qu'en les mettant sous les yeux de vos paroissiens, vous avez voulu leur en faire honneur, et leur dire, aussi, par manière de conclusion : « Ne dégénérez pas de vos ancêtres. »

Ils furent, en effet, des vaillants dans la foi, les ancêtres de la cité dont vous avez la garde spirituelle. Ce que vous nous racontez, en particulier, de leur attitude pendant la grande Révolution, est émouvant comme un drame, et admirable comme le plus pur héroïsme : c'est une page qu'on pourrait faire figurer aux *Acta Martyrum*. Vous nous montrez un peuple qui reste inaccessible aux nouveautés impies dont la France est alors troublée, et qui, au plus fort de la tourmente, suit les offices de l'église avec l'assiduité tranquille des anciens jours. Son nombreux clergé lui donne l'exemple d'une inviolable fidélité à l'orthodoxie : c'est à peine si quelques prêtres faiblissent jusqu'à prêter « le serment du schisme » ; et ils le font si discrètement, ils se distinguent si peu des autres prêtres dans l'ordinaire de leur vie et de leur ministère, qu'on ne prend pas garde, d'abord, à l'irrégularité de leur situation. Dès qu'ils sont connus et « notés » comme schismatiques, on les abandonne, et on va aux « insermentés ». Ceux-ci, au contraire, sont d'autant plus aimés et vénérés que la persécution les menace davantage : on les cache durant les jours les plus sombres de la Terreur ; et on s'expose à la mort, tantôt pour les en sauver eux-mêmes, tantôt pour faciliter l'accomplissement secret de leurs plus saintes fonctions.

Du reste, la crise de la Terrèur fut relativement courte à Grasse. Elle n'y fut même, pour ainsi dire, qu'à l'état intermittent ; et ses excès sanguinaires y furent très limités, surtout si on les compare à ceux qui déshonorèrent tant d'autres villes même moins importantes. Cela tint, sans doute, aux fortes habitudes de religion du peuple Grassois, mais aussi à un sentiment très vif qui le portait à l'indépendance et à une sorte d'autonomie ou de *self-government*, comme vous dites fort à propos.

C'est là un des traits qui distinguent le plus son caractère. Vous avez eu raison de le mettre en relief : car ce trait a persisté à travers bien des mutations ; et ce n'est pas celui qui fait le moins d'honneur à l'antique cité. Grâce à sa force de résistance et à ses énergies religieuses, domestiques et économiques, elle empêcha les violences de la Révolution de prendre pied dans ses murs. On y fut hardi contre les tyrans du jour jusqu'à la satire et au pamphlet ; et, une fois même, trois ou quatre citoyens durent payer de leur tête l'audace de leurs gestes. Mais c'est à ce prix qu'un peuple défend sa foi et sauve sa liberté.

* * *

Il vous appartenait d'écrire une telle histoire, cher Monsieur l'Archiprêtre ; et rien ne pouvait mieux conclure la longue vie sacerdotale que vous avez consacrée au bien de ce riche et beau pays de Grasse. Vous y avez enseigné les belles-lettres et prêché l'Évangile ; vous y avez fréquenté chez les petits et les humbles, comme chez les privilégiés de la naissance et de la fortune ; à tous, vous vous êtes donné, sans compter, depuis près d'un demi-siècle ; et si, d'une main, vous avez su restaurer magnifiquement le temple du Seigneur, vous n'avez pas laissé de répandre, dans le sein du malheureux et de l'indigent, les consolations et les ressources que le bon Dieu et la charité n'ont cessé de mettre à votre disposition. Nul, plus que vous, n'a pénétré dans l'esprit et les traditions de votre paroisse ; nul ne pouvait nous en parler avec plus de compétence et de cœur.

Aussi étais-je curieux de lire votre livre ; car vous savez si j'aime le pays qui fut comme le berceau de ma vie sacerdotale ! J'ai donc lu, ou, plutôt, j'ai dévoré le volume avec un intérêt et une sorte de volupté qui sont allés croissant de page en page. Dans la suite des noms, des tableaux et des faits qui composent votre récit, j'ai retrouvé la cité grassoise, telle qu'elle m'apparut aux jours de ma première jeunesse. Non, certes, qu'on pût alors rien y voir qui rappelât l'ancien régime proprement dit. Mais, pour le fond de l'esprit, du caractère et des tendances générales, elle n'avait guère changé : c'était bien la cité au sens propre et superbe du mot, avec ses habitudes de religion profonde, son mouvement de vie intense et débordante, la juste ordonnance de ses forces et de ses pouvoirs.

Il m'en souvient comme si c'était d'hier. Je vois encore les imposantes et douces cérémonies de sa cathédrale, aux grandes stations de l'année : elles donnaient l'impression d'un peuple croyant et uni. Les prêtres y étaient légion ; vénérables comme des hommes de Dieu, actifs et charitables comme des apôtres du Christ. Le Séminaire y formait couronne près de l'autel, avec ses nombreux élèves, ses jeunes lévites et leurs maîtres savants. Les fidèles emplissaient la nef, sans distinction d'aucune sorte, tous confondus dans un même concert de pensées pieuses et de publique adoration. Les chants étaient simples, graves, bien liturgiques ; et un orgue puissant les accompagnait avec un art exquis : ce peuple à l'esprit positif et commerçant était doué d'un sens musical affiné, dont on serait tenté de voir un signe très expressif dans l'harmonie tout ionienne de sa langue et les inflexions moelleuses et quelque peu piquantes de son accent. J'ai gardé, toute ma vie, le doux et bienfaisant souvenir de cette première vision d'une cité priante et fidèle à la religion des aïeux.

Et, cependant, quelle activité au dehors ! quelle exubérance de vie dans le va-et-vient du négoce et du labeur ! A la population urbaine correspondait une population rurale considérable ; et toutes les deux concouraient, dans un parfait accord, à la prospérité de l'industrie et du commerce du pays tout entier. Pays de rêve en pleine réalité, où de riantes plantations de fleurs et de vastes forêts d'oliviers étaient exploitées avec amour par une race robuste et probe de paysans, les uns réunis en des hameaux pittoresques, les autres dispersés en de rustiques maisons, tous orientés vers la ville comme vers une sorte de capitale, et heureux d'être ses tributaires par leurs produits, leurs besoins et leurs goûts. Ils la voyaient si fièrement assise et si attirante, là-haut, en amphithéâtre, au pied de son Rocavignon !

C'est qu'en effet elle captivait également par ses ressources et par ses charmes. Ses parfumeries et ses usines bourdonnantes, son Cours et son Jeu-de-Ballon avec leur air de fête perpétuelle, son Collège et son Séminaire rivaux de science et de bon renom, son Palais de Justice dominant les micocouliers séculaires du Cours, et son Hospice bien doté et encore mieux ensoleillé, enfin tout ce bruissement de choses que causent les affaires et qu'augmentait encore le constant murmure de fontaines partout jaillissantes : que manquait-il à Grasse pour être un centre de vie, d'action et d'agrément ? C'était une ville qui se suffisait ; et elle le savait. Elle aimait son indépendance ; et elle ne semblait guère se soucier d'attirer en son sein ces colonies d'étrangers, qui sont trop volantes et trop mêlées pour ne pas altérer à la longue l'esprit et les mœurs d'un pays. D'aucuns lui en faisaient un reproche : elle préféra rester elle-même, avec ses jasmins et ses roses, son ciel vif et presque toujours pur, sa vue altière sur les rives lointaines de la mer bleue. N'avait-elle pas raison ?

***

Telle est la ville que je connus, il y a plus de quarante ans. Et, en lisant votre livre, en remontant avec vous le cours de son histoire, je l'applaudissais tout bas de ce qu'elle était restée jusque-là, constante à elle-même et à ses meilleures traditions. Je m'expliquais aussi la suite de sa fortune, la parfaite homogénéité de sa population, et la prestigieuse attraction qu'elle avait si longtemps exercée autour d'elle. Elle avait évolué, progressé, selon les nécessités et les convenances des temps ; elle ne s'était pas reniée.

Mais, au temps où nous sommes, quarante années, c'est plus d'un siècle ; et les causes capables de changer la face d'un pays sont si nombreuses, si violentes, que peu résistent à la puissance de dislocation dont elles sont, pour ainsi dire, douées. Qu'est donc devenue la chère cité dont vous gérez les intérêts spirituels avec votre zèle d'apôtre ?

A-t-elle conservé ses fortes croyances, et fait-elle toujours honneur à ses œuvres pies et charitables ?

A-t-elle encore ce goût des libertés locales qui la défendit, dans le passé, contre les influences et les empiétements de toutes les tyrannies ?

Est-ce qu'elle n'a rien perdu de cette nombreuse classe

moyenne de travailleurs, dont les qualités foncières contribuèrent si puissamment à sa valeur morale et à sa prospérité matérielle ?

Continue-t-elle à être alimentée par une campagne habitée, laborieuse, riche de vie, de santé et de vertu ?

Enfin, dans son ensemble, peut-on affirmer qu'elle n'a pas cessé d'être ce peuple à l'empreinte nettement chrétienne, à la physionomie et aux coutumes originales, puisant dans son labeur et sa probité les raisons toujours vivantes de sa légitime autonomie ?

Voilà bien des questions, un peu indiscrètes, peut-être, mais qui sont de haute portée, et auxquelles vous voudrez, sans doute, satisfaire dans les conclusions de votre ouvrage. Car, le premier volume aura une suite. Vous nous en avez déjà donné les titres pleins de promesses : je pense que nous ne l'attendrons pas trop longtemps ; et, lorsque vous en viendrez à rapprocher les diverses époques de l'histoire de Grasse, et à les comparer avec l'époque actuelle, vous nous direz en historien sincère, sinon désintéressé, ce que nous pouvons craindre ou espérer pour son avenir.

Jusque-là, je tiendrai pour l'espérance. Vous aurez, vraisemblablement, de loyales réserves à faire, et des avertissements de pasteur d'âmes à donner. Mais vos restrictions mêmes ne feront qu'appuyer mes prévisions optimistes ; et je me plais à croire que vous conclurez par le plus heureux et le plus consolant des pronostics.

Veuillez croire, cher Monsieur l'Archiprêtre, aux sentiments inaltérables de ma vieille amitié.

M. A. Latty, *Évêque de Châlons.*

Châlons-sur-Marne, en la fête de l'Epiphanie, 1905.

CHAPITRE 1er

ÉTAT DES ESPRITS EN FRANCE

AU MOMENT DE LA RÉVOLUTION

Qui n'a pas vécu dans les années voisines de 1789 ne connaît pas ce que c'est que le plaisir de vivre. (Talleyrand, mémoires de M. Guizot, Tom. 1. p. 6.)

Alexis de Tocqueville, républicain convaincu et très dur pour l'ancien régime, disait : *Ce qui manque le plus à ceux qui parlent de la Révolution Française, ce sont des idées vraies et justes sur ce qui avait précédé. Les graves erreurs que l'on relève dans les histoires les plus admirées de la Révolution n'ont pas d'autre source que le manque absolu de données précises sur l'état réel de la France au commencement de 1789.*

Pour connaître la verité sur cette époque, il est donc nécéssaire de remonter aux sources historiques, aux documents originaux et aux dépositions des témoins.

Depuis quelques années, des travaux sérieux ont été entrepris en ce sens par des écrivains éminents: A. Thierry, Taine, le bibliophile Jacob (Paul Lacroix), de Tocqueville, Albert Babeau, Biré, Carion et d'autres encore. Aussi, afin de bien faire comprendre l'état des esprits en France en

1789, nous emprunterons les paroles de ces écrivains qui s'imposent par leur science incontestée et nous n'aurons garde d'omettre les avœux des révolutionnaires eux-mêmes.

I

LIBERTÉ INDIVIDUELLE

On a prétendu que le peuple était esclave en France sous l'ancien régime et que c'est pour briser ses chaînes qu'il a fait la Révolution.

Fleury en exposant le droit public, quelques années avant la Révolution, disait sans être contredit : *En France tous les particuliers sont libres, point d'esclavage : liberté pour domicile, voyages, commerce, mariage, choix de profession, acquisitions, dispositions des biens, successions.*

Dans un mémoire, publié en 1789 par une réunion de Magistrats, nous lisons : *Le roi ne règne que par la loi... et il se trouve dans l'heureuse impuissance de la violer.... Dans les causes qui le concernent, il est obligé de plaider devant les tribunaux contre ses sujets. On l'a vu condamné à payer la dîme des fruits de son jardin..... Louis XIV lui-même, le type des rois absolus, ordonne à ses magistrats de lui désobéir s'il leur adressait des commandements contraires à la loi... Terre heureuse,* s'écriaient les magistrats en terminant, *où la servitude est inconnue !*

Dans une brochure publiée en 1789, — Le Réveil de l'Artois, — l'auteur se pose cette question : Que sommes-nous ?

Nous sommes un peuple libre, et cette précieuse liberté nous la tenons de nos ancêtres, de nos pères, qui s'y sont maintenus au prix de leurs travaux et de leur sang. C'est cette liberté qui est la base de notre constitution ; c'est-elle qui nous a préservés, dans une infinité de circonstances, des entreprises de l'autorité arbitraire; c'est à elle que nous devons la conservation de nos lois constitutionnelles. Et qu'on ne pense pas que ces lois, auxquelles on a donné faussement le nom de privilèges, émanent de la libéralité des princes, elles émanent du droit naturel et imprescriptible des peuples, dont la conservation nous est garantie par des pactes, des traités, des engagements synallagmatiques entre nous et nos souverains.

Machiavel lui-même a constaté qu'en France le pouvoir était tempéré par les lois, plus qu'en aucun autre pays. *Le Royaume de France doit la sécurité de son bonheur*, dit-il, *à cette seule condition que les rois y sont soumis à une infinité de lois qui font la sureté de tous.*

Et Racine le fils adressait au roi de France ce beau vers :

Sous un roi citoyen, tout citoyen-est roi.

Aussi après avoir fouillé, avec le zèle de la science et la passion de la vérité, les archives échappées au vandalisme révolutionnaire. A. Thierry poussait ce grand cri d'indignation et de regret : *La France a oublié la liberté, depuis la Révolution de 1789, en substituant le despotisme de la centralisation à l'ancien régime communal qui donnait aux âmes, dans toutes les conditions, du ressort et du nerf.*

***

Un grand fait s'était produit depuis la fin du moyen-âge : la majorité des paysans était devenue propriétaire et au dix-huitième siècle les petites propriétés étaient aussi nombreuses que de nos jours.

Les terres des Seigneurs étaient données aux paysans à titre d'usufruit. Le cultivateur de ces terres était un fermier à bail perpétuel, à charge d'une faible redevance, et en peu de temps il devenait véritable propriétaire de la terre qu'il cultivait.

La petite noblesse vivant dans ses terres, dit TAINE, *était la providence des paysans... J'ai eu beau lire,* ajoute-t-il, *je n'ai pu trouver dans la noblesse les tyrans ruraux que dépeignent les déclamateurs de la Révolution..,.. Le Seigneur visite souvent les paysans dans leurs métairies, il cause avec eux de leurs affaires, du soin de leur bétail, prend part aux accidents, aux malheurs qui leur portent préjudice. Il va aux noces de leurs enfants et boit avec les convives. Le dimanche on danse dans la cour du château, et les dames se mettent de la partie.*

Quand on chasse le loup ou le sanglier, le curé en fait l'annonce au prône ; les paysans avec leurs fusils viennent joyeusement au rendez-vous, trouvent le Seigneur qui les poste et observent strictement la consigne qu'il leur donne. (TAINE, ancien Régime).

Qu'on parcoure les provinces, dit-un avocat contemporain, RENAUDON, cité par TAINE *et les terres habitées par les Seigneurs, entre cent, on en trouvera peut-être une ou deux où ils tyranisent leurs sujets ; dans toutes les autres ils partagent patiemment la misère de leurs justiciables, ils attendent leurs débiteurs, leur font des remises, leur procurent toute facilité pour payer.*

Aussi ces Seigneurs étaient généralement aimés, et en

nombre de cas, les acquéreurs des biens des nobles qui avaient pris le chemin de l'exil, rendirent ces biens à leurs anciens propriétaires, sans vouloir accepter pour eux aucune rénumération.

Dans une relation des Ambassadeurs vénitiens en France, nous lisons cette remarque frappante : *En France le maître se mêle aux valets et aux laquais avec une familiarité incroyable.*

C'est le caractère français qui domine toujours, mais qui était plus prononcé à cette époque : *Etre toujours gai, disait un voyageur anglais en 1785, voilà le propre des Français* (TAINE).

Tout un cycle de fêtes bruyantes donnait à la joie, aux festins et aux danses une large place dans la vie, aux champs comme dans la ville. (CARION, ancien Régime).

On voyait une troupe de paysans et de paysannes se visiter les jours de fête et de dimanche, allant de compagnie à la foire et au marché, et s'assemblant le soir pour se réjouir, pour danser et pour manger la châtaigne. (BABEAU. Le village sous l'ancien Régime).

« En Auvergne, dès que le printemps est arrivé, on ne voit pas une place publique, pas une rue qui ne soit pleine de danseurs » (FLÉCHIER, mémoires p. 243).

Dans le Nivernais, raconte MONTEIL, *soit dans la cuisine, soit dans la prairie, on danse, au son de la musette, les vives bourrées, les vives sauteuses.*

« Les fêtes de village avaient un entrain, un éclat, un caractère qu'elles n'ont plus de nos jours. Elles variaient selon les provinces et les prétextes ne manquaient pas». (BABEAU p. 354).

Ce bonheur et cette joie de tout un peuple ne ressemble guère à l'esclavage.

Ces paysans si joyeux formaient en même temps une race forte et vaillante. C'est elle qui fournit les héroïques soldats de la Vendée et les recrues de l'armée du Rhin et de l'armée de la Loire.

A la ville, la joie et les fêtes se partageaient aussi le cours de l'année. Rien n'égalait l'élégance et la politesse exquise des salons de la haute noblesse et surtout de la cour.

Qui n'a pas vécu dans les années voisines de 1789, disait Talleyrand, ne connaît pas ce que c'est que le plaisir de vivre. (Mémoires de M. GUIZOT, T. I. p. 6).

II

LIBERTÉ COMMUNALE & PROVINCIALE

Un historien moderne, qui a publié l'étude la plus complète sur les libertés de nos pères, M. SÉMICHON, nous dit que cette liberté était entière au moment de la révolution.

Les dix-huit mois, dit-il, qui ont précédé la révolution (d'août 1787 aux premiers mois de 1789), nous frappent singulièrement. Nous nous étonnons de voir toutes les classes, tous les ordres, en un mot la nation se gouverner elle-même, s'appliquer à toutes les affaires : finances, travaux, agriculture, commerce, etc... Le **Self-Gouvernement** *règne dans la France entière, mais l'Assemblée constituante de 1789 l'ayant fait disparaître presque aussitôt, nos pères semblent l'avoir oublié : nos archives départementales sont là pour nous le rappeler.*

« Dans sa remarquable étude intitulée : **Le Village « sous l'Ancien Régime,** M. Babeau démontre que « l'indépendance communale avait été conservée dans la « campagne par l'administration de la monarchie qui l'avait « soustraite au pouvoir du juge seigneurial pour la rattacher « plus directement à l'état. Depuis le moindre village « jusqu'à la plus grande ville, l'histoire véritable, l'histoire « écrite d'après les documents contemporains nous montre « partout l'union des habitants dans la liberté. C'est là « réellement un régime démocratique, basé sur l'élément « moral de la famille, tel qu'il existe encore à peu près « dans le Canada, où les habitants ont conservé en partie « les vieilles coutumes françaises » (CARION).

Pour nos aïeux, comme pour nous, c'était une corvée que de s'occuper des élections, et les charges municipales, comme le mot lui-même l'indique, étaient des fardeaux ordinairement si lourds qu'on redoutait de se les voir imposés.

Mais il n'était pas loisible de les refuser. Ces fonctions étaient obligatoires et la coutume ordonnait la démolition de la maison de celui qui les refusait ; elles étaient temporaires en sorte que tous, à tour de rôle, avaient leur part des charges et des honneurs.

Le vote même était obligatoire, et il y avait une grosse amende à l'électeur qui négligeait de déposer son suffrage dans l'urne aux jours de scrutin.

Voici un extrait de la coutume de Provence :

« Sont obligatoires à sous peine d'amende, le suffrage de « tout chef de famille électeur, et l'assiduité de tout chef de « famille élu.

« Ce suffrage et cette assiduité sont considérés comme « des devoirs.

« Les élus sont responsables dans leurs personnes et dans « leurs biens, s'ils violent les lois ou administrent mal les « finances locales.

« Les électeurs sont responsables dans leurs propriétés, « si la commune devient impuissante à payer.

« Une amende de 20 livres au moins est perçue rigou- « reusement pour tout absent.

« Ni la naissance, ni un privilège quelconque ne peuvent « être un motif d'excuse. Rien n'est omis pour assurer la « sincérité et la sagesse du suffrage, ainsi que l'honnêteté « des élus ».

Un arrêt de la cour des comptes condamne les échevins de Marseille à rembourser une somme de 107,874 livres, irrégulièrement dépensée et à 30,000 livres d'amende

En 1740 une condamnation du même genre frappe les consuls de Toulon.

Le parlement de Provence, s'adressant au roi dans un lettre du 17 février 1774, disait en parlant du regime municipal : « Chaque communauté parmi nous est une famille « qui se gouverne elle-même, qui s'impose ses lois, qui veille « à ses intérêts : l'officier municipal en est le Père ». Il doit veiller aux intérêts de ses enfants et gouverner cette petite république comme sa propre famille. C'est lui qui, aidé de son conseil, doit fixer, répartir et percevoir l'impôt.

C'est lui qui octroye les récompenses ou inflige les punitions.

C'est lui qui juge les différends et condamne les coupables.

Et chacun se soumet à son jugement.

La plupart des communes avaient reçu des chartes d'affranchissement dues à l'initiative des évêques ou des Seigneurs.

Parmi ces documents, deux des plus précieux, qui ont été conservés dans leur intégrité, sont la charte et la loi de Beaumont (1132).

« On chercherait en vain dans notre siècle de lumière « une idéal plus parfait de liberté communale, de bien-être « et de prospérité, dit le marquis de Breda. »

Un Seigneur évêque, Guillaume aux blanches mains, fut l'auteur de cette charte et de cette loi, par laquelle tous les habitants de la ville de Beaumont, devenaient propriétaires d'une portion de terrain suffisante pour assurer leur existence, avec l'usage des bois et des eaux.... Et malgré les vicissitudes du temps, cinq cents communes suivaient encore la loi de Beaumont à la fin du XVIIIe siècle. (*Vie religieuse et militaire au mon-âge par* Paul Lacroix),

***

Il serait intéréssant d'étudier la cause de la ruine de ces libertés et de rechercher ce qui a le plus contribué à nous les faire oublier.

« Les légistes, dit M. Michelet, furent les tyrans de la « France, ils procédèrent avec une horrible froideur dans « leur imitation servile du droit romain et de la fiscalité « impériale. Rien ne les troubles dès qu'ils peuvent répon- « dre à tort ou à travers : scriptum est. Ces cruels démolis- « seurs de nos sages coutumes sont, il coûte de l'avouer, les « fondateurs de l'ordre civil aux temps modernes. Ce droit « laïque est surtout ennemi du droit écclésiastique ».

M. Guizot n'est pas moins explicite ; il constate que « jusqu'à l'époque des légistes la royauté en France n'avait « pas travaillé à se rendre absolue et que la tendance au « despotisme ne commence à se manifester que sous Philippe « le Bel, par l'influence des Jurisconsultes. (GUIZOT, civilisa- « tion en France. IV vol. 15me leçon, (pag. 161, 173).

M. le Play se range au même avis. En parlant des légistes, il dit « au lieu de s'identifier avec les intérêts de « la nation, les légistes ont amoindri les libertés civiles et « politiques, désorganisé le gouvernement local et surtout « détruit les communes, c'est-à dire la partie vénérable, la « plus utile de toute constitution ».

Que dira-t-on dans les siècles futurs des légistes de nos jours ?...

Louis XVI avec sa droiture naturelle combattit les légistes, et malgré le sentiment contraire des parlements, il eut la gloire d'abolir en 1780 la question préparatoire, en 1788 il voulut supprimer la question préalable, mais le parlement fit une telle opposition que l'ordonnance du Roi ne fut point exécutée.

Voila comment le triomphe des légistes rendit possible le régime le plus despotique qu'a subi la France : le régime de la Terreur. (CARION, passim).

III

LIBERTÉ D'ENSEIGNEMENT

La liberté d'enseignement était complète en France en 1789 et l'enseignement ne laissait rien à désirer. M. Villemain, dans son rapport officiel de 1833, nous dit :

« Avant 1789, l'instruction classique, plus recherchée par « le goût et les habitudes des classes riches, était en même « temps plus accessible aux classes moyennes. Par son dé-« cret du 15 septembre 1793, la convention supprime 23 « universités sur 24, — 562 collèges fréquentés par 72,747 « élèves, dont 33 mille recevaient l'instruction purement « gratuite, et plus de 7,200 jouissaient d'une gratuité par-« tielle plus ou moins considérable. L'enseignement était « donné sans rétribution aucune dans beaucoup de collèges « et spécialement dans tous les collèges de Paris depuis « 1709. La gratuité de l'enseignement secondaire n'était pas « un don du gouvernement, mais l'ouvrage de la libéralité « de plusieurs siècles, et pour ainsi dire l'expression même du « progrès de cette civilisation, qui depuis le moyen-âge « avait porté si loin la gloire de la France dans les lettres « et dans les sciences..., Il y avait empressement à tirer de « la classe moyenne et pauvre l'enfant qui annonçait quel-« que talent et on dut à cette disposition bien des hommes « célèbres dans les sciences et dans les affaires ».

« L'instruction primaire était aussi très répandue. « D'après les nombreuses études locales publiées depuis plu-« sieurs années, il est maintenant reconnu qu'à la fin du « XVIIIme siècle la France, dans presque toutes les provin-« ces, était couverte d'écoles nombreuses et florissantes ». (ALLAIN, l'instruction primaire en France avant la Révolution, p. 294, cité par CARION).

Aussi les plus hautes charges de l'Etat avaient souvent pour titulaires des fils d'ouvriers :

Le grand maître de Paris était fils d'un boutonnier,
Le grand maître d'Orléans était fils d'un perruquier,
Le grand maître de Châlon fils d'un bijoutier,

Le grand maître de Bourgogne fils d'un cardeur de laine du faubourg St-Marceau.

« En 1789 il y avait des écoles dans toutes les paroisses, « on en trouvait même dans tous les hameaux trop éloignés « de l'Eglise... Dans la plus grande partie de la France, ni « l'Etat, ni le Clergé, ni le Seigneur ne possédaient le droit « de désigner l'instituteur. C'était librement, dans l'Assem- « blée générale, que les pères de famille passaient, par de- « vant un officier public, le contrat qui confiait l'école à un « maître choisi par eux, pour une ou plusieurs années. Il « faut, écrivait en 1780 l'intendant de Bourgogne, que les « recteurs d'école dépendent des habitants qui les payent ». (BABEAU, l'Ecole du Village. Ch. 1. p. 17).

Oh ! comme nous sommes loin de cette liberté !

Nous lisons dans la Revue des deux mondes, du 15 janvier 1887, sous la plume d'un écrivain distingué, M. CHARLES LOUANDRE : « Nous entendons dire chaque jour « même par des lettrés, que le moyen-âge a systématisé « l'ignorance, que le clergé abêtissait les populations pour « les dominer, que les nobles ne savaient même pas signer « leur nom et qu'ils s'en faisaient honneur : un grand « nombre de monographies locales nous montrent ce qu'il « en est de ces assertions. Au dixième siècle tous les « paysans de la Normandie savaient lire et écrire et bon « nombre n'étaient pas étrangers au latin. Les nobles, loin de « se faire gloire de leur ignorance, s'appliquaient à l'étude « et l'on peut mettre le ban et l'arrière ban des paléographes « au défi de produire une seule charte constatant cette « ignorance ».

Les filles même faisaient des études très sérieuses et l'on peut lire dans les annales de la famille d'Aguesseau que la fille aînée du Chancelier, après avoir appris la littérature, la philosophie et la langue latine, complétait ses études auprès de son père qui lui écrivait : « ce que je « trouve de bon en vous, c'est que vous ne dédaignez pas de « descendre du haut de votre érudition pour vous abaisser à « faire tourner le rouet ».

Ces traditions de fortes études s'étaient maintenues dans beaucoup de familles jusqu'à la Révolution : Mlle de la Lézardière a composé un savant ouvrage sur les monuments originaux des lois et des coutumes des Français, cité avec admiration par les plus érudits professeurs allemands de nos jours, et dont les épreuves étaient revues par Malesherbes en 1789.

« Enfin c'est sous Louis XVI que la France se plaçait à la tête du mouvement scientifique qui devait caractériser les temps modernes : Lavoisier inventait la chimie, Buffon publiait les époques de la nature, Haüy fondait la minéralogie, Lagrange écrivait la mécanique analytique, Jussieu perfectionnait la botanique, Bougainville achevait le tour du monde, Greuze et Vien régénéraient la peinture, Grétry créait la musique nationale ». *(de Lavergne).*

IV

ARMÉE

« La Royauté légua à la Révolution une infanterie solidement encadrée, une magnifique cavalerie, une artillerie que Gribeauval avait faite la première de l'Europe, un remarquable corps d'ingénieurs » (Quarré de Vermeuil, l'Armée de France).

« Il n'y a pas bien longtemps que justice a été faite de

cette légende absurde qui attribuait les premières victoires à la seule ardeur des jeunes levées et à la furie des volontaires ou prétendus tels. M. Camille Rousset a montré, pièces en main, que, sans les vieux cadres de l'armée royale, ces cohues qui semaient volontiers le désordre, n'auraient récolté que la défaite.... Un autre légende non moins absurde et non moins imaginative est en train de tomber à son tour. On a dit et répété que les officiers de l'armée royale, déçus dans leurs ambitions et lésés dans leurs privilèges, avaient presque tous émigré en grande hâte, aussitôt après la prise de la Bastille. Rien n'est plus faux. Ces officiers, profondément imbus du sentiment militaire et ayant sincèrement accepté le nouvel ordre des choses, respectèrent le serment que Louis XVI leur avait demandé de prêter à la nation, au Roi et à la loi ».

« Très peu abandonnèrent leur poste ainsi qu'en font foi les *états militaires* de 1789 à 1792 ».

Pour avoir des idées justes sur ce sujet il serait bon de lire un consciencieux petit livre du Cap.-CHOPPIN, intitulé Insurrection militaire en 1790.

V

MARINE

« Le personnel des officiers avait été épuré avec discer-
« nement, et, quand Louis XVI reconnut les Etats-Unis,
« nous étions prêts à lutter avec l'Angleterre. Au com-
« mencement des hostilités nos forces s'élevaient à 64 vais-
« seaux de guerre, sans compter les frégates et les bâtiments
« inférieurs. Nous avions en 1789 une marine puissante ».

(LÉON GUÉRIN, *histoire marit., de la France*).

VI

JUSTICE

Pendant le règne de Louis XVI des réformes considérables furent tentées pour favoriser le peuple et répandre partout cette justice distributive si désirable pour les classes inférieures : égalité devant la loi, respect de la liberté, suppression de tous les privilèges, réforme de la magistrature, tels étaient les vœux du roi, accueillis avec enthousiasme par l'immense majorité de la France et accomplis en grande partie dans les dernières années de son règne.

VII

MAGISTRATURE

« Les parlements dit M. Ribot, se composaient de ma-
« gistrats qui achetaient leur charge, qui se recrutaient eux-
« mêmes, qui ne connaissaient ni les misères ni les sugges-
« tions de l'avancement. Ils constituaient par conséquent le
« grand corps indépendant du pouvoir civil et pouvaient lui
« faire une opposition efficace ».

« La plus grande différence qui se voit, en cette matière
« entre ces temps et les nôtres, dit TOCQUEVILLE, malgré ses
« préventions contre l'Ancien Régime, c'est qu'alors le gou-
« vernement vendait les places, tandis qu'aujourd'hui il les
« donne ; pour les acquérir on ne fournit plus son argent,
« on fait mieux, on se donne soi-même ».

VIII

AGRICULTURE

« Le règne de Louis XVI, dit M. de Lavergne, fut une
« des plus belles époques de l'Agriculture Nationale. Les

« deux plus grandes conquêtes que l'on ait faites depuis des « siècles, les seules qu'il soit possible de citer, après l'intro- « duction du maïs et de la soie, commençent à s'accomplir : « Parmentier popularisait la pomme de terre, Daubenton « introduisait la race espagnole des moutons.

IX

FINANCES

« Si on veut faire attention à la différence des temps, « écrit M. de TOCQUEVILLE, on se convaincra qu'à aucune des « époques qui ont suivi la Révolution, la prospérité publique « ne s'est développée plus rapidement que pendant les 20 « années qui la précèdent ».

« En 89, d'après le rapport de NÉCKER, le déficit en y « comprenant l'intérêt de la dette, est de 56,150,000 fr. « Ce déficit était le prétexte de la Révolution. Les états « généraux étaient convoqués pour le faire disparaître. « Après quelques années de l'administration révolutionnaire « ce déficit de 53 millions était devenu en déficit de 40 « milliards ». (Ch. D'HÉRICAULT).

X

RELIGION

« Tous les cahiers des états généraux, dit EDGARD « QUINET, se résument par ces mots » : *Concilier la liberté nouvelle avec le catholicisme et l'ancienne royauté »*.

« Tout était facile, tout s'accomplissait de soi tant qu'on « ne touche pas à la religion et au pouvoir ».

Le clergé était disposé à accepter la répartition des

charges publiques sur toutes ses propriétés, sans exception, comme le prouve l'impôt territorial décrété par l'assemblée des notables en 1787 ; et sans la persécution le clergé serait entré volontiers dans cette voie de liberté et de fraternité qui est dans l'esprit de l'Église et qui est la règle de sa constitution.

En outre il ne faut pas oublier que le clergé et les religieux supportaient à peu près seuls toutes les dépenses du culte, de l'instruction publique, généralement gratuite, et de l'assistance des pauvres et des malades.

***

On a beaucoup parlé des vices du haut clergé et du relâchement de certains ordres religieux.

M. de Tocqueville, après avoir étudié à fond cette question, dit : « Je ne sais si, à tout prendre, et malgré les « vices éclatants de quelques uns de ses membres, il y eut « jamais dans le monde un clergé plus remarquable que le « clergé catholique de France. au moment où la Révolution « l'a surpris; plus éclairé, plus national, moins retranché « dans les seules vertus privées, mieux pourvu de vertus « publiques et en même temps de plus de foi. La persécu- « tion l'a bien montré. J'ai commencé l'étude de l'ancienne « société plein de préjugés contre lui, je l'ai finie plein de « regrets.

« J'ai eu la patience, dit-il encore, de lire la plupart des « rapports et débats que nous ont laissés les anciens états « provinciaux, et j'ai été étonné, apportant à cette lecture « les idées de mon temps, de voir des évêques, des abbés,

« aussi éminents par leur sainteté que par leur savoir, faire « des rapports,..... souvent supérieurs à tous ceux des « laïques qui s'occupaient avec eux des mêmes affaires. »

***

Les religieux et les prêtres étaient universellement aimés. L'harmonie sociale était bien mieux établie à cette époque dans la Paroisse, dans l'atelier, dans la famille que de nos jours.

« En fait de charité, dit M. Carion, les moines restent « fidèles à l'esprit de leur institut. En 1781, en Provence, « les dominicains de Saint-Maximin ont nourri leur district, « où l'ouragan avait détruit les vignes et les oliviers ; Les « Chartreux de Paris donnent aux pauvres 1800 livres de « pain par semaine ; Lorsque la disette se fait sentir au- « tour des Couvents, les fermiers distribuent des secours « aux habitants pauvres des campagnes, et pour fournir à « ces besoins extraordinaires plusieurs communautés ajou- « tent à la rigueur de leur abstinence. »

Quand à la fin de 1789 il s'agit de les supprimer, dit encore Taine, *je rencontre en leur faveur des réclamations écrites par des officiers municipaux, par les notables, par une foule d'habitants, artistes, paysans et ces colonnes de signatures rustiques sont vraiment éloquentes.*

Sept cents familles de Cateau-Cambrésis dressent une supplique pour garder les dignes abbés et religieux de l'Abbaye de Saint-André, leurs pères communs et bienfaiteurs, qui les ont nourris pendant la grêle. Les habitants de *Saint-Savin*, dans les Pyrénées, supplient le gouvernement de ne pas supprimer l'Abbaye des Bénédictins, qui est la seule fondation de charité de ce pays pauvre.

« La Chartreuse, disent les habitants de Thionville, est pour nous l'arche du Seigneur; c'est la principale ressource de plus de douze à quinze cents pauvres ».

En vingt endroits, on déclare que les religieux sont *les pères du peuple.* Ils étaient regardés comme les bienfaiteurs du pays et la providence des malheureux.

Les rapports étaient affectueux et sympathiques entre le clergé et le peuple et tous les documents historiques donnent un démenti formel aux assertions des déclamateurs révolutionnaires sur ce point.

XI

FAMILLE

Le peuple n'était donc pas malheureux. en 1789. Il était bien plus libre que de nos jours et sa vie s'écoulait d'une manière plus heureuse et plus tranquille.

Certainement c'était lui qui faisait la plus grande somme de travail, c'était lui qui supportait les plus fortes corvées, c'était lui qui souvent mangeait du pain sec, lorsque d'autres, peut-être moins honnêtes et plus habiles, faisaient grasse chère.

Mais n'est-ce pas toujours ainsi ? Est-ce que le peuple s'est enrichi à la Révolution? Est-ce qu'il a été plus heureux et plus libre après la Révolution ? Et maintenant encore pour qui sont les honneurs ? pour qui sont les richesses? Pour qui les plaisirs de la terre ? Souvent pour les moins délicats et les plus rusés, pour ne pas dire davantage.

Mais le peuple, hélas! a toujours été et sera toujours le souffre-douleur de l'humanité. N'est-ce pas le prolétaire qui, sous la république romaine, payait seul l'impôt du sang ? N'est-ce pas lui encore qui, au moyen-âge, payait seul la dîme, et qui de nos jours est seul soumis aux plus durs travaux et souvent aux plus injustes vexations ?

Paye-t-il moins d'impôts, maintenant qu'il ne paye plus la dîme ? Jouit-il de plus de liberté, maintenant qu'il jouit des immortels principes de la Révolution? Est-ce que le père de famille a pu, à l'aide de ces principes, même au prix d'un dur travail, assurer l'aisance et le bonheur à sa femme et à ses enfants ? Voit-on maintenant dans la cuisine du pauvre la poule au pot tous les dimanches, selon le vœu du bon roi Henri IV ?

Non rien n'est changé, rien n'a été modifié dans la vie du peuple par la proclamation des droits de l'homme. La terre poursuit chaque jour sa course autour du soleil sans transformer l'ordre physique établi par Dieu depuis la création du monde : il y a toujours de petits et de grands arbres, de belles fleurs et des plantes chétives, des champs fertiles et des terres ingrates; de même dans l'ordre moral; c'est notre Seigneur qui l'a dit : *Il y aura toujours des pauvres parmi vous.*

Le bon La Fontaine a traduit cette parole à sa manière :

Jupin pour chaque état mit deux tables au monde :
L'adroit, le vigilant et le fort sont assis
A la première, et les petits
Mangent leur reste à la seconde.

Les gens honnêtes seront toujours trompés par les gens sans probité, sans honneur, le petit oisillon tombera toujours sous la griffe du vautour, mais le peuple en général, et notre bon peuple français en particulier, malgré les excitations au mal et quelques révoltes passagères, retrouvera toujours son bon sens naturel qui le ramènera à la justice et à la vérité : *de la bouche des enfants sort la vérité, et du bon sens du peuple sort l'honnêteté.* Un instant, il se laissera entraîner à des excès, mais, la fièvre passée, il reviendra à son honnêteté native, car tout homme est naturellement chrétien (TERTULLIEN), et tout chrétien lève les yeux au ciel et appelle Dieu à son aide quand il n'est pas subjugué par la fièvre des passions.

Les familles alors, bien mieux que de nos jours, étaient profondément religieuses. Un écrivain, aussi érudit qu'élégant, M. de RIBBE, d'une vieille souche de magistrats, a eu l'heureuse chance de retrouver un certain nombre de *Livres de Raison,* qui nous peignent avec une simplicité naïve les mœurs et les caractères de cette époque et il en a fait l'élément historique de son bel ouvrage sur *les Familles et la Société en France avant la Révolution.*

En ce temps là, l'esprit de foi dominait tout : Dans le *Livre de Raison* d'une famille d'avocats, établie à Aix-en-Provence, un jeune homme reçu docteur en droit à 20 ans, écrivait l'année suivante, à propos de son mariage :

« Voici une des plus importantes actions de ma vie. « Dieu me fasse la grâce que ce soit à son honneur et à sa « gloire ». Puis, à chaque naissance de l'un de ses nombreux enfants, il écrivait : « Je prie Dieu qu'il lui donne sa « crainte et tout ce qu'il connaîtra lui être nécéssaire ».

Un autre, reçu conseiller au parlement, écrit : « Ce « n'est pas sans trembler que j'envisage les devoirs d'un « juge ; tenant la place du Tout-Puissant, j'ai besoin de « ses lumières ».

Un autre, parlant de son enfant, écrit : *Dieu veuille répandre sur lui sa sainte Bénédiction, et le garantir surtout de l'incrédulité.*

Un modeste cultivateur d'une commune des Hautes-Alpes laisse à ses enfants une série d'enseignements qu'il résume ainsi : *Je vous le dis d'un cœur de père et après vous avoir laissé ma Bénédiction : je vous prie d'être toujours bons serviteurs de Dieu et du Roi, de pratiquer la vertu pendant le peu de temps que vous serez en ce monde, afin que nous puissions tous nous voir un jour au Paradis.*

Un honnête bourgeois de Provence recommande à ses enfants « l'amour et la crainte de Dieu, la fidélité au Roi, la « charité envers les pauvres, le zèle envers la Patrie et le « prochain, le respect envers les femmes, la paix entre eux, « tout le reste de leur vie ».

De générations en générations, ces nobles traditions se transmettaient fidèlement. Et ces exemples ne sont pas des exceptions; c'était la règle générale, dans presque toutes les familles.

Dès que les enfants étaient parvenus à l'âge de trois ans, lisons-nous dans *le Livre de Raison* d'un petit notaire de village, *je commençais à leur donner des leçons de lecture, je leur apprenais ensuite à écrire, et à sept ans je leur donnais les premiers principes de la latinité ; mais j'étudiais en même temps leur caractère et leur inspirais de bonne heure l'amour du travail et la crainte de Dieu.*

« Il vaut mieux une bonne réputation que dix mille livres de rente, disait un autre à ses enfants, soyez fort charitables envers les pauvres ; c'est aux aumônes, que l'on a toujours faites dans la maison, que j'attribue les grâces que le Dieu de Miséricorde répand sur elle, et le bien qu'il nous procure ».

Et ces vertus familiales faisaient aussi le bonheur de la société : un homme éminent de la noblesse de Provence, PORTALIS, écrivait en 1780, neuf ans avant la Révolution *qui devait faire oublier à la France la liberté*, selon l'expression D'A. THIERRY : « L'influence que chaque père a chez « nous dans l'administration publique, entraîne quelquefois « des partis, des divisions, mais elle fait aussi que les âmes « conservent du ressort et du nerf dans toutes les conditions; « que l'humanité est partout honorée et que l'on trouve des « hommes, des citoyens, des administrateurs dans les der- « nières classes de la Société ».

***

Ce n'est donc pas le peuple qui a fait la Révolution. Heureuse et prospère par la bonne organisation de l'état, des finances, de la famille, et par ses sages coutumes, la France n'en avait pas besoin.

Le peuple français est léger, frivole, inconséquent, mais point méchant lorsqu'il est lui-même, lorsqu'il n'est pas, entre les mains des factieux l'instrument d'une vengeance ou l'objet d'une effroyable spéculation.

Ce ne sont pas non plus les prétendus abus de l'Ancien Régime, ni la tyrannie des nobles, ni l'orgueil du clergé qui ont déterminé la catastrophe de 1789 ; nous avons vu que ces abus ont été considérablement augmentés.

Même au moment de l'effervescence générale, après la prise de la Bastille, un de nos compatriotes, Luce Gaspari, bien placé à Paris, pour se rendre compte de ce qui se passait, écrivait à son père. *Le roi en ce moment n'a plus ni armée, ni argent, mais il a l'amour de son peuple.*

« Un Anglais venu en France, à cette époque, constate que « les Français ont gardé pour le roi un attachement inviolable, une fidélité, un respect que rien n'a pu ébranler » (John Andrew).

Il faut donc chercher ailleurs l'agent révolutionnaire.

On a dit qu'il sortait de la philosophie du XVIIIme siècle, que Voltaire était le père de la Révolution.

On a dit que la légèreté des mœurs de la haute classe de la Société avait rendu nécéssaire ce soulèvement populaire.

Tout çela, j'en conviens, a aidé puissamment le mouvement révolutionnaire, cela l'a rendu plus facile, mais la cause n'est pas là ; il fallait une organisation puissante pour produire un aussi grand effet ; il fallait une direction sûre et forte, ayant des ramifications partout dans la France, pour donner le mot d'ordre au moment favorable et entraîner la populace qui ne raisonne pas.

***

La Révolution Française ne fut qu'une tentative insensée d'une certaine coterie secrète qui agissait dans l'ombre pour chasser Dieu du monde et le remplacer par les forces humaines.

Cette coterie, cette organisation puissante, c'est la Franc-Maçonnerie. Telle est l'opinion de Taine, de Louis Blanc et de tous les républicains sincères.

« *Il importe,* dit Louis Blanc, dans son Histoire de la Révolution, en parlant de la Franc-Maçonnerie, *d'introduire le lecteur dans la mine que creusaient alors sous les trônes, sous les autels, des révolutionnaires bien autrement profonds et agissants que les Encyclopédistes.* (p. 74).

« HENRI MARTIN n'a pas été moins explicite: il félicite *la Franc-Maçonnerie d'avoir été le* LABORATOIRE DE LA RÉVOLUTION. (*Hist. de France,* p. 535).

« Un franc-maçon Anglais, JOHN ROBISON, secrétaire de l'Académie d'Edimbourg, avait prévenu ces aveux par les paroles suivantes écrites en 1797 : *J'ai remarqué que les personnages qui ont eu le plus de part à la Révolution française étaient membres de cette Association, que les plans ont été conçus d'après ses principes et exécutés avec son assistance.*

« Cela explique pourquoi au moment où l'on abolissait tous les privilèges, on en créait un énorme en faveur de cette association secrète, comme l'a noté un de ses historiens les plus autorisés, le F.·. RAGON : *On a remarqué avec raison, dit-il, que l'Assemblée Nationale avait aboli toutes les corporations, excepté la* FRANC-MAÇONNERIE.

« La Franc-Maçonnerie restant seule debout, fortement « organisée, dirige le mouvement révolutionnaire. C'est « sous la direction des francs-maçons, dans le jardin et les « galeries du Palais Royal, centre de la prostitution, du jeu « et de l'oisiveté, que s'organise cette foule d'habitués de « cafés, de coureurs de tripots, d'aventuriers déclassés, « d'enfants perdus, ou surnuméraires de la littérature, de « l'art et du barreau, d'étrangers et d'habitants d'hôtels garnis, qui vont diriger les émeutes et imprimer la terreur « aux membres de l'Assemblée en embauchant pour cette « besogne les hommes du ruisseau et les femmes du trottoir ». (TAINE).

« *Ils auront une armée à leur ordre, composée de déserteurs, de brigands dont l'aspect sinistre a épouvanté Paris dès le mois d'avril.*

« *L'organisation est la même dans toute la France et le mot d'ordre part des loges.*

« C'est dans le comité de la Loge des Amis réunis, qu'ADRIEN DUPORT annonce, en ces termes, la condamnation de FOULON et de BERTHIER par la secte : *Ce n'est que par des moyens de terreur, qu'on parvient à se mettre à la tête d'une Révolution,.... Il faut donc, quelque répugnance que nous y ayons tous, se résigner au sacrifice de quelques personnes marquantes.*

« *A partir du 14 Juillet, tout se fait par ce ramas d'hommes du ruisseau et des femmes du trottoir, de déserteurs et de brigands ; voilà le peuple du Palais-Royal, qui grace à Dieu, ne fut jamais le peuple français ni même le peuple parisien.*

« M. TAINE, le premier historien, qui ait eu la patience de dépouiller l'immense dossier de la Révolution, est aussi le seul qui n'ait pas profané le nom du peuple, en l'accordant à cette tourbe *d'hommes et de femmes immondes* ; il l'a stigmatisé du nom qui lui convient en l'appelant la *faction jacobine*.

« Les chefs de la Franc-Maçonnerie savaient bien qu'il y avait à craindre un soulèvement d'indignation de la part du vrai peuple, et c'est pour cela qu'ils se hâtèrent de désorganiser la France.

« Sous l'inspiration des Loges, les députés du Tiers-Etat foulèrent aux pieds leur mandat, s'érigèrent en Assemblée Nationale par le serment du Jeu de Paume.

« Contre le vœu de la nation ils abolirent toutes les libertés, toutes les coutumes des villes et des communes pour assurer l'omnipotence de l'Etat par une centralisation absolue. Comme le dit M. A. Thierry, *le jour ou ils frappèrent les existences locales, la France oublia la liberté.*

« Elle se trouva sans point d'appui pour la reconquérir, parce que la constituante *d'une part avait dépouillé, laissé ruiner et proscrire toute la classe supérieure : nobles, parlementaires, grande bourgeoisie. D'autre part elle avait dépossédé ou dissout tous les corps historiques ou naturels : congrégations religieuses, clergé, province, parlement, corporations d'art, de profession ou de métier. L'opération faite, tout lien entre les hommes s'était trouvé coupé. Il ne restait que des individus ; 26 millions d'atomes égaux et disjoints. Jamais matière plus désagrégée et plus incapable de résistence n'avait été offerte aux mains qui voudront la pétrir, il leur suffit pour réussir d'être dures et violentes.* (Taine. La Révolution).

« Ce n'est pas ce qui manquera au régime nouveau : La Terreur. Aussi tout effort individuel devient impuissant pour arrêter ce torrent dévastateur qui ravage la France en tout sens. *Par ce régime,* dit Taine, *300 mille Jacobins sont parvenus à dompter 7 à 8 millions de Français, républicains modérés, royalistes ou indifférents.*

A chaque Révolution, dit à ce propos le Chevalier Toselli, dans son Histoire de Nice, *on a toujours vu des monstres sans nom, des requins à face d'hommes qui profitent avec une sorte de rage dévastatrice de la tempête qui mugit autour d'eux. Ces êtres infâmes, horrible exception de la race humaine, n'ont fait défaut à au-*

cune époque et la Révolution de 1789 en a trop vu malheureusement surgir autour d'elle.

« La Révolution a donc été imposée à la France par la Terreur.

« La Terreur a été organisée par la Franc-Maçonnerie et c'est cette secte, qui, par son action longtemps souterraine et aujourd'hui manifeste et avouée, a été la cause des malheurs de la France depuis 1789. (CARION Passim.)

Les Jacobins de nos jours l'avouent hautement. Pendant qu'il était ministre de la Justice, M. de LANESSAN, présidant une distribution de prix au Grand-Orient, sécriait: *c'est à la Franc-Maçonnerie que la France doit la proclamation des droits de l'homme ; c'est elle qui a sauvé la troisième République ; c'est à elle qu'il faut adresser tous nos remerciements et c'est vers elle qu'il faut diriger tout notre espoir. Et le F.·.* BLATIN à la fin d'un banquet disait naguére *: Je bois à la République, parce que la République c'est la Franc-Maçonnerie sortant de ses temples.*

Mais comment la Franc-Maçonnerie a-t-elle pu organiser et soutenir une pareille puissance ?

Hélas ! c'est par la faute des grands qui, au XVIIIme siècle, étaient tous francs-maçons.

Ils croyaient ainsi sauver leur tête et leurs biens. Ne faisons point d'application aux conservateurs de nos jours.

Voici les noms des principaux Seigneurs de la haute noblesse qui se faisaient honneur d'appartenir à la Franc-Maçonnerie en 1789.

Son altesse S. Me la duchesse de BOURBON, présidait

en 1777, à la tête de toute la noblesse de la cour, frères et sœurs réunis, la Loge d'Adoption « LA CANDEUR », où furent initiées la comtesse de ROCHECHOUART et la comtesse de POLIGNAC. A la suite de ces noms il faudrait citer la plus grande partie de l'Armorial de France :

Le prince de LATOUR D'AUVERGNE, le marquis et le comte de BURNONVILLE, le comte de NEUFCHATEAU, le comte de LACEPÈDE, le marquis de LAURESTON, le comte de GARCY, la marquise de BERSY, la marquise de LAMBALLE ; Pauvre princesse de LAMBALLE ! c'est elle qui présidait, comme grande maîtresse, la Loge du Contrat Social ; — Le châtiment ne fût pas long, mais il fût terrible. — Le duc de MONTMORENCY était grand maître du Rite egyptien en 1784 et le duc D'UZÈS, pair de France, grand officier du Grand-Orient, etc., etc., etc.

Les princes du sang eux-mêmes, sans qu'ils pussent s'en douter, avaient été englobés dans cette vaste conspiration dont ils ne connaissaient point la trame.

Presque tous les bourgeois de nos villes et de nos bourgades se faisaient un honneur d'appartenir à cette société dont ils ne voyaient que le côté de la bienfaisance. Des prêtres même étaient attachés à chaque loge comme aumôniers ainsi que nous le verrons dans la Loge de Grasse.

Mais le peuple simpliste n'a jamais éprouvé de grandes sympathies pour les mystères maçonniques. Il y avait peut-être bien, en ce temps-là comme aujourd'hui, quelques commerçants qui croyaient trouver leur intérêt dans cette association, quelques rares employés qui y cherchaient leur avancement, mais l'ouvrier, l'homme des champs surtout, n'a jamais été franc-maçon. Le peuple est habitué à la lumière vive du soleil, il n'aime pas les ténèbres, il veut la clarté dans les affaires, le grand jour dans les délibérations. Il se méfie des cabinets noirs, des mystères sans raison, des fantasmagories ridicules, voilà pourquoi le peuple n'aime pas la Franc-Maçonnerie, tandis qu'il aime profondément les cérémonies brillantes, chaudes, animées de la religion catholique ; il s'enthousiasme pour les mystères divins qui lui annoncent la grandeur de son âme et les magnificences de la vie future. Il revient avec bonheur dans nos églises qui lui rappellent les plus doux souvenirs de sa vie : c'est là où il a fait sa première communion au milieu de la joie de toute sa famille et des nombreux compagnons de son enfance ; c'est là où il a mis la main dans la main de celle qu'il aimait et qui fait le bonheur de sa vie ; c'est là où chaque dimanche il vient entendre les chants joyeux de la liturgie, accompagnés par la douce voix de l'orgue.

Voilà la vérité. Le peuple n'aime pas plus la Franc-Maçonnerie que la Révolution.

Si des hommes sans aveu ne se rencontraient pas sur ses pas pour exciter en lui les mauvaises passions, jamais le peuple ne se révolterait.

Et on se fait une bien fausse idée de l'état des exprits en France à la fin du XVIIIme siècle, en croyant que le peuple désirait la Révolution.

Les auteurs modernes qui ont parlé dans ce sens se sont livrés tout simplement à une petite guerre à coups de mensonges injurieux contre la religion et la vérité.

***

Mais alors d'où vient qu'une poignée de scélérats a pu

terroriser la France et la réduire au silence sans qu'on ait osé résister ou se plaindre ?

N'est-ce pas ainsi que cela se passe ordinairement dans l'histoire des peuples ? Il suffit de quelques brigands audacieux pour arrêter cinquante personnes et les forcer à se dépouiller en leur faveur. Il suffit d'un chef intrépide avec une poignée d'hommes sous la main pour renverser un gouvernement et briser un trône que l'on croyait solide. Nous l'avons vu bien des fois dans notre siècle... Un homme habile et éloquent peut soulever toute une population et la porter aux plus grands désordres sans que cette foule soit consciente de ce qu'elle fait.

C'est ce qui est arrivé pendant la Révolution..... A chaque émeute nous trouvons un chef qui dirige le mouvement et qui souvent se cache, et une multitude d'hommes qui s'exposent à tous les dangers, sans savoir pour qui ils travaillent, ni à quoi aboutiront leurs efforts.

C'est ainsi qu'a eu lieu l'attaque de la Bastille et sa démolition ; c'est ainsi que furent détruits la plupart de nos châteaux de village, après que les Seigneurs eurent pris la fuite. C'était du pur vandalisme : la destruction pour la destruction, sans but, ni intérêt.

***

Mais on se trompe grandement si l'on croit qu'il n'y a pas eu de la résistance dans la partie sérieuse et réfléchie de la population.

Lisez la défense de Louis XVI par Edmond Biré et vous verrez que la France toute entière se souleva en apprenant la condamnation du roi. A Paris, sur les cinquante avocats survivants à la suppression de leur ordre, douze au moins se réunirent chez Tronson du Coudray, et décidèrent que si le choix de Louis XVI tombait sur l'un deux, tous les autres l'assisteraient comme conseil.

Bien plus, quatre à cinq cents héros, hommes et femmes, s'offrirent en otage pour obtenir la liberté du roi et de sa famille, sachant bien que cet acte de courage leur couterait la vie.

Il parut un nombre considérable de brochures favorables à Louis XVI ; on les lisait partout, à haute voix, au milieu des places publiques et Jean Joseph de LAVILLE paya cette audace par l'échafaud.

***

Aussi, de l'aveu même de CAMILLE DESMOULIN, nous apprenons que la France voulait la mise en liberté de Louis XVI et ce ne fut que par lâcheté et après de longues hésitations que DANTON lui-même, qui ne reculait devant aucun crime, vota la mort. Un journal républicain demandait à la convention, si *elle voulait régénérer le monde par le crime ou par la vertu ?*. La Normandie toute entière se souleva dans un élan d'indignation, et cinquante-deux communes protestèrent, par une adresse à la convention, contre le jugement inique de Louis XVI et on ne craignit pas d'afficher cette adresse sur tous les murs de Paris. Enfin il se rencontra une foule de poëtes, chansonniers, journalistes, publicistes de toute sorte qui ne craignirent pas, pour sauver la vie du roi, de s'exposer à la mort jusqu'au pied de l'échafaud de cette douloureuse victime.

Voici deux couplets d'une complainte intitulée. LOUIS XVI AUX FRANÇAIS, *sur l'air du pauvre Jacques,* qui était chantée partout en ce moment et qui se vendait par milliers, au point, dit un journal de l'époque, qu'elle a fait oublier l'hymne des marseillais :

Si ma mort peut faire votre bonheur,
Prenez mes jours, je vous les donne.
Votre bon roi, déplorant votre erreur
Meurt innocent et vous pardonne.

O mon peuple, recevez mes adieux,
Soyez heureux, je meurs sans peine.
Puisse mon sang, en coulant sous vos yeux,
Dans vos cœurs éteindre la haine.

Cela paraît un paradoxe pour ceux qui n'ont connu la Révolution que par ses crimes : ils s'imaginent que le peuple de Paris et de la France entière n'était plus qu'un ramassis de pillards, de brigands et d'escrocs, tandis que l'on trouve encore un ensemble de vertus admirables et de dévouements sans éclat, lorsqu'on étudie de près l'âme du peuple au milieu de tous les excès de la Révolution.

Après la constitution donnée par l'Assemblée Nationale le 3 septembre 1791, et acceptée par le roi le 14 septembre, on crut partout en France à la pacification des esprits et à la sureté du trône.

TAINE, met en fait que peu de temps avant sa chute, Louis XVI comptait beaucoup plus de partisans qu'au début de la Révolution : 18.000 officiers de tous grades,

71 administrateurs de départements sur 82, la plupart des tribunaux, les commerçants, les fabricants, tous les chefs et la grande partie de la garde nationale, bref l'élite de la nation était pour lui et pour la droite de l'Assemblée contre la gauche. (TAINE).

Aussi les bons citoyens, complètement rassurés, avaient repris leur genre de vie habituel, et n'ayant plus aucune crainte passèrent assez tranquillement l'année 1792.

La Franc-Maçonnerie voulait la mort du roi et elle l'imposa à la Convention par la Terreur. On peut dire que la plupart des conventionnels furent affolés par la peur.

« Transportons-nous, dit CHATEAUBRIAND, à ces moments affreux, voyons les bourreaux, les assassins remplir les tribunes, entraver la Convention, montrer du doigt, désigner au poignard quiconque refuserait de concourir à la mort de Louis XVI.

« Les lieux publics, les places, les carefours retentissaient de hurlements et de menaces.

« On avait déjà eu sous les yeux l'exemple des massacres de septembre et l'on savait à quels excès pouvait se porter une populace éffrénée.

« Il est certain qu'on avait fait des préparatifs pour égorger la famille royale, une foule de députés et plusieurs milliers de proscrits dans le cas où le roi n'aurait pas été condamné.»

D'ailleurs il ne faut pas croire qu'après la mort du roi, après l'exil des prêtres et la défense des cérémonies religieuses, le peuple ait courbé la tête et ait accepté la Révolution avec une entière résignation.

Voici le récit d'une fête religieuse qui avait lieu à Paris, le 30 mai 1793, à la veille de l'arrestation des Girondins, arrivée le 31, et par consèquent au moment où s'ouvre en France le règne de la Terreur.

C'est le citoyen DUTAUD, ancien avocat, devenu policier sous le nouveau régime, qui, après son inspection de la journée, rend compte au ministère de la Justice de ce qu'il a vu dans la rue.

Cette note que feraient bien de méditer nos modernes Jacobins, leur apprendrait comment la foi populaire survit aux révolutions, et comment eux-mêmes, en se montrant sectaires, vont à l'encontre des principes dont ils se réclament et dont ils vivent.

« Mes premiers regards, écrit DUTAUD, se sont portés, « à ce jour de la Fête-Dieu, vers les processions et cérémo-« nies du jour. Dans les Églises j'ai vu beaucoup de peuple « et surtout les épouses des sans-culottes. On faisait la « procession *intra-muros*. J'arrive à la rue Saint-Martin, « près Saint-Méry. J'entends un tambour et j'apperçois une « bannière. Déjà dans tout le qnartier on savait que la « paroisse Saint-Leu allait sortir en procession. J'accours « au devant ; tout y était modeste. Une douzaine de « prêtres, à la tête desquels était un vieillard respectacle, « le doyen qui portait le Rayon sous le dais. Un suisse « de bonne mine précédait le cortège, une force armée de « douze volontaires, à peu près, sur deux rangs, devant et « derrière. Une popülace nombreuse suivait dévotement.

« Tout le long de la rue tout le monde s'est prosterné, « je n'ai pas vu un seul homme qui n'ait ôté son chapeau, « Lorsqu'on à passé devant la porte de la section *Bon con-« seil*, toute la force armée s'est mise sous les armes.

« Quand le tambour qui précédait et les gens qui sui-
« vaient ont annoncé la procession, quel a été l'embarras
« de nos citoyennes de la halle ! Elles se sont concertées
« à l'instant, pour voir s'il n'y avait pas moyen de tapisser
« avant que la procession passât. Une partie se sont pros-
« ternées d'avance à genoux et lorsque le Bon Dieu à passé,
« toutes à peu près se sont prosternées, les hommes ont
« fait de même. Des marchands ont tiré des coups de fusil
« en l'air : plus de cent coups ont été tirés. Tout le monde
« approuvait la cérémonie et aucun, que j'ai entendu, ne
« l'a désapprouvée ».

« C'est un tableau bien frappant que celui-là. J'ai vu dans les physionomies l'image parlente des impressions qui se sont fait si vivement sentir au fond de l'âme des assistants : j'y ai vu le repentir, le parallèle que chacun fait forcément de l'état actuel des choses avec celui d'autrefois. J'y ai vu la privation qu'éprouvait le peuple par l'abolition d'une cérémonie qui fut jadis la plus belle de l'Eglise.

J'y ai vu aussi les regrets sur la perte des profits que cette fète et d'autres valaient à des milliers d'ouvriers Quelques personnes avaient les larmes aux yeux ; les prêtres et le cortège m'ont paru fort contents de l'accueil qu'on leur a fait partout ».

J'espère, citoyen ministre, que vous ne laisserez pas cet article sur votre cheminée. *(La Croix Illustrée)*,

Voilà le peuple de Paris, le vrai peuple de France, tel que nous le trouverons à Grasse dans les chapitres suivants, tel qu'on le trouverait dans toutes les Provinces de notre beau pays, si on voulait bien en dépouiller les archives avec soin.

Lisons encore ces deux lettres bien suggestives : la première a été fournie au Gaulois par M. PAUL COTTIN, directeur de la *Nouvelle Revue Rétrospective.* Elle est datée du 10 juillet 1793.

SECTION DU BON CONSEIL.
Commissaire de Police.

Le Commissaire de Police de la Section du Bon Conseil invite, au nom de l'humanité, les citoyennes sœurs de la Charité, demeurant rue Saint-Sauveur, de vouloir bien se transporter à l'instant rue Saint-Denis, passage du Grand Cerf, chez la citoyenne épouse du citoyen BOISSÈS, même maison du citoyen GLAUT, qui vient d'accoucher et de lui donner tous les secours que doit attendre de leur zèle l'humanité souffrante.

10 Juillet 1793, IIme de la République.

DUMÉRAC.
Commissaire de Police.

L'autre a été reproduite par l'Art et l'Autel, (revue mensuelle, rue Christine 1.) C'est un extrait du registre des délibérations du Corps Municipal de Paris.

15 Juin 1793, IIme de la République.

Sur le rapport des administrateurs des établissements publics, le Corps Municipal arrête qu'il sera accordé à chacune des hospitalières de l'Hôtel-Dieu une somme de 100 livres pour supplément des premiers frais de leur nouveau vêtement jusqu'à la fin de l'année, époque où l'on statuera sur l'objet de leur entretien.

SIGNÉ : PACHE, *maire*,
COULOMBEAU, *greffier*.

Le costume était supprimé, mais les religieuses restaient.

J'espère que ces documents pourront donner une idée juste de l'Etat des Esprits au moment de la Révolution.

CHAPITRE IIme

ÉTAT DES ESPRITS A GRASSE

AVANT & PENDANT LA RÉVOLUTION

Si des Étrangers malveillants n'avaient pas égaré quelques êtres nécessiteux ou rapaces, le peuple, quoique livré à lui-même, n'aurait pas commis le moindre mal.

(*Mémoires de Dabray*).

Sachez encore qu'hier ci-devant Dimanche, il n'y avait pas six boutiques ouvertes dans la ville. (Juillet 1794). *Registre des délibérations de la Société Populaire de Grasse.*

Au moment où éclate en France la grande Révolution, Grasse, ville riche, peuplée de 15000 habitants, place forte, chef-lieu de Viguerie et de Sénéchaussée, Justice Royale, Maréchaussée, etc., est vraiment la petite capitale de la rive droite du Var ; aussi parmi les vœux qu'elle a émis à la dernière assemblée du 22 mars 1789, elle demande d'être érigée en chef-lieu du département, comme ville frontière la plus peuplée de la Sénéchaussée. *(Archives Nationales.)*

Dès le XIme siècle, Grasse renfermait dans son sein une population active et intelligente de plus de 14000 habitants. Son commerce était florissant et s'étendait bien au dehors des limites de la France. Vivant en République, comme plusieurs autres villes de Provence : *Arles, Marseille, Nice, Brignoles, Avignon,* elle formait avec elles une espèce de Confédération Hanséatique, comme plus tard en Allemagne, les villes de *Hambourg, Lubeck*, etc., et se trouvait assez puissante pour traiter d'égale à égale avec GÊNES et PISE et former, avec ces redoutables Républiques, une ligue offensive et défensive :

« Anno ab Incarnatione Domini nostri Jesu Christi
« XVIIII mense novembris, indic. XI.

« In nomine sanctæ et individuæ Trinitatis. Amen, etc.

« Nos Dei Gratiâ, Consules GRASSÆ, facimus consulibus
« Pisanis et Civitati Pisanæ, et omnibus Pisanis et omnibus
« personis Pisani districtus, firmam pacem, etc., etc.

Voilà en quel fier langage, s'expriment nos consuls. Le traité avec la République de Gênes est conçu à peu près dans les mêmes termes.

Déjà en 1154, le pape ADRIEN IV, confiant en la puissance de cette République, écrivait aux Consuls de Grasse, pour leur recommander la défense de Lérins :

« Dilectis filiis Consulibus et universo populo in castro
« GRASSÆ ».

Et plus tard en 1189, le pape CLÉMENT III prie SES BIEN-AIMÉS FILS, LES CONSULS DE GRASSE, *de prendre sous leur protection l'Église Saint-Honorat de l'Abbaye de Lérins*.

Ces appels réitérés de la cour pontificale joints aux *traités de Pise et de Gênes,* alors au sommet de leur puissance, nous donne une idée du prestige de la République de Grasse sur les pays voisins.

Cette ville, au XIIe siècle, rivalisait Marseille, dit TERRIN dans son histoire de Provence, *elle fournissait la France entière, l'Italie et l'Espagne de ses cuirs renommés, de ses savons, de ses huiles dégraissées avec art. Sa forte population, son éloignement de la mer, l'avaient garantie des courses et des pirateries des Sarrazins.*

La ville de Grasse, dit Boucher, *était du nombre de celles qui avaient conservé leur administration ancienne, et qui n'étaient soumises aux Comtes de Provence que par quelques redevances annuelles.*

Elle était administrée par des Consuls élus annuellement, d'abord au nombre de trois, puis de deux seulement, et un conseil municipal qui avait à peu près les mêmes prérogatives que notre conseil actuel.

Les Évêques d'Antibes n'eurent jamais d'autre pouvoir sur Grasse que leur juridiction spirituelle.

La famille *de Grasse* n'avait ni fief dominant, ni droits féodaux sur la ville de Grasse.

Cette famille descendait de Rodoard, prince d'Antibes, qui avait reçu le titre de *Marquis de Grasse,* à cause de ses loyaux services et de ses hauts faits contre les Sarrazins, (980).

Elle se divisait en plusieurs branches, issues de la même souche : Les Grasse-Bar, les Grasse-Cabris, les Grasse-Cannaux, etc. La terre du Bar avait été érigée en comté par François 1er en 1535, en faveur de *Claude de Grasse*, marié à Marguerite de Foix.

Cette illustre famille a fourni des hommes remarquables dans toutes les branches de la société : des amiraux, des sénéchaux, des gouverneurs de province, des Abbés de Lérins, cinq évêques d'Antibes et autant de Grasse et de Vence. LOUIS DE GRASSE-BAR fut chargé de protéger la ville en 1515, au moment de l'invasion du Connétable. Dans tous les sièges de Grasse nous trouvons, au premier rang des défenseurs de la ville, quelque membre de cette famille.

Mais parmi toutes ses gloires, celle que je considère comme la plus grande et la plus enviable, c'est d'avoir donné une grande sainte à l'Église.

MAXIME *était née à Grasse vers la fin du Xme siècle* : c'est le sentiment commun des auteurs. Elevée pieusement par une sainte mère, elle se consacra à Dieu dès l'âge le plus tendre. Elle prit l'habit de Saint BENOIT, dans le monastère d'ARLUC (*ara lucis*), et s'éleva bientôt à la plus haute sainteté. Pendant qu'elle était supérieure du monastère, une invasion de pirates la força à conduire sa petite famille au loin dans les terres ; elle s'avança jusqu'à Callian, et elle éleva, au pied de ce pays, un monastère qu'elle dirigea dans les voies de Dieu jusqu'à sa mort : In pago Forojuliensi qui vocatur Calidianus, Sanctæ Maximæ Virginis, quæ multis clara virtutibus in pace quievit. (BREV. FOROJ.)

Ses reliques furent portées à Fréjus, on ne sait pour quel motif, et pendant plusieurs siècles elles furent honorées dans la cathédrale de cette ville.

Mais en 1517, Louis de Grasse, grand Sénéchal et vice-gouverneur de Provence, voulut restituer à Callian, le corps vénéré de sa Sainte Patronne. Il partit pour Fréjus, escorté d'une troupe de soldats, disant qu'il voulait rendre honneur aux reliques de la sainte, mais peut-être aussi voulait-il en imposer à l'Evêque de Fréjus, afin d'obtenir plus facilement ce précieux trésor. On ne lui fit aucune opposition *pour cette seule raison*, dit ANTELMY, *que Sainte* MAXIME *était de la Maison de Grasse*, et il rapporta solennellement, avec toute la pompe possible, le corps de la sainte au monastère de Callian.

Le Cartulaire de Lérins mentionne les libéralités de cette noble famille en faveur de l'Abbaye : ADALBERT de Grasse, évêque d'Antibes, avait donné en 1038 au monastère, *le lieu de Vallauris, l'Église Saint-Honorat d'Arluc,* et *plusieurs vignes* à Grasse, **Vineam plantatam et non plantatam**, (ce qui nous ferait croire que le nom de *vigne* était donné à toute propriété, comme de nos jours).

En 1790, le monastère de Callian et celui *d'Arluc, (St-Cassien)* furent pillés et détruits. Quand le commissaire du Gouvernement, protégé par 200 soldats, vint pour fermer la chapelle de Saint-Cassien, il trouva toute la population de Cannes, massée sur ce plateau, et prudemment il reprit le chemin de Grasse. Mais le peuple enleva les reliques de la chapelle, pour les préserver de toute profanation, et les porta triomphalement dans l'Eglise de Cannes.

La chapelle fut vendue aux enchères et achetée par neuf Cannois, pour la modique somme de 1500 francs.

Peu de temps après, la chapelle de Valcluse eut le même sort ; elle fut vendue pour 400 francs à dix-sept Grassois, qui s'engagèrent par leur acte d'achat, *à ne jamais changer la destination de la chapelle et à ne l'employer à aucun autre usage*. Par un autre article, *ils s'obligèrent encore à acheter, pour les réunir à la chapelle, le bâtiment qui servait anciennement d'hermitage, et quelque terrain contigu.* (*Notaire* MARTELLY).

Le culte fut donc l'unique mobile de l'achat.

Cela nous révèle bien l'esprit du pays : Religieux avant tout, mais économe.

***

Le 24 Juillet 1227, la Ville de Grasse se donna au comte de Provence, volontairement et aux conditions proposées par elle.

Ce traité avec RAYMOND-BÉRENGER, au moment où ce Prince venait de soumettre toute la Provence à sa domination, grâce à l'habileté de ROMÉE DE VILLENEUVE, son vaillant Sénéchal, est excessivement honorable pour la Ville de Grasse.

La ville accorde au Seigneur Comte tous les droits de Justice, la Seigneurie du Puy avec ses dépendances, et la tour de la fontaine, mais ELLE CONSERVE TOUTES SES IMMUNITÉS ET SES FRANCHISES MUNICIPALES. *Le Comte rétablit la paix entre Grasse et l'Évêque d'Antibes, et entre tous les habitants de la Ville, au sujet des méfaits, rancunes ou injures, faites ou commises contre quelqu'un, etc.*

Ce fut un acte bien solennel ! Quelle imposante cérémonie !

RAYMOND était accompagné d'une cour brillante et entouré du Sénéchal, des Seigneurs les plus vaillants et les plus illustres de la Provence : AUDIBERT d'Esclapon, BLACAS d'Aulps, BONIFACE de Castellane, BERTRAND du Puget-Théniers, CHARLES du Broc, GUILLAUME de Gardanne, GUILLAUME de Solliès, PIERRE de Lantosque, ROSTANY d'Annot, RAIMOND, prévôt de Fréjus, etc., etc.

Et en face de ces preux Chevaliers, les trois Consuls de la Ville de Grasse, avec les insignes de leur dignité, escortés de toute la noblesse du pays, et entourés par une foule immense de bourgeois, de commerçants, d'industriels et des personnes les plus notables de la ville.

Enfin au milieu, sur un riche tapis, recouvrant un meuble somptueux, étaient le livre des Evangiles et un rouleau de parchemin à côté, pour recevoir les engagements réciproques.

Quel merveilleux spectacle ! Et quelle gloire pour notre pays !

Le traité fut rédigé par le notaire BERTRAND, et signé par le comte de Provence, par les Consuls de Grasse et par tous les membres de cette noble et solennelle assemblée.

Les troubadours chantèrent librement ; toute la ville fut en fête, et le peuple se livra aux plus douces réjouissances.

Dès lors, tranquille pour ses états, sous la sage administration de ROMÉE DE VILLENEUVE, RAYMOND-le-GRAND, fit bénir par tous ses sujets son gouvernement paternel. Il n'y eut pas une commune qui ne se ressentit de sa munificence. Sa renommée se répandit au loin : BLANCHE de CASTILLE, reine de France, sollicita pour son fils, la main de sa fille MARGUERITE, qui fut l'épouse la plus parfaite du plus saint des rois, et plus tard BÉATRIX, sa seconde fille, épousa CHARLES D'ANJOU, frère de SAINT-LOUIS.

Ce fut pendant ce temps que ROMÉE fit construire le Château ou DONJON DE VILLENEUVE, où il vint se retirer plus tard, comblé des faveurs du prince, qui ne savait comment témoigner sa reconnaissance à son cher Sénéchal.

RAYMOND s'était rendu à LYON pour assister au concile présidé par INNOCENT IV. Il y reçut de la main du pape la rose d'or, digne hommage rendu à sa piété et à son règne glorieux. De retour à AIX, il y mourut pieusement le 19 août 1245.

Il avait permis aux Grassois, en 1228, de renouveler leur traité avec Gênes, mais avec la clause spéciale qu'il n'y eût rien contre le Gouvernement et contre lui.

Il avait signé lui-même, avec la République de Gênes, un traité qui fixait à la Turbie les limites de la Provence.

Les Comtes de Provence ne regrettèrent point d'avoir traité si libéralement la Ville de Grasse. Ils n'eurent jamais de meilleurs ni de plus fidèles sujets. RAYMOND-BÉRENGER habitait volontiers notre ville. LA REINE JEANNE venait se consoler dans nos murs des tristesses et des malheurs de son règne. LA REINE MARIE comptait sur ses fidèles Grassois pour l'aider à recouvrer son royaume de Naples, et elle les combla de ses faveurs pour reconnaître leur fidélité. Le bon ROI RENÉ, dans sa vieillesse surtout, venait, dit-on, se réchauffer à notre bon soleil, et demander, à notre vivifiant climat un peu plus de vigueur et de force pour ses membres engourdis.

Cependant les Huguenots s'étaient jetés sur la Provence comme le vautour sur sa proie. Ils avaient porté le trouble et la division dans la plupart de nos villes, soufflant partout l'esprit de révolte contre l'Eglise et de soulèvement contre l'autorité. Grasse était atteinte, non par l'hérésie, mais par une espèce de torpeur et d'indifférence qui préparait les voies à la division : un grand coup était nécessaire pour l'empêcher de tomber dans l'erreur. Dieu, qui aime notre pays, lui ménagea ce secours.

Henri III venait de monter sur le trône de France. Parmi les barons qui entouraient son trône, il en avait remarqué un plus actif, plus dévoué et plus fidèle que les autres. C'était le fils d'un président d'Aix, qui avait été attaché à son service, comme écuyer, pendant qu'il était encore duc d'Anjou. Hubert, Baron de Vins, l'avait sauvé d'une mort certaine au siège de la Rochelle, et Henri III, devenu roi, lui donna toute sa confiance et le combla de faveurs.

En apprenant que les Huguenots avaient envahi la Provence, et gagnaient tous les jours du terrain, il appelle son féal baron, et le charge d'aller vers le doux pays de Provence pour défendre ses compatriotes contre les Huguenots.

Le Baron de Vins quitta la cour, rassembla une petite armée, avec des hommes choisis, intrépides comme lui, et se jeta sur les Huguenots avec toute l'ardeur de sa jeunesse : Il avait déjà soumis Aix et les bandes de Montmorency, lorsqu'il apprit la mort du roi, son maître, tombé sous le poignard de *Jacques Clément*.

La Couronne de France revenait par droit d'hérédité à Henri de Bourbon, roi de Navarre, qui était Calviniste.

Le Baron de Vins refusa de reconnaître ce prince comme roi de France, mais apprenant que la région du Var avait acclamé Henri IV, il arrive à marches forcées vers Antibes qu'il soumet. Il s'assure de Saint-Laurent, de Cagnes, de Saint-Paul, où il place Jacques de la Berlière, de Vence qu'il confie au sieur de Luserne, et il fait traîner par des mulets, vers les remparts de Grasse, sous le commandement du sieur Pelloquin, toute l'artillerie dont il pouvait disposer.

Notre ville, sans penser à mal, avait acclamé Henri IV.

Le Baron de Vins furieux se précipita sur elle. C'était sa manière de procéder : Il était appelé *lou matinier*, en Provence, parce qu'il était si prompt, si vigilant, si actif et si intrépide qu'il surprenait souvent au lit ceux qu'il voulait combattre.

Une poignée de soldats courageux, sous les ordres du BARON DE VENCE, était enfermée dans la ville et se préparait à la défendre. Le COMTE DE GRASSE-CANNAUX, LES SEIGNEURS DE GOURDON ET DE CALLIAN, et le SIEUR DE PRUNIÈRE avec ses chevau-légers, étaient venus lui offrir le secours de leurs armes.

L'assaut fut terrible. Après trois jours, nos murailles volaient en éclat ; plusieurs maisons étaient détruites, l'Eglise et le Couvent des Augustins, placés sur les remparts, n'étaient plus qu'une ruine, et la Cathédrale conserve encore les traces des nobles blessures que reçut sa façade pendant ce siège.

CLAUDE DE VENCE, fit des merveilles : Les ligueurs avaient occupé une tour, immédiatement il s'avance vers eux, à la tête de quelques soldats intrépides, les déloge et les précipite du haut des remparts.

Le Baron de Vins ne contient plus sa colère, il s'approche lui-même, avec ses meilleures troupes, jusqu'au pied des murailles. On le reconnait à *sa casaque rouge*, une balle l'atteint au milieu du front, et le renverse raide-mort.

C'était le lundi 20 novembre 1589, le sixième jour du siège.

Le sieur PROVANA DE LAINY vient aussitôt de Nice pour le remplacer, il amène avec lui le Capitaine DE BAUMONT et des troupes fraîches. Le canon ouvre de nouvelles brèches et

Bientôt, la position devenant intenable, Grasse se rend avec tous les honneurs de la guerre : *Les soldats sortiront des murs avec armes et bagages, et les ennemis se tiendront à un quart de lieue de leur passage.* Tels étaient les termes de la Convention.

La garnison partit, tambours battants, mèche allumée et enseignes déployées. Prunière sortit le premier. Il entra un instant dans la tente de Lainy pour le saluer. Les ligueurs en profitèrent pour attaquer ses hommes. *Aux Armes !* s'écria Cannaux, qui venait après lui, et le combat commença vivement. Il y eut une vingtaine de tués, Prunière y perdit ses bagages, Lainy fit des excuses et Cannaux donna cet ordre aux soldats : *tirez dessus, s'ils avancent.*

Personne ne remua, et toute la garnison put regagner ses quartiers, sans être inquiétée.

L'armée victorieuse pénétra dans la ville ; elle trouva partout la désolation et la mort. Mais elle n'eut pas la dignité de sa position : les soldats se livrèrent à toute sorte de désordres, et le gouverneur, nommé par le *Duc de Savoie,* eut la bassesse d'imposer encore les habitants, déjà ruinés par le siège, et de les forcer à donner jusqu'à leur dernier grain de blé et leur dernière obole.

Grasse supporta cette suprême épreuve avec calme et dignité. Elle avait souffert : la souffrance ennoblit l'âme et la rend généreuse autant que le bien-être engendre l'égoïsme. Rien ne fait connaître la valeur d'un pays, d'une famille ou d'un individu comme la souffrance. *Les Grassois* ayant beaucoup souffert, leur cœur s'était aguerri, et ils supportèrent courageusement toutes les humiliations de la défaite, et ses suites fâcheuses.

Le Prince de Savoie, Charles-Emmanuel, enflé de ses succès, crut qu'il était maître absolu de tout le bassin du Var. Il vint occuper *Cagnes*, et envoya cinq compagnies et de la cavalerie à Grasse. Son dessein était d'aller jusqu'à Castellane et de s'emparer de tout le territoire qui sépare ce pays de Nice. Mais arrivé à Grasse, il apprit que les troupes du Roi étaient entrées à Draguignan, que Lesdiguières avait licencié ses hommes, et il s'empressa de repasser le Var.

Un matin, au réveil, le peuple de Grasse, apprend que la garnison *de Savoie* est partie pendant la nuit. Aussitôt il pousse des cris de joie et il acclame de nouveau avec bonheur *le Roi de France* Henri IV.

Pendant ce temps, ce Roi avait abjuré le Calvinisme à *Saint-Denis* et rallié à lui la majorité de la Nation, fatiguée d'une guerre désastreuse. Guillaume le Blanc *ou du* Blanc, (*d'après les Archives de Vence*), évêque de *Grasse*, était allé assister à son abjuration.

Grasse n'a jamais eu que quelques adhérents au protestantisme, quoiqu'elle ait souvent reçu la visite des pasteurs et qu'elle ait eu, à un certain moment, un consistoire. On comptait à peine deux Huguenots dans la villle en 1682. Une petite place de la ville a conservé leur nom.

Les juifs étaient aussi en très petit nombre : Nous trouvons deux banquiers juifs en 1462 : *Jason Jasueris Judœus*, et *Gabriel de Strabor Judœus*. Tous deux avaient prêté de l'argent à la Communauté de *Vence*, et nous avons trouvé leur nom dans les *Archives de cette Ville*.

***

Par le testament de Charles du Maine, neveu et héritier du Roi René, la Provence fut réunie à la Couronne de France sous le règne de *Charles VIII,* fils de Louis XI, qui avait préparé cette réunion (1481).

Nice s'était donnée à la Maison de Savoie depuis près d'un siècle, par *la Convention de Saint-Pons, (1388).*

Grasse avait repoussé toutes les avances de la Maison de Savoie pour l'amener à suivre l'exemple de sa voisine. Elle aimait *la France,* et à défaut des rois aimés de *la Provence,* elle se tournait volontiers vers le roi *de France.*

Et cependant elle savait combien elle aurait encore à souffrir à cause de sa position de ville frontière, qui avait amené sous ses murs tous les plus vaillants guerriers du temps, Charles-Quint, Lesdiguières, le Connétable de Bourbon et le Baron de Vins !

Elle savait surtout qu'elle serait poursuivie par la vengeance de la Savoie, et qu'elle en souffrirait beaucoup.

Mais ce peuple actif, industrieux, intrépide dans la lutte, courageux dans l'infortune et fidèle à la Foi de ses ancêtres, accepta, sans faiblir la vision de tous ces malheurs, et quand vint de nouveau l'adversité, il la supporta avec un courage héroïque : Je veux parler des invasions désastreuses de 1707 et de 1746, pendant lesquelles il fut laissé à ses propres forces.

En 1707, *les Austro-Sardes,* sous les ordres du Prince Eugène et de Victor Amédée, s'étaient avancés jusque sous nos murs. Ils avaient mis toute la contrée à feu et à sang. Les habitants furent imposés et maltraités, et Grasse connut de nouveau toutes les horreurs de la misère et de la faim. Ce souvenir a donné à l'année 1707, le nom fatidique *de l'an de la peur, (l'an de la poou).*

Mais le Comte de GRIGNAN sauva la Provence par l'élan qu'il imprima aux *Toulonnais* et son empressement à réunir des troupes. Pour la quatrième fois le Duc de Savoie et les Impériaux battirent en retraite, laissant 17.000 morts.

Le 11 septembre, le *Marquis de* SAINT-GEORGES reprit *Antibes,* et le 12 il entra à Nice. Les *Provençaux* délirant chantaient partout victoire, mais en rentrant chez eux ils trouvèrent la misère la plus profonde.

Ce fut pendant cette expédition que GRASSE, réduite à la dernière extrémité, ayant envoyé les notables de la ville pour demander un adoucissement à leurs souffrances, ceux-ci ne reçurent que cette réponse : *Vous avez pour vous la raison sans doute, mais nous avons pour nous le droit canon.*

LOUIS XIV fit distribuer gratuitement du blé dans tout le bassin du Var, et éxempta des contributions tout le pays frontière.

La dernière invasion de la Provence et le dernier siège de GRASSE eurent lieu en 1746. Les Austro-Sardes furent chassés par le Maréchal de Belle-Isle, et ils ne reparurent plus dans nos pays.

Ce petit résumé de l'histoire de GRASSE, m'a paru nécéssaire pour mieux faire comprendre l'esprit du pays à la veille de la Révolution.

A ce moment, après un demi-siècle de paix et de prospérité, *Grasse* avait reçu un développement considérable.

Ses marchés et ses foires étaient très fréquentés ; ses huiles, ses essences, ses fruits, ses fabriques de cuir tanné avec la poudre de myrte et de lentisque, lui fournissaient d'abondantes ressources. Sa population de plus de 15.000 âmes, rivalisait presque avec celle de Nice qui n'avait que 20.000 habitants, et elle était le rendez-vous de toute la noblesse du pays.

« Dans les dernières années de l'Ancien Régime, dit M. SÉNÉQUIER, la haute Société de Grasse, très-nombreuse d'ailleurs, menait grand train et jettait le plus vif éclat. De même que les grandes familles de Provence avaient leur hôtel à Aix, de même presque toute la noblesse des environs avait sa résidence à Grasse. Notre ville jouait ainsi le rôle d'une capitale au petit-pied. La tradition nous a conservé le souvenir de la nombreuse et brillante société que Monseigneur de PRUNIÈRE, notre dernier Évêque, réunissait dans ses salons, lorsque les frimas le chassaient lui-même de sa terre du Dauphiné ».

Voici les noms des principales familles qui composaient la Société de Grasse en 1789 :

Le Marquis de *Villeneuve-Vence,* Seigneur de *Barême* et de *Saint-Cézaire,* était Sénéchal au Siège de GRASSE.

M. DE FLORIS était 1er conseiller du Roi à la Sénéchaussée.

M. *Honoré* DE MARTIGNY était Procureur du Roi et son Conseiller à la Sénéchaussée.

M. *Jean-Baptiste* DE TARDIVY *de Thorenc* était Conseiller du Roi à la Sénéchaussée.

FAMILLE DE BOMPARD : *Maximin de Bompard,* Chef d'Escadre des Vaisseaux du Roi, habitait sa maison du Grand-Puy. *L'Abbé de Bompard,* son frère, vic. gén. de Rhodez avait fait construire la belle maison de la Foux (*Maison Vauthier*), qu'il habitait avant son émigration.

FAMILLE DE LOMBARD : *Jean-Paul de Lombard,* Marquis de *Gourdon et de Courmes,* habitait le bel hôtel qu'on a démoli pour faire la Place aux Herbes. *Paul de Lombard,* son fils, était lieutenant de la Compagnie des Maréchaux de France.

FAMILLE DE SABRAN : *Jules César, Marquis de Sabran,* Baron de Beaudinaud, né à Aix, en 1735, habitait souvent Grasse, où il possédait la charmante propriété qui porte encore son nom, *la Sabrane* ; ainsi que son fils : *Elzéar Louis Zosime de Sabran,* né le 3 janvier 1764. Ils émigrèrent tous deux.

FAMILLE DE PONTEVÈS : *Jacques de Pontevès de Bargème,* Seigneur d'Amirat, né à Grasse, le 15 juin 1735, habitait sa maison du Grand-Puy avec sa sœur, *Marguerite de Pontevès,* chanoinesse, née le 18 décembre 1751, qui mourut à Grasse, dans une âge fort avancé. *Amable de Pontevès,* frère des précédents, né en 1739, était chanoine de l'Abbaye de Saint-Victor de Marseille en 1761, aumônier de Mme *Adélaïde,* fille de Louis XV. C'est lui qui fit construire en 1778 le bel hôtel du Jeu-de-Ballon (Maison Amic) qui fut, après le départ des *Pontevès* pour l'exil *la demeure des Administrateurs du Département* — du 23 juillet 1793 au 11 octobre 1795. — Ensuite cet hôtel fut réclamé par la municipalité *« comme maison nationale dépendant de l'émigre de Pontevès »,* pour y installer la bibliothèque, mais il ne servit que de dépôt de livres, jusqu'au jour ou la PRINCESSE PAULINE, *sœur de Napoléon* vint chercher sous notre ciel le rétablissement de sa santé. Melchior Alexandre de Pontevès, prêtre, aumônier de Louis XVI, le plus jeune frère, demeurait dans cet hôtel, à peine construit, au moment de la Révolution.

Alexandre de Pontevès-Bargème, leur père, était *Consul de Grasse* en 1732. Par une exception bien extraordinaire et toute à son éloge, il fut élu deux ans de suite, et la seconde fois par acclamation *« avec des cris et des battements de mains »,* à cause de sa grande popularité. Une ordonnance royale du 11 janvier 1733, ratifia ce vote, *pour cette fois seulement et sans tirer à conséquence.*

Une religieuse de cette famille : Mlle Théodore de Pontevès. (sœur Blaise de Barjols) domiciliée à Draguignan, fut guillotinée à Grasse, le 20 janvier 1793, à l'âge de 71 ans.

FAMILLE DE GRASSE : J'aurais dû la nommer la première. Elle est la plus ancienne, et ses descendants sont encore nombreux, en Picardie, tandis que la plupart des autres ont disparu. Cette famille habitait la maison de la rue Gazan, en face de la porte de l'ancien Evéché (Maison Chauvin), qui fut vendue aux Pontevès et en dernier lieu aux de Calvy. *René Alphonse de Grasse-Bar*, lieutenant des vaisseaux du Roi, vivait à cette époque.

FAMILLE DE L'ISLE : très ancienne, originaire d'Écosse qui habitait Grasse depuis 1497. LOUIS-AUGUSTE DE L'ISLE, chevalier de Saint-Louis, capitaine des vaisseaux du Roi, Seigneur de Taulanne, du Bourguet, de Garron, de Séranon, habitait en ce moment sa magnifique maison du Grand-Puy, achetée par M. Crouët au dernier descendant de cette famille, et qui est maintenant la propriété de l'Amiral de Jonquières.

FAMILLE DURAND DE SARTOUX : représentée par M. Durand de Sartoux, Chevalier de Saint-Jean de Jérusalem, chez qui se réfugia Monseigneur de Prunière, avant de partir pour l'exil. Cette famille habitait la superbe maison, achetée aux Sartoux par M. le Général Gazan, et habitée encore par sa famille.

FAMILLE DE CABRIS : *Jean-Paul de Clapiers, marquis de Cabris,* avait épousé la sœur de Mirabeau. Il avait fait bâtir le bel hôtel situé au passage Mirabeau, actuellement la propriété de M. Paul Bruery, où Mirabeau était venu visiter sa sœur.

FAMILLE DE DRÉE : *André-Paul-Amédée de Drée,* habitait au Grand-Puy, (maison Isnard), *Le Comte Stanislas de Drée,* son fils était lieutenant de Vaisseau.

FAMILLE D'ESCRAGNOLLE : *Jacques Robert d'Escragnolle,* capitaine de cavalerie, de l'ordre royal de Saint-Louis. — Son fils fut le premier à porter le nom de Grasse, parce que la ville avait èté sa marraine (1781), usage qui cessa bientôt. Le dernier filleul de la ville a été M. *Grasse-Mougins de Roquefort,* décédé le 9 mars 1867.

FAMILLE DE VILLENEUVE ; *Claude de Villeneuve-Tourrette,* Pierre de Villeneuve d'Esclapon, Joseph de Villeneuve-Bargemon... et plusieurs autres membres de cette famille.

FAMILLE DE RUSSAN DE THORENC : Il n'existait probablement plus de membre de cette famille en 1789. On voit encore son blason sur la porte du vieil hôtel des Russan à la placette des Sœurs.

FAMILLE DE RABUIS DE THORENC : *Rabuis de Thorenc,* maréchal de camp des armées du Roi.

FAMILLE DE RIOUFFE DE THORENC : Messire de Riouffe de Thorenc, commissaire de Marine ; son frère était vicaire à Cannes en 1789. Il est mort à Ollières en 1845.

FAMILLE DE CALVY DE SAINT-ANDRÉ, de Thorenc, de Montgrand, baron de Vignolès. Paul-Honoré de Calvy, maitre de camp, chevalier de l'ordre royal de St-Louis, resta paisiblement à Grasse pendant la Révolution. Son fils prit le chemin de l'exil.

FAMILLE DE SAINT-FÉRRÉOL, de Mastre, d'Amirat, représentée en ce moment par le Major de Saint-Férréol, commandant à Antibes et sa sœur Aimare.

FAMILLE DE MOUGINS DE ROQUEFORT : *Jean-Joseph Mougins de Roquefort,* maire de la ville de Grasse, né le 1er février 1745, député du Tiers-Etat à l'Assemblée Nationale de 1789, et Boniface Mougins de Roquefort, son frère, curé de la Paroisse, député du Clergé à l'Assemblée Nationale, nommé secrétaire de l'Assemblée, le 9 avril 1791. Ils retournèrent dans leur pays à la fin de septembre 1791.

FAMILLE CRESP DE SAINT-CÉSAIRE : Le chef de cette famille avait été anobli en 1722, comme secrétaire de la Chancellerie près la cour des comptes d'Aix. *Antoine de Cresp,* capitaine de vaisseau, chevalier de l'ordre royal et militaire de Saint-Louis, fut témoin au mariage de Mirabeau.

FAMILLE DU ROURET-GALLIMARD : *L'Amiral du*

Rouret-Gallimard, est mort à Grasse à l'âge de 87 ans, le 22 mai 1835. Il habitait Avenue des Capucins.

FAMILLE D'ANDON ; *François de Fanton d'Andon* a été le dernier lieutenant général civil de la Sénéchaussée. Sa famille vit toujours dans la maison patrimoniale.

FAMILLE GEOFFROY DU ROURET : Famille de marins, de soldats et de prêtres. *Louis Geoffroy du Rouret,* chef de bataillon d'artillerie avait 3 frères : 1° *Geoffroy du Rouret,* vice-amiral ; 2° *Jean Geoffroy du Rouret,* grand vicaire de Monseigneur de Prunière en 1782, et curé d'Antibes, au retour de l'exil : il est mort à Antibes le 15 juin 1835 âgé de 86 ans. 3° *César Joseph Geoffroy du Rouret,* chanoine de la Collégiale de Draguignan : Il émigra en 1793, mais il fut arrêté et ramené à Grasse ; heureusement il n'arriva qu'après la chûte de Robespierre, et il fut renvoyé chez lui, où il demeura sans être inquiété, jusqu'à la fin de la Révolution. Il fut ensuite nommé vicaire de Grasse, où il a exercé le Saint Ministère jusqu'à une extrême vieillesse : il est mort le 3 février 1847, âgé de 95 ans.

FAMILLE DE THÉAS DE THORENC : *François de Théas de Thorenc,* comte du Saint-Empire, chevalier de Saint-Louis, Maréchal des camps et armées du Roi. Il habitait la belle maison du Cours, qu'il avait fait bâtir depuis peu de temps (Maison Roubaud).

Cette famille était très nombreuse : Nous trouvons encore à cette époque, les Théas d'Esclan, les Théas de Gars, les Théas de Caille, les Théas de Castillon. *Jean de Théas, Seigneur de Caille,* avait fait construire le magnifique hôtel de la rue des Dominicains appartenant actuellement à M. de Fontmichel.

Claude François de Théas de Gars est mort à Grasse, le 31 mars 1821, âgé de 85 ans. Jean-Baptiste Théas a été le dernier membre de cette famille.

FAMILLE D'ANTELMY : *Claude Roubaud d'Antelmy,* était receveur du district de Grasse. Son frère François-Yves Roubaud médecin, fut nommé député à la Législative en 1791. Monseigneur d'Antelmy, évêque de Grasse était leur grand-oncle.

FAMILLE D'ISNARD : seigneur de Sartoux et de Mons, anobli pour la belle défense de l'un de ses membres contre Charles-Quint.

FAMILLE COURT DE FONTMICHEL : *Noble Antoine Court de Fontmichel*, conseiller et secrétaire du Roi, en la Chancellerie de Provence, avait acheté à la fin du siècle dernier, le bel hôtel que son petit-fils habite, et qui avait été construit par Jean de Théas.

FAMILLE DE MAZIN : Messire de Mazin, viguier et capitaine pour le roi.

FAMILLE D'AINEZY DE MONPEZAT : Plusieurs membres de cette famille vivaient à Grasse en 1789. (Nous trouvons un Evêque de Glandeves en 1755). Ils habitaient la rue du Cours, numéro 20.

FAMILLE DE CARPILHET : *Honoré de Carpilhet*, lieutenant particulier et premier conseiller à la Sénéchaussée, homme de loi. Paul de Carpilhet, son frère était chanoine de la Cathédrale de Grasse et vicaire général de Mgr de Prunière. Il émigra, et mourut à Pise, dans la paroisse de Sainte-Cécile, le 14 janvier 1798, âgé de 81 ans.

FAMILLE DE BAIN DE SÉRANON : *Marc Antoine de*

Bain, qui avait épousé Marie-Madeleine de Villeneuve-Bargemon, et fut Sous-Préfét de Grasse pendant le 1er empire. *Louis-Antoine Bain*, officier dans les armées.

Mentionnons encore les familles de *Raffelis-Brovès*, et de *Lussigny-Juigné*, qui furent les élus de la noblesse aux États Généraux dont nous parlerons plus loin, et quelques familles dont nous ne trouvons aucun membre à Grasse au commencement de la Révolution : Les Familles de FLOTTE, de BAYON DE SARTOUX, de la TOUR ROMOLLE, de la BAUME, de CHASTEUIL DE CHATEAUNEUF.

A côté de ces familles aristocratiques, vivait la bourgeoisie de Grasse, très riche, très opulente et visant à la noblesse :

Claude AUBIN, bourgeois, avocat, savant botaniste ; *Joseph-Alexandre* AUGIER, bourgeois ; *Pierre-Joseph* AMIC, négociant ; *Antoine-Léandre* AMIC FILS, négoc. ; *Luc* BELLANDOU, négociant ; *Jean-François* BARBERY, bourg. ; *Barthélemy* BARBERY, parf. ; *Antoine-Honoré-Joseph* BOULAY, négociant ; *Jean* BRUN, orfèvre ; *Joseph* BAYLE, homme de loi au tribunal ; *Bruno* COURT, notaire ; *Pierre-Joseph* CHARRIER, orfèv. ; *Joseph* CONTE *et Dominique* CONTE FILS, négoc. ; *Antoine* CRESP, parfumeur ; DEBEZIEUX, parf. ; *Jean-Antoine* EUZIÈRE, bourg. avoc., juge au trib. civil ; *Pierre-Marie-Joseph* FABRE, négoc. ; *Honoré* GONELLE, négoc. ; *Henri* GIRAUD, parf, ; *Joseph-François* FRAGONARD, pharmac. ; *Claude-Scipion* FABREGUES, parf. ; *Claude-Melchior-Palamède* FORBIN, capit. au régiment des carabiniers ; *Jacques* FARGEON, parf. ; GÉRARD, avocat au Parlement ; *Blaise* ISNARD, avocat au Parlement ; *Joseph* ISNARD, chirurgien : ISNARD, négoc. ; MAXIMIN-ISNARD, le fameux conventionnel, dirigeait alors une fabrique de savons à *S^{nt}-Raphaël; Joseph* JEANCARD, parfumeur ; *Honoré* ICARD, parfumeur; *Joseph* GAZAN, avocat au Parlement, père du général de l'Empire, qui a illustré sa famille et son pays par sa bravoure, et qui fut nommé, par l'Empereur *Comte de la Peyrière*: *Honoré-Théodore-Maxime* GAZAN, général de division, né à Grasse, le 29 octobre 1765, décédé le 11 avril 1845 à l'âge de 80 ans; *Honoré* LEVENS, chirurgien ; *Honoré-François* LUCE, négociant; *Dominique* LUCE, négociant. Un membre de cette famille, *Gabriel-Luce de Seillan*, venait d'hériter des *Gasparini* de Corse, et était devenu *Comte de* BELVAL : il était né à Grasse, le 27 janvier 1754 et est mort à Paris, le 29 janvier 1840, après une vie très-aventureuse. C'est de lui que je parle, quand je cite les lettres de LUCE GASPARI ; LAMBERT, médecin ; *Jean-Joseph* HYPOLITE LE CERF, officier de marine ; MERENDOS, avocat au Parlement; *Antoine* MOUTON, parfumeur ; *Jean-André* MARTELLY, notaire ; MARCY, médecin ; *Jean* MARCHAND, parfumeur; MAUBERT, parfumeur, qui avait reçu dans son hôtel, acheté aux Villeneuve d'Esclapon en 1764, le peintre Grassois FRAGONARD, fuyant Paris et apportant à Grasse les magnifiques toiles qu'on a tand admirées, et qui ont été ravies à la France par l'argent d'un Anglais ; *Jean* PEILLON AINÉ, juge de paix ; *Henri* PEILLON, secrétaire du tribunal de commerce ; PEILLON, orfèvre ; *François* PERROLLE, notaire ; *Pierre-François* PUGNAIRE, négociant ; *Honoré* ROUSTAN, orfèvre ; *Pierre-Jean* ROUBEAUD, négociant ; *Pierre-Joseph* REY, négociant ; *Etienne* ROBERT, parfumeur ; *Joseph* SAUTERON, capitaine d'infanterie.

N'oublions pas les noms des trois Consuls en l'année

1789 : *Jean-Joseph* MOUGINS de Roquefort 1er Consul ; *Jean* BONNAFONS-DAUMAS, 2me Consul ; *Jean-Paul* ROUSTAN, 3me Consul.

En 1790, *Pierre-Antoine* CRESP, 1er Consul ; THÉAS-SULLY, chevalier de Saint-Louis, 2me Consul.

En 1791, *Pierre* GIRARD CADET, 1er Consul ; *Jean-François* RICORD, 2me Consul.

Voilà les noms des principaux bourgeois que j'ai retrouvés dans les divers registres de la Paroisse ; je ne prétends pas les indiquer tous. J'ai cru utile de mentionner ceux-là, afin de faire connaître quelle était la Société de Grasse à cette époque. Nous verrons plus loin les noms des prêtres.

***

Les ouvriers, comme de nos jours, étaient complètement absorbés par leur travail ; ils se mêlaient fort peu aux affaires publiques. Un grand esprit d'ordre, une profonde honnêteté, un sentiment toujours chrétien, régnaient dans toutes les familles.

Les Églises étaient nombreuses, et elles étaient très fréquentées. Tous les hommes étaient enrôlés dans une confrérie, dont ils se faisaient gloire d'observer les règlements et de suivre les offices. Il y avait *les Pénitents blancs, les Pénitents noirs, la Confrérie du Saint-Sacrement, la Confrérie de N. D. de la Rouguière, celles du Saint-Rosaire, du Mont-Carmel*, etc.

La plus ancienne Confrérie que nous connaissions, dit Papon, *est celle de Grasse, approuvée par l'Évêque, en 1186*. C'était la Confrérie du *Chaperon blanc* : Tous ses membres portaient un chaperon de toile blanche, et sur la poitrine une petite image de la Sainte-Vierge. Telle fut l'origine des *Pénitents blancs*, affiliés aux Trinitaires. Saint-Jean de Matha, né à Faucon, en Provence, venait de fonder, avec Saint-Félix de Valois, l'Ordre de la Rédemption des captifs, sous le patronage de la *Sainte-Trinité*, et la Confrérie laïque des *Pénitents blancs* s'affilia à leur Ordre, comme plus tard les *Pénitents bleus, aux pères de la Merci,* et les *Pénitents noirs, aux Franciscains.*

Chaque famille s'honorait d'avoir quelques-uns de ses membres dans ces pieuses associations : Les enfants même, dès leur naissance, étaient souvent inscrits sur les listes où figurait le nom de leurs pères. On leur donnait le costume dès qu'ils pouvaient porter la croix et les chandeliers, et ils assistaient avec la Confrérie, aux funérailles, aux processions et à tous les offices de la paroisse.

Nous avons, à la date du mois de mars 1305, les statuts ou règlement des Pénitents blancs de Nice et de Grasse, affiliés à ceux de Gênes. Il existe une bulle de Léon X, en 1516, et une de Paul V, en 1609, et des lettres patentes des rois, de 1539 et de 1544, en faveur des Pénitents blancs.

Les Pénitents noirs ne différaient de ceux-ci que par leur costume. Le roi Henri III, étant à Avignon, se fit affilier à cette Confrérie, et la reine-mère voulut en faire partie aussi : On les vit tous deux à la procession avec l'habit des Pénitents.

C'était, dans les Églises, un précieux secours pour le chant et les cérémonies liturgiques.

Ces Sociétés avaient plus d'influence qu'on ne s'imagine :

Les Pénitents blancs comptaient à Grasse, dans leurs rangs, les plus hautes familles. En 1715, M. du Rouret était prieur ; en 1743 c'était *Joseph Scipion* de Villeneuve-Tourrette-Vence, comme à Vence le marquis de Villeneuve. En 1765, on y voyait l'écuyer AINESY et le procureur *Augustin* ALZIARY. De 1774 à 1780, *Marc-Antoine* CRESP était trésorier.

On lit, dans leurs registres, les noms de MM. de MONS, de BOMPARD, de BEAUREGARD, de SARTOUX, d'ÉMÉRIC.

Soumis à leurs chefs, ils marchaient comme un seul homme, au moindre signe : Nous avons l'ordre de voyage des Pénitents blancs de Grasse, pour N. D. de Vie, en 1755, pour N. D. de Valcluse et pour Lérins, tous les ans.

La Confrérie du Saint-Sacrement était la plus importante et la plus riche de toutes. C'était elle qui payait l'organiste de la Cathédrale, qui fournissait toute la cire nécéssaire pour les offices et supportait les frais des réparations les plus urgentes de l'Église. Cette puissante Confrérie construisit la magnifique chapelle du Saint-Sacrement, où elle prodigua l'or et l'argent dans une ornementation très-artistique. Elle voulait, par là, plaire au Dieu qui devait l'habiter, et exciter le peuple à vivre plus près du ciel.

Nous lisons dans le *Livre de Raison* de cette Confrérie :
« La construction de la *Chapelle du Très Saint-Sacrement*
« dans l'Église Cathédrale, fut décidée par délibération du
« 26 décembre 1736, à laquelle MM. les Consuls furent
« appelés, et qui fut approuvée le même jour par le Seigneur
« Évêque (Mgr D'ANTELMY). »

« Le devis dressé par le sieur *Merle*, porta la totalité
« des ouvrages à la somme de quinze mille livres. Les en-
« chères étant ouvertes, *Claude Germain*, maître-maçon de

« cette ville fit offre de construire cette chapelle au prix de « quinze mille livres, sous le cautionnement de *Jean-Louis* « *Germain*, son frère. Personne n'ayant surenchéri, *Claude* « *Germain* fut chargé de ce travail.

« L'acte du prix-fait fut passé le 5 mai 1738, par devant « *Me Négrin* notaire royal, en présence du Seigneur Évêque « et de MM. les Consuls.

« L'ouvrage étant commencé, on fut obligé de l'aban- « donner, parce qu'on ne trouva pas un terrain assez solide « pour les fondements. Par délibération du 7 septembre « 1738, prise en présence du Seigneur Évèque et de MM. « les Consuls, et acquiescée de la part de *Claude Germain*, « il fut déterminé de réduire la longueur de la chapelle.

« Un second devis fut dressé le 26 octobre 1739, pour « être exécuté dans tous ses chefs, par le sieur *Claude Ger-* « *main*, moyennant la somme de neuf mille trois cent cin- « quante livres.

« La dite chapelle fut finie en 1744 et bénie par Mgr « *d'Antelmy*.

« Le 20 Juin 1749, un autel en marbre fut commandé au « sieur *Fossati*, sculpteur à Marseille, au prix de quatre « mille cinq cents livres, sous la condition que les sieurs « directeurs paieront les nolis, les droits et la voiture du « transport de tous les marbres, et les maçons pour la « façon.

« Par délibération du 14 août 1757, il fut décidé de paver « en marbre le sanctuaire de la chapelle du St-Sacrement. « Ce travail coûta 213 livres 14 sols. Quelques parties de « l'autel furent dorées, moyennant la somme de 160 livres.

« Enfin le tableau de la chapelle du Saint-Sacrement a

« été fait par le sieur *Fragonard* de cette ville, [1] résidant à « Paris, en conformité de la délibération du 18 mai 1754. Le « 10 mai 1755, le sieur *Fragonard*, fournit sa quittance de « la somme de sept cents livres, pour le prix du dit tableau. « Ce paiement fut approuvé par délibération du 24 mai 1755 ».

« Le cadre du tableau a été sculpté par le sieur *Jean-« Baptiste Baillet*, [2] en conformité de la délibération du « 18 Janvier 1756, au prix de cinq cents livres ».

« La tapisserie de brocatelle en cramoisi a coûté douze « cents livres, dix sols, y compris les frais, la toile pour la « doublure et la façon ».

« La croix et les six chandeliers en argent, commandés « au sieur *Manuel* orfèvre, ont coûté 5140 livres ; deux « lampes en argent ont coûté l'une 1867 livres 15 sols et « l'autre 1832 livres 13 sols ».

« La porte ou grille de fer, à l'entrée de la chapelle, a « coûté 3220 livres. Elle fut placée le 28 Janvier 1784 ». [3]

On peut juger par ces chiffres de la richesse de la Confrérie.

Voici comment elle était composée :

Le Seigneur Évêque est recteur et président né. Il y a trois recteurs écclésiastiques : deux chanoines et un bénéficier. MM. les Consuls sont recteurs nés. Il y a neuf

---

(1) *Né à Grasse, le 6 avril 1732, mort à Paris en 1806.*

(2) *Mort à Grasse en 1775, âgé de 55 ans. C'est lui qui a sculpté aussi les 4 Evangélistes places dans cette Chapelle et l'Assomption de Valcluse.*

(3) *Enlevée par la Municipalité, en 1790.*

recteurs laïques dont deux honoraires, savoir le Consul sortant et l'ancien trésorier de la Confrérie, deux anciens recteurs confirmés et cinq élus. Le trésorier est un des recteurs laïques, son rang est après l'ancien Consul.

Deux recteurs laïques vont prendre le Seigneur Évêque à l'évêché, et le ramènent jusqu'à la porte de l'évêché. Deux autres recteurs accompagnent MM. les Consuls jusqu'à la porte de l'Eglise.

Telle fut la constitution de cette célèbre confrérie qui existait encore dans toute sa vigueur en 1790, et qui se transforma alors en *Société des Marguilliers, composant la fabrique établie pour les dépenses et frais du culte catholique, des Églises paroissiales et annexes de la ville de Grasse.*

Cette Société continua à se réunir dans la salle capitulaire, pendant tout le temps de la Révolution, et ses délibérations signées par le Curé *Mougins de Roquefort,* jusqu'à sa mort, arrivée le 22 septembre 1793, et par les bourgeois les plus estimés du pays, ont été conservées dans un registre que nous avons sous les yeux et qui relate, presque jour par jour, les évènements de la Révolution à Grasse, en ce qui regarde le culte.

A côté des Confréries, nous trouvons les corporations des corps de métier :

Chaque corps de métier était une famille où les patrons, les ouvriers, les apprentis étaient comme le sont la famille naturelle, le père, les enfants et les serviteurs. C'était une union puissante et indissoluble, faite de communes pensées et d'un même idéal. Une affection de position, aussi bien que l'intérêt commun et les règlements corporatifs, les liaient, et les rendaient capables de produire les plus grands effets. (1)

Qu'il y eut des discussions, des conflits, c'est inévitable, mais il y avait une organisation efficace pour les calmer.

La Religion, lien des cœurs, était le foyer où s'alimentaient le zèle et le dévouement des administrateurs.

Aussi lorsqu'on mit la taxe sur l'industrie, en 1750, les corporations se réunirent et en demandèrent la réduction. On écouta leur plainte, et la taxe fut réduite.

Plus tard, lorsqu'on mit un impôt sur les objets de consommation, les corporations se révoltèrent, et obtinrent gain de cause.

Ces corporations embrassaient, en réalité, à peu près toute la cité laborieuse.

Chaque corps de métier avait son quartier et sa rue. Ils se réunissaient fréquemment dans des locaux choisis : là ils étaient chez eux.

Ils recherchaient le moyen d'améliorer le commerce, de diminuer l'excessive concurrence, de trouver des débouchés, de réaliser des progrès, d'apaiser les conflits, de rendre, en un mot, plus prospère la situation de chacun et de tous.

(1) *Ah ! si nos ligues étaient organisées comme les corporations ! Elles sont si bien dirigées ! elles ont des hommes si remarquables à leur tête ! D'où vient qu'elles ne produisent pas plus d'effet ? Ne serait-ce pas parcequ'elles n'osent pas arborer le nom de Dieu ? Quand Jeanne d'Arc, la pauvre bergère de Donrémy alla combattre les ennemis de la France, elle mit sur son drapeau les noms de Jésus et Marie, et elle bouta les Anglais dehors. Pourquoi nos ligues, si chrétiennes et si patriotiques, ne portent-elles pas ces noms sacrés : L'Action libérale pour Dieu et la patrie. La Ligue des françaises pour Jésus et Marie, le Sillon pour le Christ etc, etc. N'est-ce pas le but de ces associations ? Le Sillon ne s'en cache pas : Nous voulons, dit-il, faire entrer le Christ dans la Société contemporaine. Pourquoi donc le titre ne le proclame-t-il pas ? Et pourquoi dans ces beaux discours ne parlent-on jamais de la nécéssité de la prière et de la pénitence pour vaincre nos ennemis.*

N'est-il pas évident qu'il y avait là un élément merveilleux de progrès ?

Une Société où chacun recherche l'intérêt général, n'est-elle pas plus enviable qu'une Société où chaque membre ne cherche qu'à s'arrondir personnellement ?

L'Assemblée Nationale, en ordonnant par la loi du 17 mars 1791, la suppression définitive de tous les corps de métier, sous peine d'encourir de sévères châtiments, avait condamné les ouvriers à vivre dans l'isolement le plus complet. La Convention osa, plus tard, éditer la peine de mort contre tous ceux qui enfreindraient cette loi.... *C'est même depuis ce temps que l'on ne trouve plus, dit-on, chez les Français, le goût de l'association... On l'eut perdu à moins, dit le Marquis de la Tour du Pin-Chambly.*

Voici les principales corporations qui existaient à Grasse en 1789 :

La corporation des orfèvres, des armuriers, des selliers et des maréchaux-ferrants, placée sous le patronage de Saint-Eloi ; la corporation des tanneurs et des curatiers, sous le patronage de Saint-Blaise ; celle des gantiers et des parfumeurs sous le patronage de Saint-Joseph; celle des bouchers, des lainiers et des facturiers, sous le patronage de St-Barthélemy ; celle des boulangers, sous le patronage de Saint-Honorat, et enfin la corporation des apothicaires, des médecins et des chirurgiens, sous le patronage de Saint-Cosme et de Saint-Damien.

Le Conseil municipal même formait une Société spéciale sous le nom du *Saint-Esprit.*

Deux syndics et deux maitres veillaient à ce que les fleurs de la parfumerie fussent de bonne qualité, sous peine de confiscation et de cent livres d'amende. (On n'était reçu maître qu'après six ans d'apprentissage).

La police était organisée, les vivres surveillés, les marchés approvisionnés, la fraude punie par leurs soins.

Il y avait aussi une corporation, ou pieuse Confrérie, qui était formée pour le soulagement de toutes les douleurs.

La Religion était la vie et l'élément du peuple, en ce temps là; c'était l'âme de la Société. Les noms les plus illustres s'honoraient du sacerdoce et de l'état monastique.

Les Consuls, sous peine d'amende, devaient, revêtus de leurs insignes, assister dans leur banc à la messe et aux vêpres. Ils suivaient les processions, un cierge à la main, comme nous le verrons au chapître du Culte.

Ils réclamaient sans cesse le concours du Clergé, soit pour la bénédiction du terroir, soit pour les prières contre les orages ou la grêle, ou même pour obliger les détenteurs des biens communaux à les restituer. On faisait recommander en chaire, tout ce que l'on avait à prescrire aux habitants. C'était la meilleure publication parceque, tout le monde fréquentait les offices.

Enfin, à cette époque, la Religion formait la base de tous les travaux, elle était le mobile de toutes les entreprises, elle était le but de toutes les transactions, et Dieu régnait en maître dans notre petite république.

Toutes les fonctions étaient gratuites, aussi bien dans les Corporations que dans les Commissions Municipales.

Il y avait dans la Municipalité : trois Consuls, trois Experts, six Commissaires, un Trésorier et soixante Conseillers.

Les élections se renouvelaient chaque année à St-André, et les Consuls ne pouvaient pas être réélus. Nous ne connaissons que deux exceptions à cette règle : En 1732, en faveur d'ALEXANDRE DE PONTEVÈS-BARGÊME, élu deux fois, et en 1788, en faveur de M. de MOUGINS DE ROQUEFORT, réélu trois fois.

Le siège de la Sénéchaussée de Grasse comportait, outre le Sénéchal, trois Lieutenants-Généraux, trois Lieutenants-Particuliers, quatre Conseillers, un Avocat du Roi et un Procureur du Roi.

Le Sénéchal était, en 1789, LOUIS DE VILLENEUVE-VENCE. Son ressort comprenait à peu près tout l'arrondissement actuel.

En plus de ces fonctionnaires, il y avait un Juge Royal, un Viguier pour le Roi, qui était Capitaine de la Ville et qui présidait tous les Conseils, et les bureaux de police.

Lorsqu'en novembre 1794, la Convention voulut savoir quelles étaient les ressources littéraires de Grasse, la Commune répondit « *qu'avant 1790 Grasse était la seule* « *ville du district où il y eut un Collège, qu'il n'y en* « *avait plus présentement, qu'on ne possédait ni cabinet* « *d'histoire naturelle, ni jardin botanique, ni cabinet de* « *physique ou de chimie, mais qu'on avait une bibliothè-* « *que nationale contenant les livres du clergé et des* « *monastères.* »[1]

---

(1) *C'est à peu près ce que l'on possède encore de nos jours : Il n'y a pas de cabinet d'histoire naturelle, pas de jardin botanique, dans un pays où il serait si facile d'avoir tout cela dans des conditions moins onéreuses qu'ailleurs, enfin pas le plus petit embryon de Musée : Que de magnifiques collections j'ai vu s'éparpiller depuis 40 ans, qui n'auraient demandé qu'à être acceptées dans un musée communal : la collection de fossiles de M. Mouton et celle de M. Autran, la collection de coquilles de M. Sarrazin, la collection de plantes de M. Pons. Que de tableaux de maîtres dispersés dans des maisons particulières, qu'on pourrait peut-être réunir avec le temps !*

A chaque porte de la ville, et à tous les coins de rue, une image de la Vierge, placée dans une niche, devant laquelle brûlait une lampe nuit et jour, frappait agréablement la vue des passants, et entretenait dans le peuple une douce atmosphère de religion. Chaque samedi et pendant les neuvaines qui précèdent les fêtes de l'Assomption et de la Nativité de la Ste-Vierge, on se réunissait dans la rue en foule, devant ces oratoires, et on chantait les litanies

Cet usage avait été établi par Monseigneur GODEAU qui, en arrivant à Grasse, avait consacré solennellement sa ville épiscopale et son Diocèse à la Ste-Vierge, et avait ordonné d'établir ces petits oratoires dans toutes les rues.

Pieuses et naïves coutumes, conservées jusqu'à nos jours, et dont la plupart d'entre nous ont pu admirer les saints enthousiasmes et constater les salutaires effets !

Dans toutes les salles de travail, où se trouvaient de

Nous avons, il est vrai, une riche bibliothèque où tous les volumes de la science et de la littérature modernes sont venus s'ajouter « aux livres du Clergé et des Monastères », mais dans quel local ! Les livres sont entassés les uns sur les autres, et malgré le zèle et le dévouement du bibliothécaire, on a souvent de la peine à trouver ce que l'on désire.

Nous avons aussi de nombreuses et précieuses archives : elles sont bien classées, bien étiquettées : Ce serait une grande jouissance de pouvoir parcourir ces parchemins poudreux, et feuilleter ces lourds in-folio, mais on ne trouve pas une chaise, pas une table dans cette vaste salle, et chaque fois qu'on a besoin d'un renseignement, il faut déranger de son travail le conservateur des archives, qui demeure dans un autre local, et quoique il soit d'une complaisance rare, on est trop pressé dans un travail qu'on voudrait faire avec plus de soin.

J'avais eu l'occasion pendant que M. Sardou, mon ami, faisait l'inventaire des archives communales, de prendre bien des notes qui m'ont été fort utiles. Plus tard, lorsque M. Moris, l'aimable et érudit archiviste de Nice, fut chargé de coordonner ces archives, je pus encore enrichir mon calpin de beaucoup de faits intéressants. Avant de les donner au public, j'aurais voulu les collationner, mais dans ces conditions, ce travail devenant trop difficile, je laisse à d'autres plus jeunes le soin de ces recherches.

Nos archives sont une mine excessivement riche, qui, jointe aux documents précieux qui se trouvent à Nice et à la bibliothèque nationale de Paris, pourront procurer aux pionniers de l'histoire, animés du feu sacré, des jouissances rares pour eux, et de riches trésors pour leurs pays.

nombreuses ouvrières, l'image de la Ste-Vierge avait la place d'honneur. On entretenait constamment à ses pieds une veilleuse et des fleurs fraîches , et le soir on récitait le chapelet et on chantait des cantiques. Cet usage s'est conservé jusqu'à nos jours.

L'Abbé Espilly, dans son grand dictionnaire géographique, imprimé à Paris en 1770, relate ces pieuses habitudes du peuple Grassois.

Aussi l'esprit révolutionnaire eut bien de la peine à pénétrer au milieu de la population religieuse de notre cité. Les habitants opiniâtrement attachés au sol natal, vivant dans la plus étroite union, loin du bruit des armes, des agitations de la cour, et des luttes troublantes des partis, habitués à jouir d'un climat merveilleux, au milieu des fleurs les plus rares et des productions les plus variées. qui rappellent un peu la terre promise où coulait le lait et le miel, les yeux toujours charmés par la vue la plus pittoresque et les paysages les plus enchanteurs, jouissant de la liberté la plus complète sous le régime paternel des Évêques et l'administration bienveillante des consuls, vivaient heureux dans leur pays et ne songeaient point à changer de régime.

Loin de penser à anéantir la Religion et a détruire les monastères, ils donnaient à ces institutions des témoignages publics de leur respect et de leur amour.

Ils n'avaient jamais été opprimés, ils ne furent jamais oppresseurs. Conservant pieusement les anciennes et saines traditions, léguées par leurs ancêtres, ils aimaient leur Évêque, ils respectaient et vénéraient les prêtres et les religieux, ils fréquentaient très assidûment leur Église, ils ne connaissaient pas d'autre spectacle que les magnificences du culte, les splendeurs des cérémonies religieuses, les belles processions qui se déroulaient avec pompe dans les rues, (et heureusement rien n'est changé dans notre bon pays, malgré les révolutions). Même aux plus mauvais jours de la terreur ils fermaient leurs boutiques le dimanche, et assistaient tous aux offices divins, comme nous le verrons plus loin.

Les Grassois voyageaient très peu, si ce n'est pour porter les produits de leur industrie à la foire de Beaucaire et quelquefois jusqu'à Grenoble, toujours à dos de cheval ou de mulet ; car les voitures n'ont été introduites à Grasse qu'au commencement du XIXme siècle. A l'époque de la Révolution, l'Evêque seul avait un carrosse et il ne pouvait s'en servir, même pour aller à Cannes, qu'après avoir fait réparer le chemin. pendant quinze jours.

La ville ne renfermait pas ou peu de pauvres. Le travail de l'industrie et l'admirable fécondité de la campagne suffisaient amplement pour nourrir tous les habitants et leur fournir ce qui pouvait être nécéssaire à leurs besoins ou à leurs agréments. La plupart avaient maison en ville et maison à la campagne. Tous, même les familles riches, étaient habitués à une grande économie, se contentant de peu et ne connaissant pas les exigences du luxe et du confort modernes. Souvent j'ai entendu ces réflexions de la bouche des vieillards et je me fais un devoir de les relater ici. C'est cette simplicité de mœurs, cette union dans les familles, ces relations cordiales chez le peuple et cette économie raisonnable qui peut paraître quelquefois de l'avarice, mais qui est une vertu, s'il n'y a rien d'exagéré, qui a empêché l'élément révolutionnaire de pénétrer dans les masses, et de produire dans le pays les effets désastreux qu'il a engendrés ailleurs. L'économie, apportant le bien-être dans la famille amène aussi l'ordre et la paix dans la Société, car, avec l'aisance et l'amour du travail, on ne sent pas le besoin des révolutions.

Aussi tout resta bien calme à Grasse, dans les premières années des troubles de la France ; à peine quelques esprits inquiets comme il en existe toujours dans les villes les plus tranquilles, quelques paresseux ou débauchés, coqs de village et terreur des familles, quelques hommes dévoyés, orgueilleux, jaloux, aspirant à dominer ou à ne rien faire, furent heureux d'entendre proclamer les droits de l'homme, croyant que le nouvel état de choses allait leur fournir des cailles rôties ou au moins du pain sans travail. Ils furent seuls à accepter avec joie les grands principes proclamés par l'Assemblée Constituante.

Mais, qu'ils furent peu nombreux !

Ricord, secrétaire de M. *Mougins de Roquefort,* fut le premier à oser réunir quelques mécontents ou ambitieux comme lui. Mais il n'eut pas le courage de faire ces réunions dans la ville. Il choisit une campagne assez retirée, dans le quartier des Ribbes, appartenant à son beau-père, où il donna rendez-vous à ceux qui voulaient embrasser les principes nouveaux. Là, sous un figuier, il leur inoculait, avec beaucoup de précautions, la doctrine des Droits de l'homme qui formait la base de la Révolution. Les initiés s'appelaient membres de la Figuière, (ce qui nous prouve que nos pères, comme leurs enfants, parlaient volontiers le provençal). Ce fut le noyau et le plus fort élément du cercle des Jacobins, qui se réunit plus tard à l'Oratoire, (du 30 Janvier 1793, jusqu'au 22 Décembre 1794).

Mais RICORD n'avait aucune influence à ce moment, et quoiqu'il fût l'homme du jour le plus en vue, le républicain le plus avancé, il n'osa pas encore se présenter à l'Assemblée Législative, pour remplacer M. *Mougins de Roquefort,* son maître, qu'il trahissait en secret. Ce fut M. *François-Yves* ROUBEAUD, médecin, qui fut élu en 1791, et ce n'est qu'en 1792 que RICORD, osa aborder les urnes électorales, pour demander une place à la Convention.

Tel était l'état des esprits à Grasse, en 1789. Ce peuple industriel, travailleur, aimait sa maison, sa famille, sa religion par dessus tout, et n'avait aucune confiance aux doctrines nouvelles. On avait beau les lui présenter comme la richesse du peuple et le bonheur de la vie; il les méprisait et ne voulait y croire. Nous pouvons en recueillir de nombreuses preuves dans les registres du Comité de surveillance de Grasse.

Ecoutons le peuple dans la rue, suivons-le sur les places publiques, ou sur le seuil des portes : Il nous sera facile de savoir ce qu'il pense, car il le dit tout haut, même après la proclamation de la loi des suspects et le rapport journalier de la Société de surveillance.

Cent ans après nous pouvons entendre leur voix et connaître parfaitement leur opinion : L'un, PAYAN, nous dit que les membres de la Convention sont un tas de capons qu'il faudrait tous guillotiner. L'autre, CAMATTE, nous dit que la Révolution est une cou...nade.

Ce n'est pas très parlementaire, mais c'est le langage du peuple dans nos pays méridionaux, et les registres du Comité nous ont conservé fidèlement ces propos

Au moment où fut établi le tribunal révolutionnaire de Paris, en mars 1793, on institua en province des Comités pour surveiller le peuple, et punir tous ceux qu'on surprendrait opposés à la Révolution. Les membres de ces Comités devaient être nommés par les sections, et comme on n'affluait pas au scrutin, le vote d'un électeur sur dix fut déclaré suffisant ; Enfin parceque les élus refusaient de siéger, *Billaud-Varenne*, fit décider qu'ils recevraient 3 francs par jour.

Le 12 septembre une députation avait proposé à la Convention de décréter que tout homme suspect fût tenu pour *mort civilement.* Cette proposition fut votée le 17 septembre: l'histoire l'a appelée *le poignard révolutionnaire.* Voici les premiers articles :

Doivent être reconnus pour suspects et immédiatement arrêtés :

1° Ceux qui par leur conduite, leurs paroles et leurs écrits, se sont montrés partisans de la tyrannie et ennemis de la liberté.

2° Ceux qui ne peuvent pas justifier de leurs moyens d'existence.

3° Les fonctionnaires publics suspendus de leurs fonctions.

4° Les ci-devant nobles et leurs familles qui n'ont pas constamment manifesté leur attache à la république.

5° Les émigrés.

6° Ceux qui, n'ayant rien fait contre la liberté, n'ont

aussi rien fait pour elle. (On voit qu'ils avaient soin de n'excepter personne). Quelle facilité cela donnait aux dénonciateurs !

La loi autorisait les visites domiciliaires, même la nuit.

Dès cet instant, dit M. THIERS, *chaque citoyen fut menacé à toute heure, il n'eut plus aucun repos.., et les arrestations multipliées jour et nuit remplirent bientôt toutes les prisons de France.*

Ainsi la machine était complète ; tout aboutissait au Comité de salut public. Maître absolu, ayant le moyen de requérir toutes les richesses, pouvant envoyer les citoyens ou sur les champs de bataille ou à l'échafaud ou dans les cachots, il était investi pour la défense de la Révolution d'une dictature souveraine et terrible.

Notre ville était dotée d'un Comité de surveillance depuis le 27 mai 1793. Il était composé des citoyens *Levens, H. Cresp, H. Templier, Vidal, Gasq, Spitalier et Pons prêtre.*

RICORD et ROBESPIERRE JEUNE, agents de la Convention, délégués dans le département des Alpes-Maritimes, trouvèrent ces membres un peu trop à l'eau de rose et les remplacèrent par les citoyens : *Niel Ainé, Taladoire, Louis Brun, Aubanel Cadet, Louis Girard l'Ainé, Aurry et Lambert, chirurgien.*

Ce fut à la merci de ce Comité que se trouvèrent, jusqu'au 9 thermidor, la liberté et la vie des citoyens.

Ses séances se tenaient dans l'ex-maison curiale du curé *Mougins,* décédé, (Maison Goby), en présence du commandant de gendarmerie et des deux juges de paix, *Courme et Rey.*

Croirait-on que, malgré tout cet appareil de terreur, malgré la prison et l'exil, le peuple de Grâsse ne se gênait nullement pour dire tout haut son opinion sur les idées nouvelles ?

La Municipalité avait dressé une liste de 363 suspects. Sur les réclamations d'un grand nombre de citoyens, ce nombre avait été réduit à 21. Voici leur crime :

1° MANTEGUÉS *fils, huissier, a prêché le fédéralisme !*

2° JEAN ISNARD, *dit Brayasque, a menacé, dans l'Assemblée populaire, de jeter tous les patriotes dans les caveaux.*

3° HENRI PAYAN, *s'est réjoui de la prise de Toulon.*

4° JEAN-JOSEPH MICHEL, *em.... de tous les républicains.*

5° JEAN GAYTE, *dit Crillon, tourne en ridicule la Constitution et la Convention Nationale.*

6° LAMBERT ELZÉAR, *dit que les patriotes sont tous des coquins.*

7° CAMATTE, *dit que la Révolution est une cou ..nade qui ne tiendra pas.*

8° MAURE, *notaire, dit tout haut dans la ville, qu'il faudrait pendre cinq ou six révolutionnaires.*

9° MAGAGNOSC, *menuisier, a arraché la cocarde d'un citoyen pour la jeter dans la boue et a dit que le bonnet rouge était la marque des galériens.*

10° PAYAN, *dit que les membres de la Convention sont un tas de capons qu'il faudrait guillotiner.*

11° CURAULT, *dit qu'il n'y a que des gueux et des brigands dans la Révolution.*

12° et 13° *Les Frères* SEYTRE, *ont caché des suspects.*

14° BRUERY, *s'est réjoui de l'entrée des Anglais à Toulon et a dit qu'ils viendraient bientôt à Grasse, pour châtier les coquins.*

15° MARTELLY, *avocat, a insulté les Conventionnels en disant que ce ne sont que des coquins.*

16° *Sa femme a caché des prêtres insermentés.*

17° LAMBERT, *dit la Loupe, a arraché du mur les décrets de la Convention et les a foulés aux pieds.*

18° FABRE, *droguiste, a dit qu'il fallait soutenir l'ancien régime.*

19° DAUMAS, *dit que nous vivons sous un régime de coquins, et que les prêtres font bien de tenir bon.*

20° ESCOFFIER, *a répandu de fausses nouvelles, et a traité de coquins tous les représentants.*

21° JOSEPH ROUBERT, *a dit que les députés qui sont allés honnêtes à l'Assemblée nationale, en sortiront voleurs et coquins.*

Voilà ce qu'on pensait tout bas à Grasse et ce que quelques-uns ne craignaient pas de dire tout haut, malgré la prison et la guillotine. Car ces Messieurs du Comité ne plaisantaient pas : tous les suspects étaient emprisonnés.

« La distance était courte entre les prisons où le Co-
« mité de surveillance entassait ses victimes et le prétoire
« du tribunal révolutionnaire qui était situé dans le couvent
« *des ci-devant Dominicains*, en face de la salle d'au-
« dience du tribunal du district de Grasse.

« Au tribunal révolutionnaire les chances d'acquitte-
« ment étaient rares, car la Convention Nationale, par des

« lois successives avait peu à peu supprimé toutes les « garanties de justice.

« Aucune instruction, par le magistrat, ne précédait la « comparution des accusés devant leurs juges ; *pas de té- « moins, pas d'avocats, pas de délibération secrète des « juges.*

« Les membres du tribunal, à qui on ne demandait point « de science juridique, formaient leur opinion sur les ré- « ponses des malheureux traînés à leur barre, ou sur les « renseignements, si légers et si partiaux, du *Comité de « surveillance*. Etait-on condamné ? C'était la mort, par la « guillotine, dans les vingt-quatre heures de la décision ». *(Sébastien Multant).*

Le 26 juillet 1793, un arrêté des représentants du peuple, *Barras et Fréron,* avait transféré à Grasse l'administration départementale. (1) Les Administrateurs n'eurent que trois jours pour se rendre à leur nouveau poste. Ils s'installèrent dans l'hôtel qu'avait fait bâtir l'abbé de *Pontevès,* et au sujet duquel il était en procès avec les Dominicains, ses voisins. L'Etat s'en empara et l'administration départementale pût s'y installer dès les premiers jours d'aôut. Cette maison a conservé le nom de maison du Département. (2) C'est là qu'était enfermée la guillotine, et c'est par la porte du jardin qu'on la sortait, pour la dresser sur la Place du Clavecin.

---

(1) *On avait choisi Grasse, pour mieux surveiller Nice et la mer. Grasse resta chef-lieu du département, du 26 juillet 1793 au 11 octobre 1795. Brignoles reçut cet honneur du 11 octobre 1795 au 23 avril 1797, et depuis cette époque, c'est Draguignan qui a hérité de ce privilège.*

(2) *L'administration départementale, composée de 20 membres, était présidée par le citoyen* AUBERT JEAN-JOSEPH, *de la Valette. Tous les membres étaient étrangers au pays, c'étaient* MANE, *de Vence ;* LAYET, *de Saint-Paul ;* MAUREL, *de Cagnes ;* BLANCARD, *de Barjols ;* RAYBAUD, *de Fréjus ;* LÉAUTARD, *de Saint-Maximin ;* COULON, *de Brignoles ;* BERNARD, *d'Antibes, etc. Leur premier acte fût de former une légion de vrais sans-culottes.*

Le 8 septembre 1793, en vertu d'un arrêté des représentants BARRAS, FRÉRON, ROBESPIERRE et RICORD, le Tribunal Révolutionnaire fut transféré de Toulon à Grasse. Il s'installa dans l'Eglise des Dominicains, et le tribunal du district qui siégeait aux Dominicains, alla siéger en face, dans la maison *du marquis de Cabris*, émigré.

Ce tribunal fut investi de pouvoirs souverains : il connaissait des crimes de contre-révolution, d'émigration, de fédéralisme, et jugeait, en vertu du décret du 22 prairial, sans préliminaires, ni défense. (Ces procédés barbares ne cessèrent qu'après le 9 Thermidor).

La guillotine ne tarda pas à venir rejoindre le tribunal. Elle *fonctionna à Grasse du 7 décembre 1793, au 7 novembre 1794.* Pendant ce court espace de temps, *30 têtes tombèrent sous le fatal couperet.* Deux pauvres ouvriers inaugurèrent cette lamentable série d'exécutions. Ce furent un maréchal-ferrant de Callian, à peine âgé de 22 ans, nommé *Antoine* RICARD, et un cordonnier de Grasse, *Honoré* TRABAUD. Après eux vinrent : 10 autres ouvriers, 6 prêtres, 10 fonctionnaires, 1 médecin et une religieuse. Tel fut l'affreux bilan du Tribunal criminel de Grasse.

***

« Quels étaient donc ces étranges personnages, investis « du pouvoir suprême, par la conquête jacobine, qui se « jouaient ainsi de la liberté des hommes et même de leur « vie ? » se demande M. LÉON ROSTAING.

TAINE a répondu par ce vivant tableau :

Du vaste flot soulevé en 1789, il n'est resté que l'écume; tout le reste a été rejeté ou écarté : Clergé, noblesse et parlementaires, industriels, négociants et bourgeois, petits propriétaires, fermiers, bref tous les notables de toute profession, condition, état ou métier, tout ce qui avait un capital, un revenu, une culture morale ou mentale. Pour composer le parti il n'y avait plus guère en juin 1793 que les ouvriers instables, les vagabonds de la ville et de la campagne, les déclassés, les pervertis, les détraqués de toute espèce.

Sous le masque du patriotisme, dit encore *le chevalier* TOSELLI, *ils osèrent commettre tous les forfaits ; ils exercèrent sciemment toutes sortes d'exactions Ces êtres immoraux sacrifiaient à leurs passions, honneur et probité. Ils parlaient de patriotisme et ils en étouffaient le germe le plus précieux.*

Concussions, délapidations, vols, abus d'autorité, immoralité, voilà les crimes dont se couvrit une grande partie de ces prétendus patriotes dans les Alpes-Maritimes. Voilà les crimes que le TRIBUNAL SUPRÊME *aura punis, puisqu'ils ont joui de l'impunité des hommes ; et quand on voit des familles qui, quoiqu'elles fassent, ne peuvent se relever aux yeux de l'opinion publique,* C'EST QUE LE DOIGT DE DIEU EST LA. (TOSELLI, **hist. de Nice.**)

Pour l'honneur de notre ville, nous pouvons dire que Grasse ne pût fournir aucun membre au tribunal révolutionnaire : le président fut envoyé *des Arcs* : c'était le citoyen *Vincent* LOMBARD ; l'accusateur public vint de *Barjols* : ce fut le citoyen VACHIER, homme de loi ; et le greffier, de *Cotignac :* le citoyen GIRARD.

La Société Grassoise en 1793, était la même qu'en 1790. Presque toutes les familles nobles étaient restées : (Les jeunes gens seuls avaient pris le chemin de l'exil). Aussi leurs maisons et leurs propriétés n'ont pas été vendues. Tous les chefs de famille avaient prononcé le serment civique demandé par la loi, et n'avaient point été inquiétés. Le certificat de civisme, dont nos archives sont remplies, suffisait pour garantir leur liberté : tels MM. de Pontevès, d'Andon, du Rouret, de Calvy, de Sartoux, de Théas, de Gourdon, de Montgrand, de Villeneuve, de L'Isle, de Bompard, etc. etc., qui ne quittèrent point leurs maisons, et n'eurent même pas besoin de se cacher [1]

Voici le certificat que l'agent national délivrait :

ACTE

D'INSCRIPTION SUR LE TABLEAU CIVIQUE.

NOUS OFFICIERS MUNICIPAUX *de la Commune de Grasse, déclarons que M.* CLAUDE AUBIN, *homme de loi. Citoyen de cette Commune, s'étant présenté ce jourd'hui devant nous, a prêté entre nos mains le serment ordonné par l'article 4 du Décret du 22 décembre 1789, a juré en conséquence d'être fidêle à la Constitution, aux Lois de l'État, au Roi, et a été en conséquence inscrit sur le Tableau civique. Fait à Grasse, le 20 Juin 1791.*

Girard Cadet, Offr Mal

Bérenger Offr Mal.

(1) *On est étonné du nombre insignifiant des personnes de la région, appartenant aux diverses classes de la Société qui se décidèrent à emigrer, malgré la proximité de la frontière.*

Les administrateurs et le procureur général syndic composant la direction du département, n'avaient pu se résoudre à publier la liste des émigrés de la ville, malgré la loi du 8 avril 1792, art. 8.

Tous les propriétaires et artisans maîtres avaient continué la culture de leurs terres ou l'exploitation de leurs industries.

Les ouvriers sérieux travaillaient comme aux temps antérieurs, et il ne fut pas nécéssaire de prendre *des vagabonds ou des ouvriers instables et sans travail*, même pour former les conseils de surveillance. Dans le premier Comité nous trouvons un prêtre, ancien Augustin, M. Pons, qui ne craignait pas de décliner sa qualité de prêtre, après sa signature. Il était entouré d'honorables bourgeois.

Dans le second Comité, formé par ROBESPIERRE JEUNE, on trouve des hommes plus avancés, partisans bien avérés de la Révolution, et les plus exaltés du pays, mais point de gens sans aveu. Cependant il ne se fit que trop souvent encore le pourvoyeur de la guillotine.

Ce sont les malheurs des temps : on dirait, à certaines époques que le sens moral s'affaiblit, que la conscience devient muette, que le sentiment du bien du beau, du juste et de l'injuste n'existe plus dans l'esprit de l'homme, et que toute vérité a été corrompue.

Un chrétien seul peut expliquer cela : Jésus est la lumière du monde : Erat lux vera quæ illuminat omnem hominem. Il est la vérité et la vie : Ego sum veritas et vita. Ceux qui s'éloignent de lui, vivent dans les ténèbres et la mort.

Mais il reste toujours en eux quelque étincelle de ce sentiment divin désigné sous le nom de sens moral : les passions l'étouffent quelquefois, le savoir mal dirigé peut l'altérer, les erreurs de l'esprit peuvent l'égarer, mais tôt ou tard il triomphe des passions, du faux savoir, des erreurs de tous les genres, et le remords achève de déchirer le voile qui leur cachait sa lumière.

« Hélas! a dit CHATEAUBRIAND, misérables insectes que « nous sommes, bourdonnant autour d'une coupe d'absinthe, « où par hasard sont tombées quelques gouttes de miel, « nous multiplions le champ de nos désirs... et de ces « passions qui augmentent sans cesse doivent résulter tôt « ou tard d'effroyables révolutions ».

***

Après avoir consulté le *Registre du Comité Révolutionnaire,* qui nous a nettement exposé la pensée des Grassois et qui nous a révélé leur esprit, ouvrons le Registre des délibérations des *Citoyens Marguilliers établis pour la conservation du culte Catholique.*

Rien de plus instructif que les décisions de cette Assemblée, qui était composée des hommes les plus honorables et des industriels les plus importants de la ville : MM. LUCE, BRUERY, MOUGINS, GIRAUDY, médecin, CRESP, PONS, PUGNAIRE, MAURE, COURT, PEILLON. EUZIÈRE, etc. Nous voudrions reproduire toutes les pages de ce registre pour l'édification de nos chers paroissiens ; nous nous contenterons de quelques passages qui nous révèleront l'esprit religieux de ce temps :

« Le 12 mai 1793 (c'était le commencement de la Ter- « reur en France), l'Assemblée délibère sur les processions « qui doivent avoir lieu les deux dimanches suivants » : *elle décide que les membres de l'Assemblée fourniront à leurs frais le cierge d'une demie livre qu'ils porteront à la procession le jour de la Fête-Dieu et le jour de l'Octave.*

Ils délibèrent encore qu'ils inviteront toutes les autorités constituées, qui sont dans l'usage d'assister à ces processions, de vouloir bien suivre leur exemple, en fournissant le cierge qu'ils porteront à la procession, à l'exception des vicaires, à qui la Fabrique le fournira, ainsi qu'aux laïques.

Vous figurez-vous cette longue théorie d'hommes, de tout âge et de toute condition, défilant dans les principales rues de la ville, un cierge allumé à la main ? Le Saint-Sacrement était porté, avec toute la solennité possible, par le Curé de la paroisse, revêtu de riches ornements, sous un dais magnifique. Et c'était au moment où ROBESPIERRE régnait en souverain, où il avait nommé son frère et son ami RICORD, à Nice, commissaires du Gouvernement ; au moment où les prisons regorgeaient de suspects, où le culte était interdit, où toutes les Églises étaient fermées, et où la déesse Raison seule avait des adorateurs.[1] On se perd en conjectures devant cette liberté de nos pères, pendant que la France toute entière tremblait sous le joug du Tyran!

Voici quelque chose encore de bien suggestif, et d'aussi édifiant : les Marguilliers n'avaient pas encore de règlement, ils en firent un qui fut lu en Assemblée générale le 20 mai 1793, et signé par dix-huit membres. Comme ce règlement regarde le culte, nous le donnerons tout entier dans le chapitre suivant. Contentons-nous en ce moment de deux articles :

ARTICLE 9. *Tous les Administrateurs* (ils sont au nombre de 24), *assisteront aux offices du Dimanche et des fêtes : 12 à la paroisse et 4 dans chacune des trois Chapelles annexes*. (On voit le cas qu'on faisait des Décadi).

(1) *Le culte de la Déesse Raison fut institué par Hébert, dit le père Duchêne, le 10 août 1793, mais il ne dura que peu de mois et fut détrôné par le culte de l'Etre Suprême, le 11 mai 1794.*

« Ils feront la quête à la messe et aux vêpres, à tour de « rôle, dans leurs Églises respectives, et chaque trois mois « ils changeront d'Église.

ARTICLE 11. *Les Administrateurs de service à la paroisse seront obligés d'accompagner, au moins au nombre de deux, le Saint Viatique, porté aux malades, et d'assister aux enterrements, auxquels ils seront appelés.*

Oh ! ne disons plus du mal de ce temps-là ! Nos pères de 1793 valaient beaucoup mieux que nous ! Où trouverions-nous maintenant 24 bourgeois, les plus notables du pays, assistant à la messe au banc d'œuvre, et accompagnant le Viatique à leur tour ?

Lisons encore cette page, elle est vraiment instructive :

« Du sept juillet 1793, l'an second de la République « Française, (c'était l'an premier qui avait commencé le « 22 septembre 1792, et qui continuait jusqu'au 21 septem- « bre 1793. Mais nos conseillers ne pouvaient pas s'habituer « à ce changement, et ils commençaient toujours leur année « au 1er janvier).

« Les citoyens Marguilliers composant la fabrique, etc, « étant réunis etc. etc.

Le Citoyen Jean-Baptiste PONS, *président dit : Il est un objet auquel nous devons donner toute notre sollicitude : Dans la vente qui a été faite de l'Église des ci-devant Augustins, les autels n'y sont pas compris ; les Citoyens qui sont dans l'arrondissement de l'Oratoire seraient bien aises d'avoir celui de la Vierge, pour le placer dans cette Église de secours. De pieux Citoyens, animés de cette* RELIGION SAINTE QUI A FAIT LE BONHEUR DE NOS PÈRES, ET QUI AURA TOUJOURS DES DROITS INCONTESTABLES SUR LE CŒUR DE L'HOMME VERTUEUX, *offrent de contribuer aux frais de cette translation, jusqu'à la concurrence de 300 francs. N'est-il pas de notre devoir de seconder autant qu'il dépendra de nous une si sainte détermination ? Je vous prie de prendre cet objet en considération.*

« Aussitôt l'Assemblée nomme les Citoyens *Pierre-*
« *Antoine* Cresp, trésorier, *Louis-Dominique* Luce, *Jean-*
« *Joseph* Mougins et Bruery aîné, pour commissaires, à
« l'effet de se transporter au directoire du district de cette
« ville, pour lui exposer le vœu des Citoyens qui sont dans
« l'arrondissement de l'Oratoire, et faire la demande de
« l'autel de la Sainte-Vierge qui se trouve dans l'Eglise des
« ci-devant Augustins.

« Les Citoyens commissaires ci-dessus nommés s'étant
« transportés au district, séance tenante, ont assuré l'As-
« semblée, à leur retour, que les membres du district
« les avaient trés bien acceuillis, *qu'ils avaient donné beaucoup d'éloges au zèle, qui animait l'Assemblée pour le bien de la Religion, et qu'ils avaient, en conséquence accordé, avec beaucoup de satisfaction, la demande qu'ils avaient faite de l'autel de la Vierge de l'Eglise des ci-devant Augustins* ».

En conséquence, l'Assemblée a nommé les Citoyens *Marc-Antoine* Taladoire et *Jean* Peillon, afin de prendre toutes les mesures nécéssaires pour transporter cet autel dans l'Eglise de l'Oratoire. Ce qui fut fait.

On aurait de la peine à trouver là l'esprit Révolutionnaire! A-t-il pénétré plus tard ? Je ne l'ai rencontré que comme exception. Mais en général, et pendant toute la Révolution, l'esprit était absolument et totalement religieux.

Pour mieux nous en convaincre, revenons sur nos pas, et racontons d'une manière sommaire, les principaux évènements qui ont habitué progressivement le peuple à cette Révolution religieuse, et qui l'ont amené peu à peu à accepter ces changements

Ah ! si on avait dit tout-à-coup à la population Grassoise : demain Monseigneur de Prunière, notre Evêque, sera chassé de sa ville épiscopale, on vendra son palais, on confisquera ses biens, l'Eglise sera fermée et deviendra un magasin de fourrages, etc., le peuple se serait révolté, des hommes courageux auraient pris les armes, et seraient venus défendre la maison de leur Evêque et empêcher la profanation de leur Eglise. Mais on a été plus habile, en face d'une population religieuse. et on à procédé avec toute la modération que comportait la situation.

L'année 1789 fut désastreuse pour Grasse. La récolte de 1788 avait été très-mauvaise. Le blé avait manqué et on craignait la disette. Tous les regards étaient tournés vers les oliviers ; c'était le seul espoir de l'année. Le 11 janvier 1789, la neige tomba avec une telle abondance que toute la campagne en fut couverte, puis un vent froid souffla dans toute la région, et la gelée fit périr tous les oliviers et tous les orangers. Ce fut un désastre. La consternation était générale. Le peuple s'attendait à mourir de faim. Les Consuls s'adressèrent au Roi, qui envoya des provisions de blé, et permit aux communes des districts de Grasse et de Saint-Paul, d'aller puiser aux magasins d'Antibes.

L'Evêque et le Chapitre se montrèrent généreux pour la population. Ils distribuèrent tout ce qu'ils avaient dans leurs greniers, et Monseigneur de Prunière donna plus de six mille francs de ses revenus.

Cette disette fut générale, et la charité chrétienne fit des prodiges dans la France entière. *Particuliers, Princes, Grands, Seigneurs, Evêques, Chapitres, Communautés, multiplièrent,* dit TAINE, *leurs aumônes. L'Archevêché de Paris s'endetta de quatre cent mille francs. Tel riche distribua quarante mille livres, tel couvent de Bernardins nourrit douze mille pauvres pendant six semaines. Le roi vendit sa vaiselle d'or pour secourir les malheureux.*

Les élections aux États-généraux s'étaient faites sans bruit ni passion, dans notre pays. Le maire et le curé de la ville avaient été envoyés à Paris, pour représenter le peuple et le clergé, dans ces grandes assises qui devaient décider du sort de la France. C'étaient les deux frères *Mougins de Roquefort.* Cela se passait en famille à Grasse.

Mais l'Assemblée Nationale préparait d'autres malheurs à la France.

Le 2 novembre 1789, elle mettait tous les biens du Clergé à la disposition de la Nation ;

Le 13 février 1790, elle supprimait les ordres religieux ;

Le 11 juillet 1790, elle imposait une nouvelle organisation à la France ;

Le 22 juillet, elle votait la Constitution civile du Clergé;

Le 1er octobre, elle supprimait l'Evêché de Grasse ;

Le 28 novembre, elle obligeait tous les ecclésiastiques à prêter serment à la Constitution civile du Clergé, et ceux qui refusaient de le prêter, étaient regardés comme démissionnaires.

Toutes ces mesures vexatoires irritèrent vivement la population chrétienne de Grasse; on fit des réunions publiques; le peuple protesta hautement et prit parti pour son Evêque et ses prêtres, sans rencontrer la moindre opposition. Les chanoines, avec lesquels Monseigneur de PRUNIÈRE avait longtemps bataillé sur les questions de liturgie ou de préséance, se serrèrent autour de lui, dès que les intérêts de Dieu et de la Religion furent en jeu. Aucun ne voulut pactiser avec l'erreur, ou prêter le serment constitutionnel qu'on lui demandait. Le dimanche, l'Evêque officiait dans sa cathédrale, entouré de tous ses chanoines et de ses prêtres fidèles, et tous protestaient, par leur attitude ferme et digne, contre la persécution religieuse.

Le culte se continue à Grasse, écrit aussitôt le Directoire, à l'Administration Centrale de Toulon ; *une coalition s'est formée en faveur du ci-devant Evêque* PRUNIÈRE, *et une partie du peuple se prépare à faire une grande manifestation pour son rétablissement. Le Chanoine* CHERY *procureur du Curé* GASQ, *infirme, est à la tête. Les Chanoines font les offices à la Cathédrale, et le ci-devant Evêque est contraire à tous les décrets de l'Assemblée Nationale.*

Aussitôt le Directoire départemental, siégeant à Toulon, envoie à marches forcées, sur Grasse, 200 hommes du régiment de Dauphiné et de Berry. Le 28 novembre ils arrivent sous nos murs. A cette nouvelle le peuple se rassemble et menace les autorités. M. BARBERY, commandant de la Garde Nationale, fait battre la générale. Le peuple envahit la salle où siège le Directoire, et demande qu'on fasse rétrograder les soldats. Le président répond qu'il ne peut rien contre des ordres supérieurs. Alors le peuple se dirige vers la Municipalité, et demande à grands cris qu'on rétablisse l'Evêque.

Mais le 2 décembre les soldats entrèrent dans la ville. Ils furent accueillis avec joie par la Municipalité et le Directoire qui redoutaient une révolte du peuple. Les ouvriers, n'étant pas soutenus, furent intimidés par la force armée, et n'osèrent se révolter.

Monseigneur de Prunière, Evêque de Grasse, aussi illustre par l'énergie de son caractère et la sainteté de sa vie, que par la noblesse de son origine, résista vivement à la persécution. Trois ans durant, il se fit le champion de la liberté religieuse : chaque dimanche, même pendant que les assermentés, malgré sa défense, célébraient un office illégitime, il montait dans la chaire de sa Cathédrale, pour instruire le peuple de ses devoirs. Sa parole inquiéta les haines sectaires, et on essaya d'organiser autour de lui des soulèvements populaires, mais sa voix ne se laissa pas étouffer, et il sût s'imposer au respect et à la considération de tous par son énergie et le rayonnement de ses vertus. Son palais fut vendu, ses serviteurs emprisonnés, ses meubles volés, son effigie brûlée en place publique, mais comme le chêne inébranlable de nos montagnes, il brava l'orage et resta seul dans son palais désert. Il n'avait jamais cédé à la crainte, il céda à la charité, ne voulant pas compromettre ceux qui s'intéressaient à lui. Quand Monseigneur de Prunière partit pour l'exil, il n'y avait plus un seul Evêque sur le sol français.

Monseigneur Pisani, évêque de Vence, expulsé comme lui, était parti quelques jours avant, après avoir écrit sur l'écusson de la grande salle de son palais épiscopal :

Equus Dominus dedit 1783,
Dominus abstulit 1790,
Sit nomen Domini Bénédictum.

Après le départ de Monseigneur de Prunière, le peuple de Grasse protégea et défendit sa chère Cathédrale avec le même soin qu'il avait defendu son Evêque. Malgré les réclamations de Ricord, de Robespierre jeune et de Barras, les offices se continuèrent chaque jour dans notre Eglise paroissiale, et jamais la déesse Raison ne souilla ses autels. La Chapelle de l'Oratoire seule fut livrée à quelques cérémonies sacrilèges, comme nous le verrons plus loin, mais le peuple exigea, même dans cette Chapelle, qu'une messe fût dite chaque dimanche, au mépris des Décadi, et que ce jour-là fût réservé au culte catholique.

Après la chûte de Robespierre, [1] il y eut une détente générale, les *prisons furent ouvertes à Grasse : plus de 500 détenus recouvrèrent la liberté. On crut que tout était fini.*

Ce fut pendant cette période d'accalmie que se passa à Grasse, un fait vraiment typique, et qui caractérise bien cette population toujours enthousiaste et patriotique.

C'était par un beau jour du brillant mois d'août. Le soleil brûlait la terre, et chauffait aussi un peu la tête des Grassois. Plusieurs s'imaginant que c'en était fini de ces tristes journées de la révolution, voulurent aussi avoir la leur contre les Jacobins.

Ils se réunirent vingt, trente ; c'étaient des jeunes gens surtout, et ils imaginèrent une fantaisie macabre, pour confondre et humilier leurs persécuteurs.

Ils arborent un drapeau noir au bout d'une longue pique, et ils partent en rangs serrés, suivis d'une foule d'enfants et de curieux. Toutes les rues de la ville sont traversées ou parcourues, et ils chantent de leur voix la plus sonore : La République est morte, nous allons l'enterrer.

(1) Les 8 et 9, Thermidor (26 et 27 septembre 1794) la Convention, après deux séances tumultueuses, fit arrêter Robespierre, et le lendemain l'envoya à l'échafaud.

Une multitude d'hommes et de femmes les suit, en riant, désireuse de voir ce qu'ils allaient bien faire.

On arrive sur le Cours. Quelques hommes apportent des pioches et des pelles ; quatre puissants biceps s'en emparent aussitôt, et ils creusent une grande fosse au milieu de la place. Ce fut l'affaire de quelques minutes. Le chef de la troupe plante le drapeau noir sur le bord supérieur, puis il regarde de tout côté, en demandant un chantre. Plusieurs voix, dans la foule, lui désignent *Jean* Barbe, le chantre de la paroisse. Il avait une voix magnifique, mais éffrayé il veut fuir ; on l'arrête, et par force, on l'entraîne sur le bord de la fosse, en face du drapeau. *Le libera, le libera,* lui crie-t-on de toute part. Il faut s'éxécuter : Barbe entonne *le libera* de sa plus belle voix. La foule répond en chœur, et chacun suit le chant du timbre de sa voix. Jamais pareille absoute n'a donné tant d'ardeur ni produit tel effet sur ceux qui suivent un convoi.

Le libera fini, on demande un *De Profundis* ; Barbe l'entonne encore, et un millier de voix se joignit à sa voix dans cette foule émue. Les esprits s'étaient mis à l'unisson du chant. Tout le monde était sérieux et chantait gravement. Si bien qu'on demandait encore à poursuivre la cérémonie.

Mais pendant qu'on recouvrait la fosse on s'était aperçu que quelques farouches républicains s'étaient mêlés à la foule. L'idée du danger traversa l'esprit de ces étranges fossoyeurs : ils entrevirent la responsabilité,... et en quelques instants, ce fut un sauve-qui-peut général.

Barbe, fut arrêté et avec lui quelques-uns des meneurs : on les conduisit au cachot, et dès le lendemain, sans bruit ni trompette, on les expédia hors des frontières.

BARBE parvint à s'échapper dans les rues de Gênes, où il passa quelques années, vivant du fruit de son travail. (Il était menuisier).

De ses compagnons d'exil nul n'a plus entendu parler, et quand BARBE racontait à ses enfants cette triste époque de sa vie, il leur disait toujours : remerciez Dieu, que j'ai pu leur échapper; je ne serais plus revenu.

Son petit-fils, MAURIN, ex-cuisinier, vit encore à Nice, et vient quelques fois à Grasse. Il aime toujours à raconter cette histoire, qu'il a entendue, maintes fois, de la bouche de son grand-père.

Voilà le peuple de Grasse, pendant la Révolution. Ce trait seul le peint mieux que de longs commentaires.

Aussi le comité de surveillance de Grasse rendant compte à la Convention de l'état des esprits dans notre département disait : *l'esprit public est bon.*

Voici encore un petit trait bien caractéristique qui nous montre l'esprit religieux de ces temps.

Quelques jours après, le 9 thermidor, au commencement d'août 1794, un orateur se présente à la tribune de la société populaire où chacun apportait ses plaintes et ses désirs, et il s'exprime en ces termes :

Faut-il vous dire, citoyens, que ceux-là même qui crient le plus au milieu de vous, qu'il faut faire, qu'il faut dire, qu'il faut sévir, sont les premiers, à la honte du sans culotime, à se REVÊTIR, LES CI-DEVANT FÊTES ET DIMANCHES, DE LEUR PLUS BEL HABILLEMENT, SACHEZ ENCORE QU'HIER, CI-DEVANT DIMANCHE, IL N'Y AVAIT PAS SIX BOUTIQUES OUVERTES DANS LA VILLE. (Registre des délibérations, cité par M. SÉNÉQUIER).

Si quelques émeutes eurent lieu dans la rue, toutes furent en faveur de la Religion, de l'Evêque et des prêtres, et on aurait eu bien de la peine à soumettre cette population ardente et religieuse, si un homme énergique s'était rencontré dans le pays pour se mettre à la tête des mécontents et diriger leurs revendications. Mais les nobles et les bourgeois se mêlaient peu au mouvement populaire. Ils avaient la naïveté de croire qu'en jetant en pâture le clergé aux révolutionnaires, ils auraient payé leur rançon et mis leur fortune et leurs biens à l'abri de tout danger ; peut-être aussi subissaient-ils l'influence de la secte maçonnique à laquelle ils étaient presque tous affiliés.

Voici la liste de la loge de Grasse en 1790 :

Mais avant de la donner, la vérité et la justice nous font une loi rigoureuse de faire les réserves suivantes : Le plus grand nombre des frères affiliés à cette loge auraient eu horreur de cette association, s'ils avaient prévu qu'elle put jamais leur faire contracter des engagements contraires aux devoirs de l'homme religieux et du vrai citoyen. La publication de ce document ne doit donc pas amoindrir le prestige de ces hommes, ni attrister leurs descendants.

Les Maçons de Grasse, certainement ne croyaient pas que la Révolution de 1789 prendrait bientôt le caractére d'une guerre sociale, et encore moins qu'elle chercherait à abolir la Religion, puisque nous trouvons dans les registres de la Fabrique, CHARGÉE DE CONSERVER LE CULTE CATHOLIQUE, *les noms de plusieurs des membres qui sont sur la liste de la Franc-Maçonnerie. Tous d'ailleurs furent effrayés lorsque vint l'époque malheureuse où* L'INTOLÉRANCE DU BIEN, *selon l'expression de M.* LE PLAY, AMENA LE RÈGNE DE LA TERREUR ET LA LOI DES SUSPECTS.

LOGE MAÇONNIQUE DE GRASSE

sous le titre : *la Nouvelle Amitié*

A LA GLOIRE DU G.·.A.·. (L.·.N.·.A.·.) DE L'UNIVERS

au nom et sous les auspices du S.·.G.·.M.·.

—

TABLEAU

des Frères qui composent le R : L ▭ St .·. Jean sous le titre de : la Nouvelle amitié *à l'Or .·. de Grasse en Provence*, tracé le 27me jour du 8me mois de l'an la V.·. L.·. 5785, époque de l'installation des nouveaux officiers.

OFFICIERS

Noms, qualités civiles, offices et qualités maçonniques.

F.·. Gérard, avocat au parlement, Vénérable, chevalier de l'Ordre.

F.·. Boulay, cadet, négociant, premier surveillant, chevalier de l'Ordre.

F.·. de Lombard, marquis de Gourdon et Montauroux, cap. au rég. Roy-Lorraine, cavalerie, second surveillant. Elu.

E.·. Gazan, avocat au Parlement, subdélégué de l'Intend., ex-Vénérable membre de la T.·. R.·. Grand L▭ prov. de Provence ; chevalier de l'Ordre.

F.·. Isnard, avoc. au Parl. Orat. confirmé, associé libre de la R.·. L▭ de l'Amitié à l'O. d'Aix et de celle des Amis réunis de l'Or. du rég. de la marine, infant. chev. de l'O.·.

F.·. Luce de Gaspary ancien major de dragons au service de la Pologne orateur, Me.·. Pt.·.

F.·. Roubaud fils avoc. au Parl., secrét.-archiv., Me.·. Pt.·.

F.·. de Bain, secrétaire de correspondance, Me.·. Pt.·.

F.·. Roubaud d'Antelmy, écuyer, trésorier, Me.·. Pt.·.

F.·. Boulay, aîné, négoc., garde-des-sceaux et timb., Elu.

F.·. Gérard, prètre, chanoine de l Eglise catholique, trésorier des aumônes, confirmé, Me.·. Pt.·.

F.·. de Court écuyer, seigneur d'Esclapon, expert. Elu.

F.·. Isnard, aîné, négociant, expert, Me.·. Pt.·.

F.·. Luce, aîné, négociant, maître des cérémonies, com. de la T.·. R.·. Grande L▭ provinciale dans l'Atelier, ass. libre de la R.·. L▭ de la Constance à l'Or.·. d'Antibes et de celle des Amis réunis à l'Or.·. du régiment de la marine infanterie. Chevalier de l'Ordre.

F.·. de Robert, chevalier, seigneur d'Escragnolles, ancien officier de cavalerie, maître des cérémonies. Maître.

F.·. Debezieux, architecte du temple et des banquets. Elu.
F.·. Bounin, négociant, infirmier. Ecossais.
F.·. Gazan de Seillans et Clausonne, infirmier. Elu.
F.·. Bonafons, négociant, Terrible. Elu.
F.·. Luce cadet, négociant. Thuileur. Me.·. Pt.·.
F.·. Augustin Chaix, musicien, direct. d'harmon., Maître.

MEMBRES

F.·. de Barrigue de Fontainieu, conseil. au Parl. off. de la T.·. R.·. G.·. L▭ P.·. Vénérable de la R.·. L▭ d'Aix et en cette qualité memb. né de l'At. chev. de l'O.
F.·. de la Touloubre, av. au Parl., Grand-Maître-Président de la T.·. R.·. G.·. L▭ P.·. associé honor. de R.·. L▭ de la Parfaite Harmonie à l'Or.·. de Toulon et de celle de la Réunion des Elus à l'Or.·. de Marseille, assoc. libre de la R.·. L▭ du Choix de l'Homme libre à l'Or.·. d'Aix ; ex-Vénérable de celle de l'Amitié, même Or.·. et en cette qualité memb. né de l'Atelier, chev. de l'Or.·.
F.·. Chevalier de Bain, officier du Régiment de Vermandois, infanterie, chevalier de l'Or.·.
F.·. Jean Jacques Fargeon, négociant parfumeur du Roi et de la Cour, Me.·. Pt.·.
F.·. Maximin Roubaud, av. au Parl., Me.·. Pt.·.
F.·. de Reboul, lieut. partie criminel en la Sénéch. Maître
F.·. Bernard, av. au Parl. Maître.
F.·. Marcy, apprent.
F.·. de Geoffroy du Rouret, off. d'artillerie, apprenti.

ASSOCIÉS LIBRES

INSTALLATION DE L'ATELIER

F.·. Gazan fils, av. au Parl., G[d] secrét. de la T.·. R.·. G.·. L▭ P.·. secrétaire de la R.·. L▭ de l'Amitié et associé libre. de celle de Choix de l'homme libre à l'Or.·. d'Aix.
F.·. Isnard, cad. nég., memb. de la T.·. R.·. G.·. ▭ P.·. Vénérable de la R.·. L▭ du Triomphe de l'Amitié à l'Or.·. de Draguignan.
F.·. de Roubaud, très. gén. de France au bureau des financ. de Prov., memb. de la T.·. R.·. G.·. L▭ P.·. Vénérable de la R.·. L▭ de l'Union des Alpes à l'Or.·. d'Aups.
F.·. Turrel, av. au Parl. docteur en droit. Vénérable de la R.·. L▭ des Amis intimes à l'Or.·. de Paris, député de l'atelier au G.·. Or.·. de France.

F.·. Merendol, av. au Parlement, membre de la R.·. L☐ de l'Amitié à l'Or.·. d'Aix, député de l'Atelier à la T.·. R.·. G.·. L☐ P.·. de Provence.
F.·. de Thorenc, Cte de S. Empire, M[al] des camps et armées du Roi.
F.·. de Thorenc, chef d'escad. des arm. nav. de Sa Maj.
F.·. de Roubaud, secrétaire du Roi.
F.·. de Fanton d'Andon lieutenant-général en Sénéch.
F.·. de Luce-Seillans, écuyer.
F.·. Spitalier-Seillans, résidant à l'Or.·. de la Martinique de St-Pierre et membre de la R.·. L☐ de la Sincérité des Cœurs, au même Or.·.
F.·. Abbé de la Susse, prêtre de l'Ordre de Clugni.

HARMONIE

F.·. Chaix, directeur, *Violons :* F.·. Boulay, aîné ; F.·. Chaix ; F.·. Isnard, l'aîné ; F.·. Debézieux.
Flutes ; F.·. de Bain, off. ; F.·. Bernard.
Clarinettes : F.·. Marcy ; F.·. Fargeon.
Violoncelles : F.·. Roubaud d'Antelmy ; F.·. de Bain.
Alto : F.·. de Court.
F.·. Issaurat, servant.
Adresse directe et permanente de la R.·. L☐ A. M. Gazan. av. au Parl., subdélégué de l'intend. de Prov., à Grasse.

Scellé et timbré par nous garde de sceaux
et timbre de la R.·. L☐
F. Boulay l'aîné.

Par mandement de la R.·.☐
F. Roubaud, fils,
Secrétaire.

CHAPITRE IIIme

ETAT DU CLERGÉ A GRASSE

AU MOMENT DE LA RÉVOLUTION

On a dénoncé des prêtres pour avoir dit la messe. Celui qui veut empêcher de dire la messe est plus fanatique que celui qui la dit. (ROBESPIERRE).

L'effet inévitable de la persécution est d'abâtardir le caractère national. (GRÉGOIRE).

Je ne sais si à tout prendre, et malgré les vices de quelques-uns de ses membres, il y eut jamais dans le monde un Clergé plus remarquable que le Clergé Catholique de France, au moment où la Révolution l'a surpris. (DE TOCQUEVILLE)

Malgré les querelles incessantes des Chanoines contre leur Evêque, et du Clergé inférieur contre les Bénéficiers et les Prébendés, le Clergé de notre pays jouissait en 1789, au moment où s'ouvre l'aurore de notre grande Révolution, de la plus grande vénération et de l'amour le plus sincère de la part du peuple.

Voici l'état du Clergé de Grasse en 1789. (Je copie la *France Ecclésiastique*, publiée par DUCHESNE, *chef de bureau de l'Agence, et garde des Archives du Clergé de France*, qui m'a été gracieusement communiquée par M. ARMAND BRETTE, *archiviste de la Bibliothèque Nationale*)

On trouvera, soit dans les notes, soit à la fin du chapitre quelques renseignements utiles, sur les prêtres du Diocèse à cette époque.

« GRASSE, ÉVÊCHÉ DE LA PROVINCE D'EMBRUN :

Paroisses : 28 ; Annexes : 4 ; Parlement : Aix.

« *Évêque :* FRANÇOIS D'ESTIENNE de SAINT-JEAN de PRUNIÈRE, *né à Gap, le 18 février 1718, sacré le 20 mai 1753, a pris possession de son siège, le 22 décembre.*

« *Vicaires Généraux* : JAUVY de la BORDÈRE *.

De BARRUEL DE BEAUVERT.

Secrétaire : COMTE *. *Official* : PUGNAIRE *.

Promoteur : BRUERY *. *Greffier* : COURT.

Grand Séminaire : Supérieur: JAUVY, vicaire général.

Morale : CARLAVAN CLAUDE *, né à Opio.

Dogme : VENTRIN SÉBASTIEN *, né à Antibes.

Philosophie : CAUSSE PAUL *, né à Biot.

(Nous parlerons d'eux plus loin).

« CHAPITRE DE LA CATHÉDRALE NOTRE-DAME :

Sacristain : CHEVRETEL CHARLES [1].

Capiscol : BARBAROUX de GÉVAUDAN *Pierre-Antoine* [2].

---

1 *Né à Saint-Malo (Ile-et-Vilaine).*

2 *Né à Senez, Basses-Alpes, le 8 juin 1722, y décédé le 5 mai 1810. Il se réfugia dans son pays natal où il put exercer librement le saint Ministère sans prêter serment. Les archives de la commune de Senez nous ont conservé un procès-verbal très-curieux relatant une discussion qui avait eu lieu entre le chanoine Barbaroux et le père de l'ancien curé de Senez, qui était assermenté. Les têtes s'étant échauffées on en vint aux injures, et il y eut même une provocation en duel qui n'eut pas de suite. Mais ce qui nous prouve l'influence qu'avait dans son pays le chanoine Barbaroux, c'est que le curé assermenté fut obligé de partir, et lui resta dans sa maison sans être inquiété.*

---

* Tous les noms marqués d'une étoile sont ceux des prêtres émigrés dont on trouvera une courte notice à la fin de ce chapitre.

Archiprêtre : BERNARD *Joseph* (3).

Archidiacre : MALLET *.

Théologal : ROUSTAN *Antoine* (4).

Chanoines : GÉRARD, PUGNAIRE *François* (5). ALBANELLY *François* *. CHÉRY *.

Deux Curés : MOUGINS de ROQUEFORT et GASQ.

12 Bénéficiers, dont un diacre et un sous-diacre, deux clercs, un maître de musique, un organiste, six enfants de chœur.

« Le chapitre confère et donne les deux dignités de sacristain et de Capiscol, *les deux personnats d'Archiprêtre et d'Archidiacre,* qui prennent rang du jour de leur réception au Canonicat, *les Chanoinies ainsi que les bénéficiatures.*

« *Si l'Évêque se trouve au Chapitre, il a sa voix.*

« *Le Chapitre présente et nomme aux cures. La collation en est réservée à l'Evêque.*

« *Lorsqu'il vaque une des deux dignités, personnats ou offices, le plus ancien chanoine a droit d'opter. On peut cependant les résigner, avec la chanoinie à un étranger.*

« *En cas de décès d'un chanoine, les autres élisent son successeur.*

« *C'est le Chapitre aussi qui nomme aux bénéfices vacants.*

« BURÉAU DIOCÉSAIN : *Chambre supérieure* : AIX.

Econome du chapitre de la Cathédrale : RAYBAUD. *Curé de Cabris.*

Curé prieur de Cabris. Né à Montauroux, le *4* janvier *1716*, il prêta serment le *20* décembre *1790* et demeura dans sa paroisse jusqu'à sa mort arrivée le *8* décembre *1797*.

---

3 *Né à la Colle en 1718, nommé curé constitutionnel de son pays natal, il mourut le 28 juillet 1797.*

4 *Mort au Cannet de Cannes, le 23 septembre 1827.*

5 *Né en 1718, décédé à Grasse, le 9 février 1793.*

Econome de Lérins : ALLÈGRE. *Curé de Mougins.*

Il appartenait à une famille riche et distinguée de Cannes. D'abord vicaire à Cannes, puis curé à la Roquette et à Mougins, il prêta serment et il resta dans sa paroisse jusqu'à sa mort, arrivée le *8* septembre *1800*.

Syndic du Diocèse : JAUVY de la BORDÈRE vic^re^ général.

Secrétaire du bureau et notaire Apostolique : COURT,

Receveur des décimes et commis des économes : RICORD.

Ce commis des Economes était un laïque.

Greffier des insinuations écclésiastiques : COURT.

Nous n'avons trouvé aucun détail sur la vie de ce greffier qui était en même temps secrétaire du bureau et notaire apostolique.

J'ai tenu à copier bien exactement cette page, parce que cet état est officiel et qu'il diffère très sensiblement de la liste qu'on a donnée jusqu'à ce jour.

Je trouve encore dans nos registres deux vicaires généraux dont il n'est pas fait mention ici : M. du ROURET * et M. de CARPILHET * ; je pense qu'ils étaient v. g. honoraires.

Voici les noms des Bénéficiers de la Cathédrale, qui ne figurent pas dans la *France Écclésiastique de 1789*, et dont la liste nous a été gracieusement communiquée par M. BARTHÉLEMY, économe du Petit-Séminaire de Grasse.

BAYON *Louis-Joseph*, chapelain de *Sainte-Brigitte* ;
CAVALIER *Joseph* *, chapelain de *Notre Dame de Valcluse*.
IMBERT *François* *. chapelain de *l'Hôpital de la Charité* ;
NIEL *Henri* *, chapelain de *l'Hôpital Saint-Jacques*.
ISNARD *Etienne* (0), chapelain de *Saint-Antoine*.
BAIN *Louis* (1), chapelain de *Notre-Dame d'Espérance*.
ACHARD *Antoine* (2), chapelain de *Saint-Jacques*.
MURET *François* *, *aumônier de la Visitation*.
CHAUVE *Frédéric*, chapelain de Saint-François.

---

0 Né à Cipière le *18* mars *1730* y décédé le *29* septembre *1809*.
1 Né à Grasse, le *27* juin *1737* y décédé le *2* novembre *1800*.
2 Né à Grasse, le *28* mars *1750*, décédé aumônier des pénitents, le *9* juin *1810*.

ACHARD *Jean** [3]. RICORD *Christophe* [4]. GUIZOL *Jean* [5]. AUGIER *Pierre* [6]. CHEVALIER, chapelain de Sainte-Anne.

Le service actif de la paroisse était confié à MM. MOUGINS, et GASQ curés, ou vicaires forains, comme persistaient à les appeler les Chanoines. qui avaient seuls la haute direction de tous les offices de la paroisse. Les autres prêtres employés à la Cathédrale étaient MM. RICAUD [7], HÉRAUD [8], PIN, ROUSTAN [9], BAIN [10], ROUQUIER [11], qui tous continuèrent le service paroissial pendant la Révolution. ARDISSON, était diacre, PAGAN* et PUGNAIRE [12], sous-diacres, SAUTERON, acolyte, et MUS [13], curé de Caussols, sous sacristain. Il y avait quatre catéchistes : MM. CRESP *Louis*. COMTE *Antoine*. ALAVÈNE *Honoré*, et VIAL *Jean-Baptiste*, et deux chantres : ROBERT *Joseph*, et LEVENS *Jn*.

Beaucoup d'autres prêtres demeuraient à Grasse à cette époque : nous trouvons leurs noms dans les registres de la paroisse sans bien connaître leurs fonctions ni leur âge.

---

3 Né à Grasse, le *15* février *1745*, il émigra et je n'ai pu retrouver le pays ni l'époque de sa mort.

4 Né a Grasse, le *23* Juillet *1729*, y décédé le *1* novembre *1816*.

5 Né à Grasse, le *27* Juillet *1744*, y décédé le *27* mars *1808*.

6 Né au Plan de Grasse. le *17* juin *1760*, décédé à Grasse le *16* février *1799*.

7 Né le *23* juin *1751*, mort en août *1822*. Remplit les fonctions de curé constitutionnel après la mort de M. Mougins et pendant tout le temps de la Révolution.

8 Ancien Dominicain, fut nommé recteur de Magagnose au rétablissement du culte et mourut a Draguignan, le *26* octobre *1845*.

9 Né à Grasse, le *27* juin *1754*, décédé le *28* novembre *1814*.

10 Né a Grasse, le *27* juin *1727*, y décédé le *2* novembre *1800*, refuse le serment.

11 Né a Saint-Vallier, le *5* octobre *1732*, nommé curé de Saint-Vallier au rétablissenent du culte et mort à Grasse, le *20* septembre *1819*, avait refusé de prêter serment.

12 Il a exercé ses fonctions de sous-diacre pendant tont le temps de la Révolution et est mort estimé de tous, le *21* décembre *1822* a l'âge de *91* ans.

13 Né à Grasse, le *27* avril *1753*, décédé le *5* février *1831*. âgé de *78* ans. était curé de Caussols et sous-sacristain a la cathédrale. C était le prêtre le plus pieux et le plus humble Qu'on puisse imaginer Encore enfant de chœur, Mgr de Prunière avait remarqué sa tenue modeste et recueillie pendant les offices et l avait dirigé vers le sacerdoce. Pendant toute sa vie il ne voulut jamais d'autre fonction que celle de sacristain : il avait prêté serment, mais se trouvant en prison avec M. Ollivier d'Opio, en *1795*, il retracta ce serment dans les mains de ce saint prêtre en présence de MM Sales, Le Coq, Garrigue et Girma prêtres. Cette rétractation est très édifiante nous la reproduirons dans les annexes.

Quelques-uns émigrèrent, nous en reparlerons plus loin. D'autres restèrent tranquillement dans leurs maisons et ne furent pas trop inquiétés. Ce sont MM. MERCURIN *Léopold**, *né à Grasse en 1731 et y décédé le 4 février 1807* ; ISNARD *Antoine, ancien curé de Saint-Césaire, mort à Grasse, le 17 juillet 1791* ; MÉRO *Jacques, né à Cannes, en 1733, chargé par Monseigneur de Prunière de l'administration du diocèse, pendant son absence, et dont nous parlerons plus loin. Il mourut le 17 août 1821.* MOUGINS *Louis-François, né à Grasse, le 14 août 1737 et y décédé le 23 février 1821.* CHAUVE *Mathieu *, émigra, on ne sait pas où, et mourut à Grasse, le 14 juillet 1820.* AUGIER *Joseph-Auban, né à Grasse en 1748, mort recteur à Callian, le 11 avril 1817.* CAVALIER *Joseph *, né à Cabris et mort curé du Cannet de Cannes, le 23 septembre 1827.* MERLE *Jean**. JEAN *Honoré *, refusa le serment, partit pour l'exil et mourut à Grasse, le 7 octobre 1825.* LEMORE *Jean-Joseph *, au retour de l'exil, vécut à Grasse dans sa famille et mourut le 7 août 1835.* JAUME *César-Antoine, mourut curé du Bar, le 26 juin 1820.* GIRAUD *Charles, mourut à Grasse, le 19 novembre 1818.* POULLE, PONS. CLÉRIQUE. GIMBERT. CASTEL *. BRUERY *Joseph.* CRESP *Gaspard.* *. PILAR *. CHÉRY *. MAUBERT *. BONNAFOND*. ICART *. RABUIS, BARRÈME, etc.

Voilà, à peu près, quel était le clergé qui formait la couronne de l'Evêque de Grasse en 1790. Mais quelques années après tous ces prêtres vénérables s'étaient dispersés, avec leur chef, sur tous les chemins de l'exil ou cachés dans leurs maisons de la ville ou dans quelques maisons de campagne de la paroisse.

Le 22 septembre 1789, l'Assemblée Constituante avait

imposé le serment civique à tous les citoyens. Je copie dans les archives municipales la liste des prêtres qui se soumirent à cette formalité : *Bernard, Mallet, Chiris, Pugnaire, Augier, Cresp, Pilar, Guizol. Niel, Bernard, Bruery, Imbert, Ricord, Cavalier, Isnard, Bayon, Clérique,* et *Court*. Ce serment n'était pas défendu ; nous en avons vu la formule dans le chapitre précédent.

Le 26 décembre, la Constituante voulut exiger le serment à la *Constitution Civile du Clergé* : il n'y eut que dix prêtres dans la paroisse, sur soixante au moins qui habitaient la ville, et neuf religieux sur sept, qui prêtèrent serment. Nous parlerons plus loin de la cérémonie publique.

Dans les paroisses du Diocèse, desservies par une centaine de prêtres, il y en eut plus de la moitié qui prêtèrent serment, mais la plupart d'entre eux se rétractèrent dans la suite. « On est porté à excuser la faiblesse de ces prê-
« tres isolés dans de petits pays où les relations étaient
« extrêmement difficiles, et on peut croire qu'ils ne compre-
« naient pas bien la valeur de cet engagement. Ils disaient
« eux-mêmes, avec naïveté, qu'ils servaient Dieu comme
« ils l'avaient toujours servi, et ils demandaient simple-
« ment qu'on les laissât continuer en paix leur paisible
« mission ». (TOSELLY, *Histoire de Nice*).

***

Revenons sur nos pas et jetons un regard rapide sur le passé, pour contempler, d'un seul coup d'œil, l'ensemble de nos gloires religieuses réunies dans le souvenir des évènements les plus remarquables de l'histoire de notre Evêché.

La translation du siège *d'Antibes* à *Grasse* eut lieu vers 1246, dans les circonstances suivantes :

Les courses des *Génois*, les invasions des pirates, les exhalaisons qui provenaient de certains marais rendaient *Antibes* bien inférieure à *Grasse*, qui jouissait d'une bonne exposition et de solides remparts. La tradition rapporte aussi que les *Antibois* noyèrent leur Évêque. Le Père CRESP nous dit qu'en 1231, PONS de *Grasse-Cabris*, fut noyé par les habitants. Mais il est probable que le verbe provençal NEGA, qui signifie également *Noyer* et *Nier* fut pris plus tard par le peuple dans le premier sens au lieu du second.

INNOCENT IV, de l'illustre famille des *Fresques de Gênes*, étant venu dans cette ville, fut sollicité par ROMÉO de *Villeneuve* et par *l'Évêque d'Antibes* de transférer le siège à *Grasse*, et le pape délivra la bulle de translation le 14 des Calendes d'août (19 juillet 1243).

L'Évêque *d'Antibes* se nommait BERTRAND DE FOX, dominicain ; il portait aussi le nom de AQUIS (*d'Aix*), parce qu'il possédait la moitié de la *Seigneurie de cette ville*, qui fut vendue plus tard à *Charles 1er, duc d'Anjou*. (1273).

Les Grassois montrèrent la plus vive allégresse, mais Antibes se plaignit. Ce transfert la privait de sa plus belle couronne ; et soutenue par le *Prévôt du Chapitre*, elle opposa une forte résistance.

Ce prévôt s'appelait HENRI. Il fut plus tard Evêque de *Sisteron* et Archevèque *d'Embrun*. Il se mit à la tête de la révolte, et porta plainte contre l'Évêque.

BERTRAND, voyant cette hostilité du Clergé, crut qu'il valait mieux ne rien précipiter. Il ne parla plus de son départ et se rendit au concile de Lyon, présidé par le pape INNOCENT IV. Là il exposa bien humblement au Saint-Père les difficultés que rencontrait le transfert de son Évêché. Le pape lui remit de nouvelles bulles, en faveur de l'Église de Grasse (1245) et chargea *l'Archevêque d'Embrun* d'aider BERTRAND de toute son autorité pour les faire exécuter.

Alors le pieux Prélat, pour mieux préparer ses diocésains à ce transfert, et rendre le ciel plus favorable à ses desseins, conçut le projet d'obtenir une relique insigne pour l'envoyer à sa nouvelle cathédrale. C'était le don le plus précieux qu'on pût offrir au peuple en ce siècle de foi. Il partit pour l'Egypte et eut le bonheur d'obtenir de l'Église d'Alexandrie le corps entier de SAINT-PIERRE ALEXANDRIN. Il l'apporta en triomphe et, avec tous les honneurs possibles, il le fait transporter à Grasse, escorté par les Prêtres les plus vénérables de son Diocèse, comme un roi envoie un Ambassadeur pour préparer son arrivée, et se rendre agréable au peuple. (1)

Puis il fit son entrée solennelle dans sa ville épiscopale. Les Grassois se livrèrent à la joie la plus vive, et reçurent l'Évêque comme les Juifs avaient reçu Notre Seigneur, au jour de son entrée triomphante à Jérusalem : c'étaient partout un enthousiasme délirant et les démonstrations les plus vives de bonheur ; toutes les maisons étaient pavoisées, les rues étaient jonchées de fleurs, les enfants criaient Hosanna, les religieux et les pénitents chantaient le Benedictus. Le peuple agitait des palmes et des rameaux d'olivier, et l'Évêque, monté sur un âne, suivi de tous les chanoines et d'un nombreux clergé, s'avança triomphalement dans les rues de la ville jusqu'à la Cathédrale.

1. *Ces reliques insignes sont encore dans le trésor de notre Cathédrale. Malheureusement une partie de ce corps, qui avait été caché pendant les guerres de religion, a été perdu. La tradition nous a conservé le lieu de la cachette, mais il serait très difficile de faire des recherches : on prétend qu'il existe dans l'intérieur d'un Pilier de l'Église. (Ces piliers sont tous en pierre de taille). Nous possédons plusieurs os du bras, dans un reliquaire exposé à la vénération des fidèles.*

L'année suivante, le nouvel Evêque donna des statuts à son diocèse. In nomine æterni Dei, amen, etc, etc.

« Le Chapitre se composera de neuf chanoines, six ré-« sidant à Grasse et trois à Antibes » [1].

« Chaque Eglise aura un vicaire perpétuel, chaque « Chanoine conservera sa juridiction sur les hommes de « ses prébendes.

« Le Chapitre prêtera le serment d'obéissance à l'Évêque».

On nomme des curés perpétuels au Loubet, à Auribeau.

On établit six bénéficiers, deux curés à la Cathédrale.

L'encensement est ainsi réglé : « l'Évêque et le Prévôt « sont encensés trois fois, les autres chanoines deux, les « autres prêtres une fois seulement ».

Ce qu'il y a de plus remarquable dans ces statuts, c'est le règlement concernant les repas des chanoines:

« Le dimanche, le mardi et le jeudi, on servira au ré-« fectoire du bœuf ou du porc, et deux poissons.

« Le lundi, de la viande rôtie, le soir, du fromage.

« Le mercredi et le samedi, matin et soir, du fromage « ou du poisson et l'un et l'autre, si c'est possible.

« Le vendredi, du poisson et un œuf à la coque, ou des « œufs, s'il n'y a pas de poisson.

« On fait de même pour les jours de jeûne, les vigiles, « pendant le carême et l'avent ».

Ont signé : BERTRAND, évêque de Grasse, HENRI, prévôt du chapitre, évêque nommé de Sisteron, OLIVIER, chanoine sacristain. PIERRE DE SOLEILLAS, chantre. GUILLAUME DE COSTE, notaire royal, fut chargé de rédiger cet acte par ordre du juge Carbonelli. (Archi. de Nice, Église de Grasse).

BERTRAND DE FOX mourut à Grasse, l'année suivante 1247, et fut remplacé par RAYMOND DE VILLENEUVE.

Il y avait à cette époque, dans le chapitre de Grasse, un

1. *Plus tard le Chapitre fut composées de 12 Chanoines et Isnard de Grasse établit même un treizième canonicat en faveur de Guillaume de Burgos, en 1467.*

illustre personnage qui, après avoir été marié et avoir eu un fils du nom de Grégoire, reçut les ordres sacrés, fut chapelain du Prévot, puis Prévot lui-même du Chapitre, élu Archevêque d'Aix en 1257, Cardinal et Pape, enfin le 6 septembre 1276 ; mais il mourut le jour même de son élection. « Ce pape d'un jour fut Guillaume de Vicedomini», originaire de Plaisance. Il était neveu par sa mère du pape Grégoire X.

Son fils lui succéda, dit-on, comme prévot du chapitre de Grasse et comme archevêque d'Aix, mais il ne figure pas sur la liste des Archevêques d'Aix.

Un autre prévot remarquable, Jean Filliol, docteur des décrets, vivait à Grasse en 1462. C'est lui qui fut chargé par Isnard de Grasse, de prendre possession de son évêché, pendant qu'il était retenu à Rome, pour traiter des affaires de Lérins.

Le pape Innocent IV, retournant du concile de Lyon, s'arrêta quelques jours à Nice, où il reçut la visite de Raymond de Villeneuve, Evêque de Grasse (1247).

Une collégiale de trois Chanoines existait dans notre Eglise avant le transfert de l'Evêché. Les bénéfices de cette collégiale etaient partagés avec le chapitre d'Antibes qui possédait six chanoines.

Plus tard, lorsque l'Evêché fut transféré à Grasse, trois chanoines continuèrent à demeurer à Antibes et les six autres suivirent l'Évêque à Grasse. La prébende de l'ancien Évêché d'Antibes fut partagée entre l'Évêque et le prévot du Chapitre.

Mais les rivalités entre Antibes et Grasse, ne cessèrent

pas par le transfert de l'Évêché en cette dernière ville : elles devinrent toujours plus aigues. L'Évêque de Grasse, pour en finir résolut de rappeler les trois chanoines d'Antibes et de réunir tout le Chapitre à Grasse. Cela ne changea rien.

« En 1378, Clément VII, pape d'Avignon, vendit au duc de Gênes la prébende d'Antibes qui était la cause principale de cette rivalité, à la charge d'une rente annuelle d'une once d'or, en faveur de l'Évêque de Grasse. Cette rente devait être payée le jour de la Nativité de Notre-Seigneur.

Quelques années plus tard, ce même pape, ayant à se plaindre du duc de Gênes, qui avait reconnu le pape Urbain VII, et de Thomas de Gérente, qui après la mort de Jacques Artaud, avait été nommé Évêque de Grasse, par le pape de Rome, leur retira à l'un et à l'autre, la prébende d'Antibes et la garda pour la mense Apostolique. Mais, peu après, ayant besoin d'argent il la vendit aux Grimaldi pour neuf mille florins. (Bulle de Clément VII, 1386, conservée aux archives nationales, à Paris. L. 394, numéro 33).

Au siècle suivant, un Vicaire apostolique *Nullius*, fut créé à Antibes, avec une Collégiale indépendante de l'Évêque de Grasse, et pendant trois siècles ce fut la cause d'une nouvelle rivalité entre l'Évêque de Grasse, seigneur d'Antibes et le vicaire Apostolique de cette ville.

Enfin en 1664, Monseigneur Louis de Bernage eut la satisfaction de voir la fin de cette longue querelle, et de signer avec la ville d'Antibes. une transaction importante qui apaisa les partis et permit à Monseigneur d'Antelmy, en 1739, de faire disparaître la collégiale d'Antibes. (V. Annexes)

Le Chapitre de Grasse jouissait de prérogatives considérables, comme nous l'avons vu dans l'Ordo officiel de

1789. C'était une vraie puissance sacerdotale à côté de l'Évêque : non seulement il conférait les dignités, il nommait les curés de Grasse, mais il nommait même aux bénéfices vacants.

Son doyen, le prévot (præ positus) marchait presque l'égal de l'Évêque, et était parfois Évêque lui-même ; en 1250 le prévot de Grasse était l'Évêque nommé de *Sisteron*. Il était prieur de Pégomas et seigneur temporel d'Auribeau. Il avait le droit de nomination à ces cures. Il partageait avec l'Évêque la mense épiscopale et ce ne fut qu'en 1694 que Monseigneur de *Verjus*, fut assez heureux pour obtenir la suppression de la Prévoté. (Bulle du 3 août 1693. Lettre patente du roi du 23 mars 1694).

Les chanoines vivaient en commun, dans les maisons qui entourent la cathédrale. Ils avaient un économe qui retirait tous les revenus et fournissait à tous les besoins. Leur table était très frugale comme nous l'avons vu. Leur vie était régulière et sévère, et s'il y a eu quelque relâchement à la fin du XVIIIme siècle, c'était tout-à-fait exceptionnel : aussi un seul chanoine consentit à prêter le serment schismatique et on croit qu'il s'est retracté dans la suite. Si parfois les chanoines avaient des procés, c'est qu'ils possédaient de nombreuses terres, et qu'on cherchait peut être trop souvent à les exploiter. Mais en temps de disette ils ouvraient largement leurs greniers, comme ils le firent en 1789, et distribuaient aux pauvres tout ce qu'ils avaient.

***

La situation des curés et des vicaires était variable et dépendait du nombre et de l'importance des fondations établies, et de l'ensemble des profits non fixés à la cure.

La part congrue représentait à peu près le traitement actuel des desservants.

On devenait curé soit par la nomination de l'Évêque, lorsque la cure était indépendante, soit par la nomination du chapitre, quand il avait droit de collation, soit par *résignation*, en payant à celui qui *résignait* une sorte de rente viagère en forme de pension alimentaire.

Dans tous les cas l'Évêque qui ne nommait pas délivrait le in formâ dignum, sans lequel on ne pouvait prendre possession d'aucune cure.

Une fois nommés et canoniquement institués, les curés étaient inamovibles.

Les vicaires, choisis par le curé et nommés par l'Évêque, étaient seuls révocables ad nutum.

Après le clergé paroissial venaient les religieux des différents ordres, tous soumis à leur Évêque. La Révolution n'en trouva pas moins de six dans la paroisse de Grasse : c'étaient les *Augustins*, les *Cordeliers*, les *Dominicains*, les *Oratoriens*, les *Capucins* et les *Visitandines*. Il y avait aussi à l'hospice trois religieuses de Nevers pour les soins des malades.

Quand le ministre demanda en 1768, l'état des religieux dans le diocèse de Grasse, Monseigneur de Prunière répondit que les *Capucins étaient admirables de zèle et de ferveur, que les Visitandines donnaient partout le plus bel exemple de piété et de vertu, mais que les autres ordres étaient tombés dans un état de relachement déplorable : les Dominicains au nombre de 14 passaient leur vie dans l'oisiveté, les Augustins n'étaient plus que quatre dans un couvent qui en contiendrait cinquante et les Oratoriens semaient leur doctrine funeste du jansénisme dans la ville.*

L'Abbaye de Lérins n'existait plus, elle avait été sécularisée en 1787 par édit du roi Louis XVI, avec le consentement du Saint Siège.

Il n'y avait plus que 7 religieux qui ne demeuraient pas dans l'Ile. Le prieur *François* BON, *demeurait à Vallauris avec l'ancien prieur* RAIMBERT. Le père de MERICAUD, *demeurait à la Napoule.* Le père de LASSURE, *à Valbonne,* Le père MARCY, *à Antibes.* Le père du ROURET, *à Cannes.* Le père CHAUDON, *à Riez.*

Plus d'assemblée capitulaire, plus d'office, plus de travail en commun. Monseigneur de Prunière fut chargé de séculariser les membres qui restaient : ils reçurent chacun 1.500 francs de rente, ils se partagèrent le mobilier. La Bibliothèque fut vendue et achetée par les professeurs du Grand Séminaire de Grasse. (Un petit livre de cette bibliothèque intitulé : *Tablettes généalogiques des princes,* qui avait été donné à Me *Jean Pugnaire,* nous a conservé ces détails, sous la dâte du 4 février 1790). Monseigneur de Prunière rapporta dans sa cathédrale toutes les reliques qui se trouvaient dans le monastère et il les distribua dans les paroisses de son Diocèse : Auribeau reçut un magnifique reliquaire en argent, contenant la machoire inférieure de Saint-Honorat, Cannes, une partie du fémur, Magagnosc, l'humérus du même saint, etc ; et l'Évêque garda le Chef et une partie des autres ossements de ce corps précieux pour sa Cathédrale. Voilà comment nous avons le bonheur de posséder dans notre trésor les reliques insignes de Saint-Honorat, de St-Aigulphe, ainsi que les restes des 500 religieux martyrisés par les Sarrazins en 725. Les reliques de St-Honorat étaient dans une magnifique chasse en bois sculpté du XVIe siècle que l'on peut encore admirer à la salle capitulaire.[1] Une seule de ces reliques précieuses, *une Mitre de St-Honorat* que l'on avait conservée avec vénération dans le monastère de Lérins et que Monseigneur de Prunière avait apportée à Grasse, nous manque. Le père *François Pons*, dans un écrit du 21 mars 1799, jour du Jeudi Saint, nous fait connaître l'existence de cette relique à cette époque. Voci ce document :

« *Le monastère de Lérins ayant été supprimé en* 1778, *Monseigneur de Prunière, Èvêque de Grasse, fit retirer de ce monastère et déposer dans le grand Séminaire quelques ornements d'Église et une caisse renfermant des ossements que l'on croit être ceux des religieux auxquels les Sarrazins firent souffrir le martyre lors de leur descente à Lérins.*

« *La caisse qui renfermait ces précieuses reliques est restée quelque temps sous la garde du Supérieur du Séminaire qui, ayant été contraint de quitter le sol de la France, la laissa dans la chambre où elle avait été déposée, avec cette précaution d'en fermer la porte par trois serrures. Trois ans après la maison du Séminaire ayant été vendue, ainsi que toutes les maisons religieuses de la ville le particulier qui en fit l'acquisition, étant surpris de trouver une chambre fermée par trois serrures, et n'osant pas en faire ouvrir la porte, en fit part à l'administration municipale qui députa un de ses membres pour en ordonner l'ouverture.*

1 *Cette sculpture rappelle la visite du Pape Adrien, v. à Lérins en 1516.*

« *On y trouva : 1° la mitre qut avait servi à Saint-Honorat; 2° un calice très ancien, orné de quelques pierres précieuses; 3° la caisse qui contient les reliques des saints religieux martyrisés* ».

Grasse, le 21 mars 1790. Vive JÉSUS et MARIE,
DIEU soit éternellement glorifié dans ses Saints.
Père François PONS, dominicain.

Qu'est devenue cette mitre précieuse ? Malgré toutes nos recherches nous n'en avons trouvé la trace nulle part. Les délibérations du Conseil des Marguilliers n'en font pas mention. C'est une perte bien plus grande que celle du calice orné de pierres précieuses, qui dût être confisqué par la municipalité. Mais nous possédons la caisse des reliques des 500 martyrs : *St-Porcaire et ses compagnons.*

Nous avons eu 46 Évêques à Grasse : l'Évêché de Vence fut réuni à celui de Grasse pendant quelques années sous Guillaume le Blanc ou du Blanc, et sous Godeau.

C'est au milieu d'un peuple industrieux et fidèle à la foi de ses ancêtres que se succédèrent sur le siège épiscopal de Grasse, un nombre considérables de prélats illustres dans l'histoire de l'Église. Je n'en citerai que les plus remarquables :

Les Cardinaux GRIMALDI et TRÉVULCE, tous deux tenus en haute considération à Rome et à Paris. Jean-André de Grimaldi, nonce du Pape en France et vice-légat à Avignon pour tout le conté Vénaissin.

Godeau, premier fauteil de l'Académie Française, historien des fastes de l'Église, poète, orateur distingué, mais surtout saint Évêque, qui repentant d'avoir occupé quelque temps deux évêchés, ne conserva que le plus modeste et le moins riche : il n'ignorait pas cependant ce qu'il aurait à souffrir du Chapitre de Vence.

Dans une de ses visites pastorales un de ses chanoines, n'avait pas craint de lui lancer cette boutade : capitulum est congeries hominum partim doctorum partim indoctorum, sed uno episcopo omnium inimicorum, per omnia sæcula, sæculorum. Amen, avait répondu notre spirituel prélat.

Monseigneur de Roquemartine, fondateur du Mont de Piété et de l'Œuvre de la Miséricorde qui ont fait et font encore tant de bien à la paroisse.

Monseigneur de Verjus, le frère du marquis de Crécy, plénipotentiaire de Louis XIV, qui usa de son crédit à la cour pour doter d'un séminaire sa ville épiscopale.

Monseigneur de Mesgrigny, le saint, l'apôtre du pays, le réformateur des abus, l'adversaire du Jansénisme, l'orateur puissant et fécond, qui prêchait chaque année le Carême en entier dans une paroisse de son diocèse, et qui les visitait toutes. Cette sollicitude pastorale le rendit si populaire que, 50 ans après sa mort, en pleine époque révolutionnaire, lorsque l'assemblée constituante fit éffacer toutes les armoiries qui se trouvaient sur les monuments publics, les « défenseurs de la Constitution » de Grasse demandèrent qu'on substituât le nom du « très célèbre Mesgrigny », aux armoiries de cet Évêque. Ses cendres reposent encore obscurément dans un escalier de cette belle Crypte qu'il fit construire de ses deniers, d'après les plans de Vauban. J'ose espérer qu'un jour nous pourrons les transférer dans le caveau de nos Évêques et élever à sa mémoire un monument digne de ses vertus.

François d'Etienne, de Saint-Jean de Prunière, fut le dernier évêque de Grasse. Né à Gap, le 18 février 1718, il fut chanoine, puis vicaire général de Rodez, vicaire général de Vienne et de Riez. Nommé Évêque de Grasse, le 23 novembre 1752, préconisé le 6 mars 1753, et sacré à Paris le 24 juin 1753 par l'Archevêque d'Embrun, il vint prendre possession de son Diocèse, le 22 déc[bre] de la même année.

La ville l'avait fêté et le plus heureux accord régnait entre lui et les habitants. Son zèle, sa douceur lui avaient conquis tous les cœurs. Ses mandements et ses écrits étaient tous empreints d'un esprit pacifique. Les derniers seuls nous montrent toute l'énergie de son âme, en presence des malheurs du temps et du schisme qu'il aurait voulu éviter à son diocèse, mais tandis que Mgr Pisani, Evêque de Vence, faisait afficher sur les portes de la Cathédrale le nom des prêtres assermentés, en lançant contre eux l'excomunication, Monseigneur de Prunière les frappait des mêmes peines, mais ne les nommait pas afin de leur laisser une plus large porte pour le retour.

Cependant malgré la bonté de l'Évêque, le Chapitre ne cessait de guerroyer contre lui ; c'était dans les habitudes du temps. Il y avait d'interminables procès pour des choses de bien peu d'importance : tantôt il s'agissait de décider si le Chapitre devait aller chercher l'Évêque à son palais et le reconduire, tantôt s'il fallait lui offrir l'eau bénite, tantôt on lui refusait les annates, ce qui était plus important.

Le Chapitre n'observait plus ses statuts. Monseigneur d'Antelmy, dans sa supplique au roi en 1742 disait qu'il ne pouvait permettre plus longtemps que les abus se perpétuent : qu'on avait manqué, dans l'année, à 48 grand'messes et à 256 matines, qu'on ne célébrait plus les messes, l'une après l'autre, que les bénéficiers ne chantaient plus les messes de l'aurore, qu'ils ne portaient plus la chape au chœur, qu'on ne saluait plus le chœur en entrant, que les heures de matines n'étaient plus observées, que la messe du lundi pour les défunts n'était plus célébrée.

(Archive de la Préfecture, liasse 17[illegible]

Tel fut l'état dans lequel Monseigneur de Prunière trouva son Chapitre, au moment où il succéda à Monseigneur d'Antelmy, c'est-à-dire 10 ans après cette lettre au Roi. Soit que les mesures prises par Monseigneur d'Antelmy eussent changé cet état de choses, soit que la douceur et la sainteté de Monseigneur de Prunière eussent attiré d'avantage les chanoines vers sa personne, le père Cresp, dans son histoire de Grasse, leur fait le reproche d'être trop obséquieux envers l'Évêque : « Les Chanoines, dit-il, bien loin de s'arrêter à la porte du palais épiscopal, ont la complaisance de monter jusqu'à la chambre de l'Évêque, et d'attendre souvent qu'il ait pris ses habits d'Église ».

Le père Cresp n'aimait pas Monseigneur de Prunière, quoiqu'il eut composé une ode, en son honneur, pour fêter son arrivée ! N'était-ce pas une petite vengeance contre son rapport au Roi, en 1768 ?

Le Diocèse de **Grasse**, est borné au nord par ceux de *Senès* et de *Glandeve*, au sud par la *Méditerranée*, à l'est par le Diocèse de *Vence*, et à l'ouest par celui de *Fréjus*. Il comprend 28 Paroisses et quelques Annexes. Il est tout entier renfermé entre la *Siagne* et le *Loup*, la mer et la montagne du *They*. Trois Paroisses seulement sont dans la haute montagne : *Cipière, Caussols* et *Gourdon,* toutes les autres sont dans la plaine et sur le flanc de la colline où la ville est assise.

Grasse (12 feux) [1] est placée au centre du Diocèse, à égale distance de *Cannes et Antibes,* au midi ; de *Cipière* et *Caussols,* au nord ; de *Biot* et *Roquefort,* à l'est, et de *Saint-Césaire,* à l'ouest, dans un rayon de quatre lieues.

Du haut de sa tour, l'Évêque peut reconnaître toutes les paroisses de son Diocèse. Rien ne manque à son Évêché : outre ce beau climat, ces riantes campagnes, il jouit de plusieurs fiefs importants qui lui donnent 24 mille livres de rente.

La ville épiscopale est admirablement située dans un pli de la montagne, au fond d'une petite gorge, entourée de mamelons gracieux qui la préservent des vents du nord et de l'ouest, et lui permettent de recevoir tous les rayons du soleil pendant l'hiver et la brise embaumée de la mer, qui tempère la chaleur de l'été. Rien de pur comme son ciel, rien d'admirable comme son horizon : cette vue merveilleuse enchante et ravit le spectateur.

Une source limpide comme le cristal, et si abondante qu'elle fournit à tous les besoins de la vie d'une population importante, et à toutes les exigences des nombreuses et riches industries du pays, coule à la tête de la ville et se répand dans toute la campagne pour la féconder.

Il n'y a pas une seule route sur tout le territoire. Le

1. *Pour juger de l'importance de chaque ville, nous en désignerons l'affouage à côté du nom. « Le feu était une valeur de convention en fonds de terre, ayant varié de 50000 à 55000 livres. Le territoire d'une commune affouagée sur le pied d'un feu était donc censé valoir 50000 ou 55000 livres selon les époques ».*

M. Mireur, Archiviste à Draguignan.

génie militaire a empêché la construction de toute voie carrossable afin d'obliger une armée envahissante à passer sous les feux du *Fort-Carré*.

Aussi NAPOLÉON, au retour de l'île *d'Elbe*, arrivant à GRASSE avec sa voiture et ses canons, fut obligé de les abandonner sur la place publique, et la légende raconte qu'il perdit une partie de son trésor dans un précipice où tomba le mulet qui le portait ; les chemins étaient si mauvais ! Il s'était bien informé de *l'esprit du pays* : CAMBRONNE, habillé en capucin, était venu, dit-on, frapper à la porte du général GAZAN ; mais il avait oublié de s'informer de *l'état des routes*, et il fut fort surpris, en arrivant à Grasse de ne pas trouver de chemin pour franchir la montagne [2].

« Tandis qu'*Antibes* farouche se bordait de remparts, tandis que *Cannes* envoyait au large les barques de ses pêcheurs aventureux et que *Fréjus* mélancolique mesurait à ses ruines la grandeur romaine. *Grasse* s'accoudait à la montagne, contemplait au loin la mer cuivrée de lumière et s'asseyait dans le paradis artificiel de ses jardins. C'était une vieille fée dans ses fleurs.

« Des maisons étroites et hautes, étagées, faisant des marches grises jusqu'à la tour de l'Église. Des rues minces, grimpantes, sortes de canaux pleins d'ombre fraîche. A midi levez les yeux : le ciel est d'un bleu si épais qu'il semble tout bas ; il voûte d'azur la rue sombre. Mais la vie réside dans ces demeures anciennes. Un commerce patient, grave mais habile, enrichit la cité et fait bourdonner sourdement cette ruche aux parfums ». (*Henri* VERNE).

A cause de sa position idéale, GRASSE était le rendez-

2. *Nous avons souvent entendu raconter ces faits de la bouche de plusieurs témoins oculaires dont le dernier, M Bruno Cresp, est mort depuis 4 ans à peine.*

vous, non seulement de toute la noblesse des pays voisins, mais de tous les prêtres en retraite du Diocèse. Aussi en trouvait-on plus de soixante, en ce moment, dans le pays : 12 chanoines, 12 bénéficiers, autant de prêtres du bas clergé employés à la Cathédrale, et au moins une vingtaine de prêtres retirés dans leurs familles, ou occupant quelque petit emploi. Il y avait aussi de vingt à trente religieux.

Les Templiers et les Chevaliers de *Saint-Jean*, y eurent des commanderies dont il ne reste pas de traces. Les moines de *Lérins*, y possédèrent les prieurés de *Saint-Honorat* et de *Sainte-Marie*. Ce dernier était situé probablement sur l'emplacement où fut construite la Cathédrale dans le XIIme et le XIIIme siècles.

Le pape Grégoire VII, qui illustra sa vie par le rétablissement de la discipline écclésiastique accorda à l'Église *Notre-Dame de Grasse, l'exemption en même temps que la régularité.* (Épitre IX. VI).

C'était un grand privilège que l'exemption ! *Les exempts ne pouvaient-être ni cités ni excomuniés par l'Ordinaire.* Ils ne dépendaient que du siège apostolique [1]. Le Cardinal Richard, par un diplôme de 1080 reçut de Grégoire VII, la mission de venir à Grasse, pour établir ce privilège. La lettre du pape est conservée dans les Archives du Vatican et citée par Montalembert, dans les *Moines d'Occident*.

La ville possédait sept à huit hospices ou hôpitaux.

Ses armes étaient d'azur avec un agneau portant un étendard d'argent et trois fleurs de lys.

Nous avons parlé du clergé de la ville, nous parlerons plus loin des religieux. Disons un mot, en passant, des

[1] Exemptio est Libertas illimitata a potestate et jurisdictione Ordinarii, cum immediata subjectione Sedis Apostolicæ.

autres villes du Diocèse au moment de la Révolution. *Nous ne voulons les considérer qu'à cette époque, sans faire aucune allusion au temps présent.*

Antibes (26 feux) une des portes de la France en 1790, dont la puissante serrure, construite par *Vauban.* — *Le Fort-Carré* — était capable d'arrêter une armée innombrable, — car il fallait passer nécéssairement par cette porte pour entrer en France. Il n'y avait pas d'autre route. —

Fondée dans un temps immémorial, Antibes fut agrandie et fortifiée par les Grecs qui voulaient l'opposer à Marseille. D'où son nom : *Anti-Polis.* Plus tard les Romains l'embellirent et lui donnèrent un municipe. Elle eut un cirque, des Aqueducs, des Temples un port fréquenté et reçut mille faveurs de la Mère-Patrie.

En 578 elle fut saccagée par les Lombards ; en 750 elle fut donnée par *Charles Martel* à *Grimoald* son frère ; en 978 le comte d'Antibes, *Rodoard*, devenu Marquis de Grasse, céda une partie de ses droits sur Antibes aux Moines de Lérins ; en 1384, les Grimoald ou Grimaldi acquirent de nouveau Antibes et la conservèrent jusqu'en 1608, époque à laquelle ils vendirent tous leurs droits sur la ville à Henri IV, aux prix de 250.000 florins.

ANTIBES a toujours été fidèle aux comtes de Provence et aux rois de France.

Durant les guerres de Religion (de 1524 à 1536), pendant la succession d'Espagne (1707), la succession d'Autriche (1747), Antibes eut souvent à souffrir des invasions étrangères. *Vauban* la fortifia, *Napoléon* et sa famille l'habitèrent en 1793, *Championnet* a sa statue et son tombeau à Antibes, et *Masséna* s'y maria.

Le Christianisme y fut prêché de bonne heure.

Son premier Évêque a été *Amalarius* vers 203. Le siège épiscopal est resté à Antibes jusqu'en 1246. On compte deux saints parmi ses Évêques, *Saint-Armentaire et Saint-Vallier, au Vme siècle.*

L'Abbaye de Lérins possédait à Antibes plusieurs chapelles et quelques propriétés. Les Bernardines et les Franciscaines y avaient des couvents florissants, les Capucins une communauté nombreuse.

Antibes a pour armoiries *une grande Croix d'argent avec quatre fleurs de lys sur fond d'azur.*

Son gouverneur était M. de Cugnac et le commandant des troupes M. de Saint-Férréol.

La Cathédrale était un vieux temple païen converti en Église Catholique par les premiers Évêques d'Antibes et elle était desservie à ce moment par un curé d'illustre famille, et par cinq vicaires.

Le curé était M. de Barquier, très aimé et très respecté de tous ses paroissiens. Les vicaires étaient MM. *Merle, Ardisson, Guisolphe, Jaubert et Raybaud*. Tous prêtèrent serment. Le peuple indigné s'en plaignit à Monseigneur de *Prunière,* qui lança contre eux les foudres de l'Église. M. de *Barquier* se repentit et alla faire sa rétractation à la commune, puis émigra. Mais les vicaires ne suivirent pas son exemple : *Merle* seul émigra, *Ardisson* fut nommé curé constitutionnel et pendant toute la Révolution il continua le culte schismatique dans la paroisse d'Antibes. Ses trois confrères donnèrent le plus fâcheux scandale dans la paroisse : ils se marièrent. *Guisolphe* obtint une dispense du pape en 1803 et fut marié le 4 novembre par le curé d'Antibes, M. du *Rouret*. Il est mort à Marseille le 15 mars 1836, professeur de latinité.

L'abbé *Rostan Jean-Louis*, curé de Saint-Laurent, vint se retirer à Antibes, rétracta son serment et put rendre de grands services aux fidèles Catholiques. On dit même qu'il disait la messe, quelquefois, à Notre-Dame de la Garde du Cap, et il ne fut jamais inquiété.

Un religieux de Lérins, le père *Marcy*, né à Grasse, le 27 mars 1750, habita aussi Antibes pendant tout le temps de la Révolution ; il y fut nommé vicaire en 1802 et mourut le 26 juin 1817.

La ville d'Antibes ne fut pas sectaire : lorsque la Convention demanda à la Municipalité s'il y avait dans la ville des suspects et des aristocrates, elle répondit *qu'il n'y avait dans la ville aucun suspect*. Cependant un fait bien déplorable et que la ville d'Antibes, indignée d'horreur et de dégoût, aurait voulu éviter, se passa le 30 septembre 1791 : Deux prêtres MM. *Cartier* d'Aix et *Imbert* de Marseille, fuyant vers l'Italie, furent jetés sur les côtes d'Antibes : on les mit en prison. Les Marseillais voulaient les massacrer. Le commandant *Miollis* s'opposa vivement à leur projet, mais le lendemain pendant qu'il était allé inspecter les travaux du Var, les Jacobins en profitèrent pour assiéger de nouveau la prison, enlever les prêtres et les pendre aux arbres du jardin de M. Guide. Le Directoire de Grasse, informé de ces faits, déposa la Municipalité d'Antibes et se plaignit vivement aux autorités de ce qu'elles n'avaient pas envoyé à la frontière les prêtres non assermentés, selon l'ordre de l'Assemblée Nationale, au lieu de les garder en prison.

Auribeau (1 f. 1/2). Charmant petit village, coquettement assis sur un coteau verdoyant, à cheval sur la *Siagne*, entre la sombre montagne des *Maures* d'un côté, et la verdoyante forêt de *Peygros* de l'autre.

Le Chapitre de Grasse avait reçu ce fief des Comtes de Provence en 1178. Dépeuplé plus tard par la peste, l'Évêque de Grasse repeupla ce pays en 1497, en appelant un certain nombre de familles de la rivière de Gênes. Ce bénéfice fut annexé à la mense épiscopale en 1680, et les Évêques firent quelquefois leur résidence d'été de ce village où ils avaient construit une demeure assez spacieuse.

En 1747, les habitants *d'Auribeau* unis aux habitants de *Pégomas*. soutinrent le siège des *Austro-Piemontais* contre leur ville et ils ne purent pas être délogés.

Deux prêtres habitaient cette paroisse en 1790. Le curé était Monsieur *Jean-Baptiste* BOISSIÈRE, né à Soleilhas (Basses-Alpes), et le vicaire VIDAL. Le curé refusa de prêter serment et quitta le pays. Il fut plus tard nommé curé à *Sainte-Marguerite*, et mourut à Marseille le 29 juillet 1836. Le vicaire prêta serment et devint sectaire. Nommé curé constitutionnel à *Auribeau*, il dénonçait ses confrères qui venaient dire la messe à *Notre-Dame de Valcluse*.

Le Bar (3 feux 3/4). Ravissante petite ville, dont les maisons gaiement capricieuses, bâties les unes sur les autres, donnent le plus charmant aspect au pays. De la place du Château la vue est constamment intéréssée par mille détails joyeux de terrasses fleuries d'orangers, de citronniers, de roses et d'œillets que dominent les tours élevées de l'antique donjon.

La porte sculptée de l'Église est l'œuvre de *Bellot* de Grasse, l'habile sculpteur des stalles de Vence. Elle est surmontée d'une suave peinture, représentant la Vierge bénissante, œuvre délicieuse d'un peintre inconnu.

On y admire aussi un tableau original peint sur bois, représentant un bal d'une naïveté étrange où le diable fait des siennes, et emporte l'âme des danseurs en enfer. « Il paraîtrait, d'après la légende, dit M. *Auber*, que M. le Comte du Bar ayant voulu donner un bal malgré la défense du Clergé, un danseur serait mort pendant la fête, et que le tableau aurait été peint en mémoire de ce funeste évèvement ».

Le Bar était souvent en révolte contre son Seigneur, et à l'époque qui nous occupe, nous trouvons un certain nombre d'habitants emprisonnés dans la grande tour carrée pour avoir refusé les redevances. Pauvre tour ! tu ne subsistras plus longtemps, dès que ton maître aura pris la fuite. La paroisse était désservie par un curé et un vicaire. Tous les deux prêtèrent serment. M. Henri, curé depuis 1749, ne put supporter le poids de sa défection, il se rétracta quelques jours après et mourut au Bar, presque octogénaire, le 18 août 1791. M. Arnaud, vicaire, fut nommé curé constitutionnel à Magagnosc. Deux ans après il se rétracta, abandonna cette paroisse et se retira à Auribeau, son pays natal. Sa famille nous a conservé une magnifique lettre, à lui adressée par M. Méro, administrateur du Diocèse. On la trouvera aux Annexes. Dénoncé à Grasse à cause de son zèle, il fut traîné en prison, de Grasse à Draguignan, de Draguignan au Luc et du Luc à Brignoles, où il fut oublié dans un cachot jusqu'en 1800. Après le concordat nommé curé d'Auribeau, il administra cette paroisse jusqu'au 7 septembre 1826, époque de sa mort, laissant après lui une réputation de grande sainteté.

Biot (6 feux 1/4). En face de la mer, entouré de vignes et d'olliviers, dans un nid de verdure, est placé ce village exquisement incliné sur le long miroir du lac bleu de la Méditerrannée et protégé par les derniers chainons des Alpes, contre les neiges et les frimas.

ISNARD DU BAR, Évêque de Grasse, après la peste de 1460 y installa 48 familles Génoises.

Nous avons des lettres patentes du bon roi RÉNÉ pour l'habitation de *Biot* (16 mars 1470). On trouve aussi dans les *Archives de la Préfecture de Nice* un acte solennel de la *Curie Episcopale de Grasse*, contre l'attaque de la *commanderie de Biot*.

L'Église *Sainte-Madeleine de Biot*, date de 1472, et fut érigée par les *Génois* qui vinrent repeupler ce pays

Le curé était M. DOLLE, *et le vicaire M.* GIMBERT, *tous deux prêtèrent serment.*

La commanderie des Templiers de Biot, avait été donnée aux *Chevaliers de Malte* et au moment de la Révolution *le Commandeur de Malte*, JOSEPH OLIVARY, avait un procès avec la commune.

DOLLE, nommé curé le 21 juillet 1778, mourut à *Biot*, le 5 septembre 1796, il fut remplacé par *Messire* GRAS, curé constitutionnel, comme lui.

GIMBERT, né à *Saint-Césaire*, le 14 avril prêta serment fut curé constitutionnel à *Opio*, devint ardent patriote et très avancé dans le schisme. Il refusa de retracter son serment, quitta la soutane et ne fréquanta plus l'Église. Il est mort à Grasse, le 26 février 1846.

M. MAUNIER, *curé de Grasse, le confessa, mais il fut enterré sans les honneurs dus aux prêtres.*

Cannes (12 feux). Quel site merveilleux ! Dans la plaine ensoleillée, entre deux magnifiques Golfes : le *Golfe-Juan* et le *Golfe de la Napoule*, s'élève gracieusement une petite éminence, couverte de blanches maisons et dominée par une haute tour carrée et un grand château féodal, appartenant aux Moines de Lérins. Voilà *Cannes* en 1790.

Une belle Église romane s'élève à côté du château fort. C'est l'Église Paroissiale dirigée par un curé et quatre vicaires : le curé s'appelle PREYRE, il prêta serment et resta dans sa paroisse comme curé constitutionnel. Il mourut le 4 novembre 1793. Les vicaires étaient DONAT PREYRE, frère du curé, de RIOUFFE, d'une noble famille de Cannes, PASCAL et MARTIN. Tous suivirent l'exemple du curé et prêtèrent serment. PASCAL ANTOINE est mort curé de *Cannes*, le 20 mai 1842. MARTIN etait mort le 5 juin 1795, et RIOUFFE mourut curé *d'Ollière* le 26 avril 1830.

Un père de Lérins, demeurait à Cannes en ce moment, c'était le père *Honoré-Claude* GEOFFROY du ROURET, né à Grasse en 1705 et mort à Cannes, le 18 septembre 1790.

Cannes était l'antique *Ægitna des Oxybiens, le* Castrum Marcellinum des Romains. Lorsque les Sarrazins furent expulsés du littoral de Provence, *Cannes*, fut donnée au monastère de Lérins, qui lui octroya une charte de privilèges (1444). Placée sur la voie Aurélienne, elle était sur le passage de toutes les troupes qui rentraient en France, et elle a été rançonnée souvent. Mais ce peuple était courageux il supporta l'épreuve, et Dieu l'a recompensé.

Pendant la Révolution, quatre prêtres étaient arrivés à *Cannes*, fuyant vers la frontière : c'étaient MM. *Joseph* BONNEFOY, GASTAUD, DONAT et FLÉCHER. Quelques écervelés veulent les mettre .à mort. M. HIBERT, officier municipal les fait rentrer dans l'Hôtel-de-Ville, il fait ranger le peuple devant la porte, puis il crie aux Jacobins : vous passerez sur nos corps avant d'arriver jusqu'aux prêtres. Pendant la nuit il les fit conduire à la frontière.

Châteauneuf (5 feux 1/4) fut séparé d'Opio en 1267 : il formait la réunion de trois communes détachées : *Clermont, Le Brusc et Châteauneuf.* Sur un monticule qui domine une vaste plaine, et dans une position si hygiénique que les habitants ont pu éviter une partie des maladies épidémiques qui ont dépeuplé la plupart des villages voisins.

C'est dans cette plaine de *Châteauneuf* qu'eut lieu, en 1790, la fête de la Fédération. C'est là que se rencontrèrent les milices *d'Antibes et de Grasse* qui animées par leur ancienne rivalité en vinrent aux mains et faillirent occasionner une véritable bataille. Deux jeunes officiers, MASSÉNA et GAZAN, se rencontrèrent sur ce terrain, avant d'être mêlés aux luttes de Géants où allait les conduire le grand Empereur.

GUILLAUME de VICÉDOMINI, prévôt de Grasse en 1250, plus tard Archevêque d'Aix et pape le 6 septembre 1276, était Coseigneur de *Châteauneuf* et après lui, les Lascaris possédèrent ce fief et le transmirent aux Chasteuil de Puget.

Le curé s'appellait TRABAUD, né au *Tignet,* et le vicaire MAUBERT *Jean-Honoré,* né à *Peymeinade,* le 27 juil. 1760.

Ce dernier refusa de prêter serment, il émigra et après la Révolution il revint à Grasse, où il fut nommé aumônier des Hospices et mourut le 12 mars 1804, vénéré comme un saint.

Caussols. — Pittoresquement assis sur les bords du rivage d'une vaste mer de pierre. — C'est ainsi qu'on appelle le territoire que domine ce port d'un nouveau genre. — Un bain de verdure et de couleurs à ses pieds ; de tous côtés des sources et des fontaines murmurantes ; un ruisseau qui bruit sous un pont pittoresque et arcadien, qui scintille au loin tout au long du val et s'étend en nappes tranquilles dans la prairie ; les plantes aquatiques flottant à la surface en longs filaments, les faisceaux de joncs, les petites baguettes de prêles, serrées les unes contre les autres, et la jolie fleur jaune de la renoncule à cinq pétales, puis la mer, la vaste mer de pierres blanches ; voilà *Caussols* en 1790.

On dit que ce pays, qui ne compte plus en ce moment que quelques maisons branlantes, avait eu ses heures de célébrité. En 1646 les habitants avaient défendu leur liberté avec une rare énergie contre le sieur de CHAVIGNY. Ce fief appartenait, comme *Cipière*, au seigneur de *Villeneuve-Loubet.*

Le curé s'appellait MUS, *il était sous-sacristain à la Cathédrale de Grasse. Nous en avons parlé ailleurs.*

⊟·✱·⊟

Saint-Césaire (3 feux). Pittoresque, *Saint-Césaire*, l'est extraordinairement. Tous ceux qui l'ont visité gardent un souvenir farouche de ces gorges profondes *de la Siagne* et de cette vue grandiose, sur les montagnes qui entourent le pays.

On pense qu'il y eut un *camp* romain sur cette hauteur. *Saint-Césaire* avait appartenu à la famille *d'Esclapon*, puis à la *Famille de Grasse*, et enfin à celle de *Villeneuve-Vence*. La famille CRESP de *St-Césaire* possédait aussi une partie de cette Seigneurie.

Le curé s'appellait Honoré CRESP, *né à Grasse, le 28 janvier 1750, mort à Saint-Césaire, le 3 avril 1824 et le vicaire* BARRÈME. *Ce dernier émigra à Rome d'où il revint en 1798 et il mourut curé de Valbonne en 1806.*

⊖*⊖

Cabris (3 feux 1/2). Vue ravissante, air pur, maisons superposées. ayant l'air de bondir les unes contre les autres comme de *jeunes cabris* ou de *vives chevrettes*. Du haut de cette esplanade ombragée ou domine le vieux château, quelle vue ravissante !... Quelles exquises échappées sur la vallée où serpente la *Siagne* et sur l'immense plaine azurée.

Le curé RAYBAUD, né à *Montauroux*, le 3 janvier 1716, est très aimé de ses paroissiens. Il a prêté serment pour ne pas les quitter. Le vicaire ICART suit son funeste exemple.

Ils reçoivent solennellement l'Évêque constitutionnel RIGOUARD, en 1792, mais peu après le curé RAYBAUD honteux de sa défection retracte son serment et meurt en paix avec Dieu le 8 décembre 1797, à l'âge de 82 ans, entouré de l'estime et de la vénération de tous. Une de ses paroissiennes a conservé son cilice comme une relique.

M. ICART, né à *Mougins*, le 17 février 1767, retracta son serment dès qu'il connût la condamnation de l'Église, et il prit le chemin de l'Italie, d'où il ne revint qu'au commencement du siècle. Il fut nommé vicaire à Grasse en 1802, et il exerça le Saint-Ministère jusqu'en 1832; puis il se retira, à cause de ses infirmités, dans sa maison de la rue Tracastel, numéro 14, ou il mourut le 30 janvier 1843, âgé de 83 ans.

SPÉRACÈDES ET PEYMEINADE étaient deux hameaux de la commune de *Cabris*, *Spéracèdes* était désservi par le vicaire de *Cabris*, et *Peymeinade* par un curé nommé JAUSSERAN, qui fut nommé plus tard curé constitutionnel au *Bar*, où il avait été vicaire.

Le seigneur de *Grasse-Cabris* repeupla *Peymeinade* en 1496. L'Évêque l'érigea en paroisse en 1754.

⊟*⊟

Cipières (5 feux 1/2). Pays très sain, mais très froid, en face de la haute montagne du Cheiron, couverte de neige huit mois de l'année. Il est entouré de la rivière du *Loup*, et il n'a pas d'eau pour boire. Le château de *Villeneuve* domine le village, mais les *Chatelains* n'y viennent que pour la chasse. Le gibier est très abondant, on y élève des troupeaux et les pâtres n'ont d'autre distraction que de faire rouler les pierres dans le torrent ou d'arracher les beaux genets d'or qui poussent le long des rochers.

L'Église de *Cipières* a été bâtie par les Lascaris en 1500. La Chapelle de *St-Claude* fut rébâtie par le comte de Tende.

Cette seigneurie passa de la famille d'Agout, dans celle de *Villeneuve-Loubet,* mais une branche de la famille d'Agout continue à porter le nom de *Cipières*.

Le curé s'appellait FLORY. *Jacques,* né au *Bar* en 1719, mort à *Cipières,* le 3 septembre 1794. et le vicaire FLORY *Pierre,* né au *Bar,* le 12 juillet 1746, mort au *Bar,* le 8 jutllet 1819.

Tous deux prêtèrent serment, et demeurèrent dans leur Paroisse.

⊟*⊟

Le Cannet (2 feux). Tout au bout, là bas, aux pieds de la montagne se blottit le *Cannet,* admirablement situé dans le fond d'une gorge et protégé par de riants coteaux contre les vents du nord. Les habitants se sont illustrés dans la dernière invasion des *Austro-Piémontais*, en 1706. Sous la conduite de leur vicaire ARDISSON, ils se sont défendus comme des géants, un contre cent, et tous sont morts, autour de ce prêtre intrépide, pour défendre leurs foyers.

Le *Cannet* avait été érigé en commune par lettres royales du 28 août 1774, et était en procès en ce moment avec *Cannes*, à cause de la délimitation de son territoire.

Le curé s'appellait *Honoré* TOUSSAINT et le vicaire *Joseph Gaspard* ROUSTAN, né à *Saint-Vallier*, le 25 septembre 1757 et mort vicaire au *Cannet*, le 20 août 1793.

⊐*⊏

Gourdon (1 feu). Nid d'aigle, au milieu des rochers déserts et des champs stériles, qui surplombe les gouffres effrayants du *Loup*. Panorama admirable sur les *gorges* et les méandres de la rivière et au loin, sans limite, sur la plaine liquide de la Méditerranée.

Le curé s'appelle BRUNIAS *Honoré*, né à *Blieux* (B.-A.) le 26 février 1760. Ce bon prêtre ayant rétracté son serment se vit enlever les clefs de l'Église par le maire et ne pût pas même célébrer la messe aux funérailles de sa sœur. On mit un intrus à sa place, mais il resta à son poste et rentra en possession de sa cure, au rétablissement du culte et la conserva jusqu'à sa mort, survenue en 1839.

⊐*⊏

Mouans-Sartoux (2 feux 1/4). Ravissante petite perle au milieu de la plaine, frais oasis, ombragé par les pins maritimes du magnifique parc du château.

C'est dans ce pittoresque et charmant petit village que MIRABEAU se rencontra avec le comte *de Villeneuve*. *Jean-André* GRIMALDI, Évêque de Grasse, avait abandonné aux habitants, en 1457, tous ses droits de lignage dans les cent hectares de la forêt qui lui appartenait.

Au XIe siècle les Seigneurs d'Antibes donnèrent *Mouans* au Chapitre, et *Sartoux* au monastère de Lérins. Les Comtes de Grasse conservèrent le *Castellaras,* ancien poste romain et les Durand acquirent le chât[eau] de Sartoux.

En 1497, les Co-Seigneurs réunis repeuplèrent et rebâtirent ces deux pays en un seul, à l'endroit où il est aujourd'hui, sous le nom de Mouans-Sartoux. En 1542, pendant les guerres de la Réforme, SUZANNE de VILLENEUVE s'y défendit vaillamment.

Le curé de Mouans-Sartoux, s'appelait BONNET *François, né à Serres (Hautes-Alpes) en 1739, mort à Mouans le 30 novembre 1805.*

⊟·✱·⊟

Magagnosc. Hameau de *Grasse*, bâti par nos Évêques en 1503. C'est une réunion de plusieurs hameaux sur le flanc de la colline, en plein midi, et jouissant d'une vue admirable.

Son nom (*Magna nox*) nous rappelle le grand éboulement de la colline qui eut lieu pendant la nuit.

La paroisse est sous le patronage de *Saint-Laurent.* Le trésor de l'Église renferme de précieuses reliques bien authentiquées, fournies par *Monseigneur de Prunière.*

Le curé était prieur, et s'appellait CHÉRY *Raphaël.* Il suivit l'Évêque en exil et mourut vicaire à *Grasse*, le 3 février 1831, âgé de 90 ans.

⊟·✱·⊟

Mougins (11 feux). *Mons Ægitna,* offre un aspect imposant sur sa colline. C'était un *Castrum romain.* On y jouit d'un superbe panorama : on a constamment sous les yeux une végétation luxuriante, et au loin on aperçoit sur la mer bleue la silhouette gracieuse des Iles de Lérins, les sommets escarpés de *l'Estérel*, et les blanches voiles des barques de pêcheurs qui, comme de légers alcyons, semblent toucher à peine cette plaine ondulée.

En 1050 les comtes *d'Antibes*, remirent ce fief à l'Abbaye de Lérins, avec les Églises *Saint-Jacques*, *Saint-Martin* et *Notre-Dame de Vie*.

M. ALLÈGRE *Jean*, né à *Cannes* en 1719, mort le 8 septembre 1800, était curé et MM. CASTEL ET OLLIVIER vicaires de *Mougins*.

M. ALLÈGRE, était économe de Lérins. Je suppose qu'il avait été nommé par *Monseigneur de Prunière* pour liquider la succession du couvent et fournir aux religieux la rente qui leur avait été accordée. Tous les biens de Lérins ayant été vendus comme biens nationaux en 1791 et 1792, ses fonctions cessèrent. M. CASTEL *Antoine-Jean*, né à *Grasse*, le 1er septembre 1755, émigra, et mourut vicaire à *Nice*, à *Saint-Jacques du Gésu* le 16 juin 1838.

Sainte-Marguerite. La plus grande des Iles de Lérins, située en face de *Cannes*, ayant près de deux lieux de tour. Les moines de Lérins, établis depuis l'an 420 sur l'Ile voisine, avaient possédé *Sainte-Marguerite* jusqu'en 1611. A cette époque, ils la cédèrent au *Prince de Joinville*. L'État y construisit un fort. Les Espagnols s'en emparèrent en 1636, mais reprise peu de temps après par les Français, elle a servi depuis de citadelle et de prison d'État.

Le commandant de l'Ile était M. de MONTGRAND, maréchal des armées du roi, qui s'était distingué à *Lauwefd* en mars 1761. Le gouverneur était M. de LATIL. père de l'abbé de LATIL, futur cardinal archevêque de Reims, actuellement grand vicaire de *Vence*, dont M. de MONTGRAND était le parrain.

M. *Dominique* de MONTGRAND, le frère du maréchal, venait d'acheter la *Napoule* pour 200.000 francs, à la famille de *Villeneuve-Tourrettes*.

Le curé de *Sainte-Marguerite* était l'abbé *Jean-Honoré* né à *Marcoux* (Basses-Alpes), le 8 avril 1748, et mort à *Grasse*, le 7 octobre 1825, à l'âge de 78 ans.

∋*∈

La Napoule. (Ancienne station navale d'Epulie) appartenait à Lérins et avait en ce moment pour prieur le père MÉRICAULT *Jean-Baptiste*, décédé à *Saint-Zacharie*, le 14 mars 1792. En 1461 *la Napoule* fut repeuplée et en 1623 elle fut détachée de *Mandelieu*, mais en 1700 ces deux pays furent encore réunis. Le curé s'appelait GRAS.

MANDELIEU (*Capitou*) appartenait au chapitre de Grasse et était une annexe de la *Napoule*. Il avait un hôpital dédié à *Saint-Etienne*, et le château seigneurial du Prévôt.

∋*∈

Opio (4 feux). Résidence d'été de nos Évêques. Placé sur une petite éminence, en face d'une vaste plaine, bien cultivée et protégée par le sanctuaire vénéré de *Notre-Dame-du-Brusc*. C'était là où vivait dans l'étude et la mortification, le premier martyr du Diocèse, le saint curé OLLIVIER. Poursuivi à cause de son zèle, traîné en prison à *Grasse*, où il eut le bonheur de ramener à leur devoir plusieurs prêtres assermentés, il mourut dans un hospice, sur la route de *Toulon*, où on le traînait pour l'exécuter.

Ce pays a été beaucoup plus important autrefois. En 1113, l'Abbaye de Lérins y possédait le prieuré de *Saint-Pierre* et l'Abbaye *d'Arles*, celui de *Saint-Trophime*.

Châteauneuf fut détaché *d'Opio* en 1267.

Pégomas (1 feu 1/10). Construit sur le bord de l'eau, plusieurs fois abandonné par ses habitants, puis réédifié dans de meilleures conditions, et entouré de terres fertiles qui ne demandent qu'à être remuées pour donner des récoltes merveilleuses.

Sainte-Marie de PÉGOMAS, appartenait aux moines de Lérins, qui avaient toute la plaine de *Laval* sous leur dépendance.

Lors de la dernière invasion des Allemands unis aux Piémontais en 1747, les habitants de *Pégomas* et *d'Auribeau*, oubliant leurs antiques rivalités, se réunirent dans cette dernière place mieux fortifiée que *Pégomas*, et résistèrent à l'ennemi qui ne put les soumettre.

Le curé s'appelait BOSSY *Louis*, mort à *Antibes*, le 30 août 1798. Il avait rétracté son serment le 2 janvier 1796, et un curé constitutionnel, nommé ROSTAN, lui succéda.

Roquefort. Situé sur les hauteurs qui dominent la rive droite du *Loup*. Il appartint partie aux Templiers, partie au chapitre de Grasse et partie aux moines de Lérins. En 1211 l'Abbaye de Lérins vendit sa part à la communauté de *Saint-Paul*. En 1580 les *Saint-Paulois* se partagèrent le fief de *Roquefort*. Les Barcillons en eurent le titre seigneurial dont héritèrent les MOUGINS et les ALZIARY.

Le curé s'appelait CHERY, né à *Vence*, le 9 novembre 1743, y décédé le 11 avril 1816.

M. JAUVY, vicaire général était prieur de *Roquefort*.

La Roquette (1 feu 1/2). Caché au milieu des pins dont les odeurs balsamiques embaument l'air et procurent longue vie aux habitants ; voyez ces grosses vaches qui paissent dans les bruyères roses et ces petits pâtres qui arrachent les fougères à la fleur violette. C'est le calme, c'est le bonheur des champs. O. Fortunatos nimium !

En 1041, les comtes *d'Antibes* donnèrent ce fief aux moines de Lérins. Le pays fut repeuplé en 1497.

Le curé prieur s'appelait MERCURIN. Il était né à *Grasse* en 1742, décédé à *Cannes*, le 16 septembre 1792.

⁂

Le Rouret (2/5). Entouré de vieux chênes dont il porte le nom (*Rouré*), était un fief des GEOFFROY du *Rouret*. Il est formé de plusieurs hameaux disséminés ; BERGIER, le principal, possède une Église, dédiée à *Saint-Pons*, et forme la plus grande agglomération des habitants.

Son curé s'appelle *Jacques* EUZIÈRE ; il est né au *Bar*, le 19 octobre 1755, il prête serment et se retire au *Bar* où il meurt le 4 avril 1795.

⁂

Le Tignet (0 3/4). Ancienne Commanderie des Templiers. Le seigneur de *Grasse-Cabris* était aussi seigneur du *Tignet*, nous avons une convention de 1496, passée chez le notaire BOMPARD de *Grasse*, datée du 1er mars, par laquelle 25 familles de *Menton*, et 10 familles *d'Oneille* s'engagent à rebâtir ce pays du 1er mars à l'octave de Pâques, et à payer quelques petites redevances au Seigneur.

Le curé était M. MANE *Jean-Baptiste*, né à *Cabris*, le 31 août 1753, y décédé le 19 décembre 1840, le vicaire s'appelait TRABAUD *Claude*, né à *Cabris* en 1738, y décédé le 6 décemb. 1813, ancien aumônier des *Hospices de Grasse*.

M. MANE *avait aspiré à la cure de Grasse après la mort de MM.* GASQ et MOUGINS, *mais il se vit repoussé par le directoire de Grasse. Plus tard après la mort du curé de Cabris, il demanda cette cure, mais elle lui fut également refusée.*

Le curé MANE *fut un apôtre du schisme. Il se vante lui-même, d'avoir publié la Constitution civile du clergé, du haut de la chaire.*

⊟✱⊟

Vallauris (9 feux). Gracieuse réunion de blanches et proprettes maisons, construites par les moines de Lérins, au milieu de riants bosquets d'orangers, *aux pommes d'or*, des citronniers toujours fleuris, dominées par des bois de pins odorants, sous lesquels poussent les bruyères roses et *les genêts d'or* et en face de vastes champs bien cultivés, couverts d'une riche *moisson dorée*. C'est bien la *Vallée d'or*.

L'Évêque de Grasse *Jean-André* de GRIMALDI, en 1501, avait tracé lui-même le plan de *Vallauris*. Là s'élevèrent bientôt la belle Église *Ste-Anne* et le château seigneurial, magnifique résidence des Abbés de Lérins.

Deux pères habitaient encore le pays en 1790. Le père *Bon François-Théodule-Joseph-Pierre*, né à l'Ile *Sainte-Marguerite*, le 21 août 1734, prieur de Lérins, en 1778, au moment de la sécularisation du monastère. Il mourut à *Vallauris*, le 27 août 1798, âgé de 64 ans.

Le second était le père *Raimbert Louis*, ancien prieur, né à *Grasse*, le 6 décembre 1705, et mort à *Vallauris*, le 10 octobre 1793.

Le curé était M. PUGNAIRE, et les vicaires MM. MARTIN *Barthélemy* et SICARD *Jean*. PUGNAIRE *Henri-Baltazar*, né à *Antibes*, le 9 février 1745, mourut curé à *Vallauris*, le 18 juillet 1827. Il avait prêté serment et n'avait pas quitté sa paroisse. MARTIN *Barthélemy*, né à *Auribeau*, le 17 mars 1769, fut nommé curé au *Cannet* et mourut à *Grasse*, le 18 août 1845. SICARD *Jean-Antoine*, mourut martyr de la Foi : nous en reparlerons.

Saint-Vallier (4 feux 3/4). Là poussent à plaisir toutes sortes de plantes agrestes : les gros bouillons blancs à longues tiges, les touffes de morelles et d'aulnées, les gentianes oranges, les grosses marguerites jaunes, les chardons aux énormes pompons, aux feuilles découpées en acanthe, les pavots gros et les piquantes orties. Voilà la flore et les doux plaisirs de ce petit village, très agréable en été, mais beaucoup moins l'hiver. (1)

En 1786, le chapitre de Grasse qui avait une partie des prébendes de *Saint-Vallier*, était en procès avec le conseil de la Communauté.

Le curé était M. DARLUC et le vicaire M. PUVEREL. Ils prêtèrent serment tous les deux. PUVEREL *Jean-François*, né à *Grasse*, se rétracta et se retira dans son pays natal. Il mourut Pro-curé de *Saint-Vallier*, le 10 février 1810.

Valbonne (2 feux 3/4). Bâti en 1518 par les moines de Lérins, dans une forme quadrangulaire. Les rues sont tirées au cordeau et une grande place arquée où convergent toutes les rues a été tracée au milieu. L'Église et le Monastère sont placés à l'extrémité du village, loin du bruit des hommes, à côté de la rivière, entourés de verdure et d'ombrage et admirablement situés pour le recueillement. La vallée est très productive : *(Val-bonne)*. Deux religieux de Lérins habitent encore le pays : ce sont le père de

(1). *St-VALLIER fut martyrisé par Euric roi des Visigoths, dans ce village qui porte son nom, vers 480, au moment où Romulus Auguste, le dernier empereur d'Occident, était renversé par Odoacre, roi des Hérules. Ce fut l'époque la plus malheureuse pour la Provence Catholique. Euric était arien et ardent persécuteur de la foi « Partout les Églises tombent en ruine, leurs portes sont renversées, les ronces en encombrent le seuil, les troupeaux y pénètrent et broutent l'herbe qui pousse sur les autels ». (Sidoine Apollinaire). Les catalogues de nos Evêques à cette époque ont des vides nombreux : Beaucoup souffrent le martyre.*

Lassuse, né à *Arras*, et mort à *Valbonne* le 16 avril 1821, le père Raimbert *Honoré*, né à *Grasse* en 1709, mort à *Valbonne*, le 17 août 1789.

Le curé était M. Raybaud et le vicaire M. Fioupe *Jean-Baptiste-Barthélemy*. Raybaud, né à la *Colle*, le 21 octobre 1732, se retira dans son pays natal, dont il fut nommé curé au rétablissement du culte.

Fioupe *Jean-Joseph*, né à *Biot*, se retira dans ce pays où il mourut le 21 décembre, à l'âge de 45 ans.

Les principales annexes sont : *le Plan*, *Plascassier*, *Clermont*, *le Loubet*, *Spéracèdes*, *Mandelieu*, etc.

Le Plan. Hameau de Grasse, bâti au milieu de la plaine, entouré de champs fertiles et odorants. Les rosiers aux mille fleurettes rouges et blanches, les résédas aux parfums pénétrants, les tubéreuses élancées, les jonquilles charmeuses et le jasmin si doux, dont le parfum énivrant n'a de comparable que le parfum de l'humble violette. Ce n'est là qu'une partie des plantes odorantes qu'on emploie dans la parfumerie naissante de l'industrie grassoise, et qu'on cultive surtout dans les vallées du *Plan*, de *Saint-Antoine*, de *Saint-François* et de *Saint-Jean*.

Ce pays n'a été érigé en paroisse que le 31 mars 1844. A l'époque qui nous occupe, l'abbé Pons en est vicaire. Il prête serment, mais il se retracte peu après et meurt au *Plan*, le 4 février 1793, âgé de 48 ans seulement.

Plascassier. Autre hameau de Grasse, perché au sommet de la colline, dans une position saine et agréable. Sous ce ciel limpide le regard porte au loin sur les montagnes dont l'horizon fait une ligne sombre auprès du ciel opalisé, comme un cristal.

Cette annexe, devenue, en 1844 seulement, paroisse, était desservie par M. Pilar d'une très honorable et très ancienne famille de Grasse, qui suivit l'Évêque en exil, mais rentra de Nice, au moment de l'invasion des troupes françaises et vécut au milieu de sa famille à *Saint-Jean* où il mourut en 1803, âgé de 83 ans. Son neveu et filleul, l'abbé MICHEL PILAR, fut nommé supérieur du Petit-Séminaire de Grasse, après M. BLACAS et M. REVEST, et mourut en 1815, âgé de 62 ans.

Clermont a été réuni à *Châteauneuf*, et le *Loubet à Villeneuve-Loubet*. Nous avons parlé ailleurs de *Spéracèdes* et de *Mandelieu*.

***

Mais reprenons la suite des Évènements de la Révolution touchant le Clergé. Le 24 janvier 1789 un règlement royal avait ordonné que le corps entier du Clergé serait appelé à déléguer les électeurs de son ordre pour nommer les députés aux États Généraux.

M. LOUIS *de Villeneuve-Vence,* grand sénéchal de *Grasse*, présida, le 26 mars 1789, l'assemblée des trois ordres réunis dans l'Église des Dominicains.

La 1re séance fut consacrée à la renonciation de tout privilège pour les biens écclésiastiques : on vota ensuite des largesses pour les victimes de la disette : *Monseigneur de* PRUNIÈRE offrit 6.000 fr. *Vence* abandonna une rente de 1.060 fr.

Puis chaque corps se réunit à part, pour nommer les électeurs qui devaient se rendre à *Draguignan,* afin d'élire les députés de la Sénéchaussée, pour les États-Généraux, parceque c'était une élection à deux degrés.

Monseigneur de PRUNIÈRE présida la réunion du clergé : il avait à ses côtés l'abbé de LATIL, grand vicaire, et procureur fondé *de l'Évêque de Vence,* et M. JAUVY, son premier vicaire général.

Les électeurs nommés furent : BONIFACE MOUGIN DE ROQUEFORT, *curé de Grasse, Honoré* VIAL, *curé de Vence, Jean-Baptiste* MANNE, *prieur du Tignet, le père Augustin* PONS, *Jean-Baptiste* PONS, *curé de la Colle, Antoine-Honoré de* BARQUIER, *curé d'Antibes, Honoré* CRESP, *curé de St-Césaire, Augustin* GLEIZE, *prieur de St-Auban, Louis* BAYON, *bénéficier de la Cathédrale de Grasse.*

Remarquons que tous les députés ecclésiastiques de la région sont choisis dans le bas clergé : il n'y a pas un seul dignitaire, ni grand vicaire, ni chanoine, c'est la tendance du jour.

Louis XVI avait favorisé ce penchant aux idées nouvelles par son ordonnance du 22 décembre 1788, portant que le nombre des députés du Tiers-État serait égal à celui des deux autres ordres réunis. Ce fut le triomphe du peuple.

M. MOUGIN DE ROQUEFORT 1er consul avait profité de cette ordonnance pour réunir le Tiers-État dans l'Église des Dominicains. Il fit un long discours développant les principes de la Révolution qui doit relever le peuple et abaisser les grands, et il fut très applaudi. Chaque commune de la Sénéchaussée vota une adresse de félicitations au zèle et au talent patriotique de l'orateur et le nomma son représentant aux États Généraux.

Le 7 avril, les trois Sénéchaussées de *Grasse*, de *Castellane* et de *Draguignan*, se réunirent à *Draguignan* dans l'Église des *Pères de la Doctrine Chrétienne*. Les curés de

Vence, de *Castellane* et de *Comps*, furent nommés scrutateurs au dépouillement *pour le clergé* ; MM. MOUGIN, curé de *Grasse* et *Gardiol*, curé de *Fayence* furent élus députés.

La noblesse avait élu MM. de BROVÈS et de LASSIGNY.

Le Tiers : de LOMBARD TARADEAU, MOUGIN DE ROQUEFORT, VERDOLIN et SIÈYES la BAUME.

Deux pour le clergé, deux pour la noblesse et quatre pour le Tiers-État selon l'ordonnance du 22 décembre.

Le Clergé et le Tiers-État avaient envoyé leurs cahiers pour exprimer leurs plaintes et leurs doléances. La noblesse n'envoya rien.

(Ces documents qu'il serait très intéréssant de consulter pour tous ceux qui s'occupent de ces questions, sont conservés aux archives nationales à Paris, sous la cote B. A. numéro 39, liasse 83, contenant *Castellane*, *Draguignan* et *Grasse*).

Tous ces députés se rendirent à *Versailles*, le 4 mai pour assister à l'ouverture des *Etats Généraux*.

Le vicomte de BROVÈS, colonel d'infanterie, ancien lieutenant pour le roi d'Aigues-Mortes, chevalier de St-Louis, se logea à *Versailles*, rue de l'Orangerie, n° 49.

LE COMTE DE LASSIGNY DE JUIGNÉ, rue du Pain n° 2.

M. MOUGIN DE ROQUEFORT, premier curé de Grasse et

M. MOUGIN DE ROQUEFORT, premier consul, avocat au parlement, lieutenant général de police et chef de viguerie, habitèrent ensemble à *Versailles*, rue de Mezières numéro 8. A Paris, en 1790 ils logèrent rue des Prouvaires.

Le cinq mai le roi fit l'ouverture des États par un discours très pacifique.

Les états généraux étaient composés de 1148 membres : dans l'ordre du clergé il y avait 47 évêques, 35 abbés ou

MOUGINS DE ROQUEFORT
Maire de la Ville de Grasse
né le 1er Février 1745
Député des Sénéchaussées de Draguignan
Grasse et Castellane, en Provence,
à l'Assemblée Nationale de 1789.
L. MOUREN

chanoines, et 208 curés. La chambre de la noblesse était de 270 députés ; celle du Tiers comptait 598 membres dont 374 avocats.

La noblesse de Bretagne ne s'etait pas rendue à l'appel du roi. Chaque membre, d'aprés les usages de ces assemblées, opinait séparément, et les décisions se formaient de l'accord des trois chambres à un même avis.

Les députés du Tiers voulaient que tous les ordres se réunissent et que l'on opinât par tête.

Par là disparaissaient toute distinction d'ordre et toute prérogative. Par là, ils étaient sûrs d'avoir la majorité puisqu'ils étaient les plus nombreux. Aussi mirent-ils tout en œuvre pour amener les choses à ce point : ils sollicitaient les deux ordres de se joindre à eux, ils pressaient le clergé, au nom du Dieu de paix, et ils parvinrent à gagner quelques membres.

Le trois juin trois curés du Poitou donnèrent l'exemple de la défection et se joignirent *aux Communes*. — C'était le nom qu'avait pris le *Tiers*. —

Le lendemain cinq autres curés, parmi lesquels était GRÉGOIRE, si connu depuis, dans nos pays, où il a été longtemps *commissaire extraordinaire de la Convention Nationale,* suivirent cet exemple.

« Le 15, M. MOUGIN DE ROQUEFORT, curé et député de « Grasse se rendit à l'assemblée du Tiers, il monta à la « tribune et il dit *qu'il tardait depuis longtemps à son cœur et à sa conscience de se joindre à l'ordre du Tiers pour commencer la grande œuvre de la régénération de la France.*

« Il fut applaudi par toute l'Assemblée, et son frère, le « maire de Grasse, qui avait contribué à cette détermina-

« tion ne se possédant plus de joie demanda la parole et dit : » *je joins mes acclamations à celles que l'on donne à la conduite de ce digne pasteur, petri du même sang, ayant les mêmes principes que nous. J'éprouve, dans ce moment, la joie la plus vive.* (Lettre de LUCE GASPARI à son père, à Grasse, 15 juin).

Le 20 juin Louis XVI annonce une séance royale. Les députés des *Communes*, réunis dans un *jeu de paume*, y font serment de donner une constitution à la France.

La séance royale se tint le 23, on se rit des ordres du Prince, on reste assemblé malgré sa défense.

Le 25 le roi écrit au Clergé et à la Noblesse de se joindre *aux Communes* et le 27 tous les députés siègent ensemble confondus sur les mêmes bancs.

Cette éclatante victoire des factieux ne fut que le prélude d'autres succès. Ils se qualifièrent *de Représentants de la Nation.* On osa dire au ROI qu'il n'était plus *qu'un mandataire public*, et on apprit au peuple que *c'était en lui que résidait la souveraineté.*

Dès ce moment, les réformes ou pour mieux dire, les bouleversements, se succédèrent avec une rapidité qui tenait du délire.

Le 12 juillet, *Camille* DESMOULINS, au Palais Royal, appelle le peuple à la révolte.

Le 14 juillet, on sonne le tocsin, on ameute la populace, on prend des armes et des cocardes, et l'on s'empare de la *Bastille.* Le Gouverneur est massacré avec ses soldats. Le prévôt des Marchands a le même sort, et plusieurs autres personnes périssent victimes des fureurs populaires.

C'était en ce jour de terreur et de mort qu'un enfant du pays, à peine un adolescent, parti de Grasse depuis quelques jours, se trouvant à Paris au milieu de cette foule en délire eut l'occasion de faire preuve d'un grand courage et d'une présence d'esprit géniale.

Un employé supérieur de l'administration de l'État, nommé GAILLARD, passait tranquillement sur les bords de la Seine pour se rendre chez lui. On le prend pour un employé de la *Bastille*, on s'ameute autour de lui, on l'entoure, on le renverse et déjà la lame d'un poignard brillait dans l'air, pour le frapper, lorsque le jeune PEILLON, saisi d'horreur, se précipite au milieu de ce groupe, enlève la victime dans ses bras, la jette dans la Seine et se laisse, comme involontairement, glisser dans l'eau avec elle. Tous deux disparaissent dans les flots : on les crut noyés l'un et l'autre, et la populace mobile se tourna vers un autre objet de sa curiosité ou de sa colère. Mais PEILLON était un excellent nageur : il se laisse emporter par le courant de l'eau, en entraînant avec lui son protégé, puis arrivé hors de la vue des cannibales, il le retire sur la berge et lui recommande de fuir au plutôt.

L'heureux sauvé ne veut pas partir seul, et il exige que son sauveur l'accompagne. Dès ce jour, ce fut l'enfant de la maison. Intelligent, entouré de toutes sortes de soins, sous la direction de maîtres habiles, il devint bientôt un jeune homme parfait. Son protecteur lui donna sa fille en mariage et lui laissa en mourant une fort belle fortune.

Cependant le désir de revoir son pays le poursuivait. Il revint à *Grasse*, dans sa vieillesse. Personne ne le reconnut. Il croyait retrouver des amis d'enfance, un peu de considération, il ne rencontra que de l'indifférence : il acheta un beau, jardin à côté de l'hôpital, dans l'intention d'y construire une demeure magnifique, mais il demanda à la municipalité la permission de faire transporter ailleurs l'hôpital à ses frais, on lui refusa cette satisfaction. Il retourna alors à Paris où il mourut peu de temps après, laissant, pour son héritier, un petit parent de Grasse, qui portait son nom, et qui seul l'avait entouré de beaucoup d'amitiés pendant son séjour dans le pays natal. C'est de lui que je tiens ces détails.

***

Cependant toutes les passions étaient déchainées à Paris, et les esprits en délire ne connaissaient plus de frein. On répandait partout de fausses nouvelles, et l'assemblée au lieu de réprouver le mal le favorisait par ses décrets et ses émissaires.

Nous voici au 4 août, au moment où s'éffondrait par la volonté nationale tout l'ancien régime de la féodalité. M. MOUGIN DE ROQUEFORT, notre député du Tiers-État, adressa le cinq, une lettre à ses compatriotes, dont nous donnons un extrait :

« *Nous sommes restés, en séance, jusqu'à 2 heures après minuit ; je dérobe les moments de mon sommeil pour vous instruire d'évênements aussi précieux. Il a été délibéré et décrété : 1° l'abolition de tout privilège pécuniaire. La Noblesse et le Clergé contribueront à toutes les charges locales et rurales sans distinction, ni réserve ; 2° Les impôts seront reportés dans la plus parfaite égalité ; 3° Tous les droits de serf et de main-morte sont abolis ; 4° Toutes les justices seigneuriales sont supprimées ; 5° Tout citoyen sera admis indistinctement à tous les emplois civils et militaires ; 6° La pluralité des bénéfices est supprimée ; 7° La portion congrue des curés et des vicaires sera augmentée. Enfin tous les membres de la Noblesse et du Clergé ont renouvelé la renonciation à tous leurs privilèges, et on a décidé qu'on chanterait un* TÉ DEUM *dans la chapelle royale, et qu'il serait frappé une médaille patriotique, proclamant Louis XVI le restaurateur de la liberté.*

Mon frère, qui participe à ma joie, ajoute le député du Thiers, *vous offre ses devoirs et vous prie de faire part de ma lettre à Messieurs les curés* ».

On comprend, avec ces nouvelles, l'éfferveseence des pays seigneuriaux. *Grasse* n'en fut pas trop ému, n'ayant rien à gagner, ni rien à perdre dans tous ces changements : le Clergé seul était atteint. Aussi ce n'est pas à GRASSE, mais à VENCE que M. MOUGIN adressa sa lettre.

Rappelons les journées du 5 et 6 octobre, où une nuée de brigands en armes vint insulter le monarque à *Versailles*, massacrer ses gardes, forcer son palais, et l'emmener lui-même prisonnier à PARIS, tandis que l'Assemblée sous les yeux de laquelle se passaient de pareilles scènes continuait ses froides délibérations et ses injustices criantes.

Le 2 novembre l'Assemblée décrète de s'emparer des biens écclésiastiques. Le président avait d'abord mis aux voix cette proposition : *la propriété des biens du Clergé appartient à la nation.* Cette motion fut repoussée par une majorité nombreuse. Ce qui établissait d'une manière bien précise les droits du Clergé sur ces biens.

On proposa alors que *les biens du Clergé seraient mis à la disposition de la nation, à charge par elle de pourvoir d'une manière convenable aux frais du culte, à l'entretien des ministres, et au soulagement des pauvres. Il ne pourra être assuré à la dotation de chaque curé moins de 1200 francs. La commune devra fournir le presbytère... Les traitements écclésiastiques seront payés en argent. Les curés de campagnes jouiront des fruits de leurs bénéfices et en tiendront compte au trésor. Les Dimes seront payées encore toute l'année 1790.*

Notons que le Clergé jouissait d'un revenu de 142 millions, et lui-même, pour venir au secours de la nation, vota l'abandon de ses biens.

Les biens nationaux qui furent vendus du 22 janvier au 31 octobre 1791, dans le département, produisirent la somme de neuf millions trois cent onze mille deux cent soixante-dix francs. *(Archives départementales de Draguignan).*

Le 15 janvier 1790, fut décrétée la division de la France en départements, ce qui allait amener la nouvelle circonscription diocésaine.

En décrétant que chaque département formerait désormais un diocèse et que chaque diocèse aurait les mêmes limites que le département, l'Assemblée nationale supprimait d'un coup les sièges de *Toulon,* de *Grasse,* et de *Vence.*

Le décret supprimant l'Évêché de Grasse était daté du 1er octobre 1790. Il fut signifié à l'Évêque le 18 octobre.

La Municipalité s'en émut : elle écrivit immédiatement à l'Assemblée nationale, aux députés, à Mirabeau. Elle envoya pétitions sur pétitions, tout fut inutile.

Voici la lettre qu'elle écrivait à Mirabeau :

M. le comte, Nous avons l'honneur de vous faire passer un extrait de la délibération que nous avons prise au sujet de la conservation de notre Évêché et Chapitre. Elle est suivie d'un mémoire dans lequel nous exposons à l'auguste Assemblée les motifs puissants qui autorisent nos réclamations à solliciter la conservation de l'Évêché à Grasse.

— Suit le mémoire. —

Cependant l'Assemblée nationale avait décrété la fameuse constitution civile du Clergé, qui assimilait les Évêques et les prêtres aux autres fonctionnaires civils : réduction de 135 Évêchés à 83, nomination des Évêques par le peuple, destruction des chapitres, des églises cathédrales, prieurés, chapelles et bénéfices, défense de s'adresser au Pape pour obtenir confirmation de sa charge. Et par là, plus de juridiction pour les Évêques et pour les Prêtres, puisque la juridiction leur vient du Pape, plus de conciles provinciaux possibles.

Cette constitution fut votée par nos deux députés du Clergé et du Tiers-État, et le curé MOUGIN soutint même un article qui enlevait à l'Évêque le choix de ses vicaires généraux : *Si vous laissez à l'Évêque, dit-il, le choix de ses vicaires, vous verrez bientôt des jeunes gens sans expérience élevés à ces places et se permettre de donner des leçons à des vieillards vertueux.*

Le roi demanda au souverain pontife s'il pouvait faire quelques concessions.

PIE VI lui répondit à la dâte du 10 juillet *que les décrets de l'Assemblée entrainaient la nation dans l'erreur et dans le schisme, et il lui recommanda de consulter les deux prélats qui faisaient partie de son conseil : Monseigneur le* FRANC DE POMPIGNAN, *Archevêque de Vienne, et Monseigneur de* CISSÉ, *Archevêque de Bordeaux.* Ces deux Evêques eurent la faiblesse d'engager Louis XVI à souscrire aux volontés de l'Assemblée nationale. Le premier en mourut de douleur et le second publia plus tard une humble rétraction. Il devint, après le concordat, Archev. d'Aix.

Le pape PIE VI réunit alors ses cardinaux et demanda à tous les Évêques de France de lui faire connaître leur sentiment sur ces réformes.

Le 30 octobre, trente d'entre eux signèrent un écrit devenu célèbre sous le nom D'EXPOSITION DES PRINCIPES SUR LA CONSTITUTION CIVILE DU CLERGÉ, dans lequel *Monseigneur* de BOISGELIN, Archevêque d'Aix, défendait les vrais principes de l'Église, sans plainte, sans amertume, et avec une modération et une solidité qui eussent peut-être ramenés des esprits moins prévenus.

Mais la Révolution était décidée à tout détruire, et la prévention fit un crime aux Evêques de s'opposer à ce torrent d'innovations. La lutte fut très vive. La plupart des Evêques donnèrent des instructions à leurs diocésains, et cent dix Evêques français se joignirent aux trente Evêques de l'Assemblée et *l'exposition des principes* devint un jugement de toute l'Eglise de France.

Monseigneur de Prunière fit lire au prône, le 25 novembre une lettre pastorale pour raffermir la foi des fidéles.

Le 4 décembre il publia un long mandement dont les patriotes Grassois rendaient compte à l'Assemblée Nationale en ces termes : (Moniteur du 23 décembre 1790 p. 695).

« *Dans ce discours de 16 pages qu'on colporte de maison en maison, il établit que le civil n'a aucune autorité sur le spirituel, que les pratiques des Evêques remontent à la primitive Église, et sont fondées sur les droits des anciens empires et sur les décrets des conciles. Il finit par ordonner aux curés de ne reconnaître que lui pour Évêque ; aussi le Clergé se coalise et cherche à intéresser les dévotes* ».

Déjà le 22 novembre, un rapport fait par le comité des affaires écclésiastiques des directoires réunis des districts de Grasse, de Fréjus et de Saint-Paul constate que :

Notamment M. ETIENNE (*de Saint-Jean de Prunière*) ci-devant Évêque de Grasse, *a osé dans une lettre sous la dâte* du 4 de ce mois aux curés et aux vicaires attester *que l'Église seule pouvait lui ôter une juridiction qu'il tenait de son ordination, qu'elle seule encore pouvait les soustraire à l'obéissance qu'ils lui devaient comme à leur pasteur, qu'ils seraient schismatiques s'ils ne le reconnaissaient pas pour leur Évêque, que leur devoir les obligeait à recourir à son ministère toutes les fois que le besoin des paroisses le requerrait ».*

Aussitôt l'Assemblée administrative départementale ordonne *la mise sous-séquestre des biens et de la pension de retraite de M.* ETIENNE, *Évêque de Grasse ; 2° Elle dénonce sa lettre à l'Assemblée Nationale ; 3° Elle défend aux ci-devant chanoines de s'assembler en corporation sous peine de séquestration de leurs pensions et de poursuites judiciaires ; 4° Elle ordonne la prestation de serment dans la quinzaine, un jour de dimanche, avant la messe paroissiale, à tous les prêtres du diocèse.*

Suit un dispositif pénal, consistant surtout en privation de traitement et de pension.

Le 28 novembre le procureur général syndic dénonce de nouveau le ci-devant Évêque de Grasse à l'Assemblée départementale, comme ayant publié par voie de l'impression et de la distribution la plus affectée un nouvel ouvrage ayant pour titre : *Instruction pastorale de Monseigneur l'Évêque de Grasse à tous les fidèles de son diocèse. Ouvrage dans lequel il cherche à soulever tous les citoyens contre les nouvelles lois, à la faveur des maximes et des doctrines qui y sont intéréssées. Cette instruction séditieuse, ajoute le procureur, qui n'est pas le premier trait d'incivisme du ci-devant Évêque de Grasse, annonce des intentions criminelles et tient à une coalition générale qu'il est important de déconcerter.*

Suit la décision portant que « *les auteurs et les distributeurs de ces écrits pastoraux, leurs adhérents, fauteurs ou complices seront dénoncés au procureur du Roi, comme réfractaires aux lois et pertubateurs de l'ordre public, pour le procès leur être fait et parfait* ». [1] (M. LAUGIER).

*
* *

Pendant ce temps l'Assemblée Constituante poursuivait son œuvre néfaste : par son décret du 26 décembre elle obligeait tout le Clergé à prêter *serment à la constitution civile du Clergé*, dans la quinzaine.

Le 4 janvier 1791 fut désigné par l'Assemblée Nationale pour la prestation du serment schismatique par tous les membres du Clergé qui siegeaient à cette Assemblée.

Le curé *Grégoire* monta à la tribune pour montrer la légitimité de ce serment : trente-six écclésiastiques parmi lesquels M. *Mougin*, curé de *Grasse*, *Rigouard* et *Gardiol*, députés du Var, se joignirent à lui, et deux Evèques seulement : l'Évêque *d'Autun* et celui de *Lydda*, suffragant de Bâle.

On commença alors l'appel de tous les membres du Clergé, espérant intimider les faibles. Ce fut le contraire qui arriva : *Monseigneur de Bonnac*, Évêque *d'Agen*, interpellé le premier, refusa énergiquement le serment, et donna les raison de son refus, *Monseigneur de Saint-Aulaire*, Evêque *de Poitiers*, suivit son exemple. Ces professions publiques et motivées exaspérèrent la majorité, il se fit un grand

(1). *Monseigneur Pisani, Évêque de Vence, à qui on reprochait les mêmes griefs fut cité devant le tribunal de Grasse où on lui fit un crime d'avoir conservé le titre de Monseigneur. Pardon, leur répondit le spirituel Prélat, quand j'ai connu les décrets qui abolissaient les titres, j'ai fait appeler mon domestique et je lui ai dit : Désormais tu ne m'appeleras plus Monseigneur, il s'est incliné en me répondant : oui Monseigneur.*

tumulte, mais personne ne fut intimidé : tous les Evêques au nombre de 43, et presque tous les prêtres qui siègeaient à l'Assemblée au nombre de 208 manifestèrent le refus le plus formel. Bien plus, quelques uns, qui avaient prêté serment, le rétractèrent.

Le Dimanche suivant, 9 janvier, fut marqué pour le serment du Clergé des paroisses de Paris. Vintg-neuf curés le refusèrent, entre autres ceux de *Saint-Sulpice* et de *Saint-Roch*, à la tête de près de cent prêtres de leur Communauté. Et l'on assure que sur plus de 800 écclésiastiques employés au ministère des paroisses dans cette grande Cité, 650 au moins se montrèrent plus attachés à leur devoir qu'à leur place.

Les Evêques, dispersés dans les provinces, suivirent l'exemple de leurs collègues réunis à Paris, et des 135 Evêques français, quatre seulement s'enrolèrent sous les étendards de la nouvelle contitution : ce furent le Cardinal *de Brienne*, Archevêque *de Sens*, et les Evêques *de Viviers, d'Orléans*, et *d'Autun*.

Parmi les prêtres, il y en eût à peu près dix mille sur soixante mille, qui prêtèrent serment. Ils savaient cependant qu'ils perdraient leur place, comme les Evêques dont ils avaient suivi l'exemple.

La loi fut publiée à Grasse le 13 janvier, et le 20 février, jour de dimanche, fut désigné pour la prestation du serment par tous les prêtres de la paroisse.

(Archives municipales de Grasse).

L'Évêque envoya une nouvelle circulaire à ses prêtres pour les exhorter vivement à ne pas prêter serment.

Le Pape n'avait pas encore parlé : son premier bref, condamnant la constitution civile du Clergé, ne parut que le 13 avril 1791 et le second, qui confirma le premier, parut seulement en mars 1792.

D'autre part le Roi qui avait accepté cette constitution, en gémissant, le 24 août, avait fini par la sanctionner le 26 décembre, en approuvant les décrets de l'Assemblée, qui traîtaient comme démissionnaires ceux qui refusaient de prêter serment.

On comprend donc facilement l'hésitation d'un grand nombre de prêtres, et ce qui étonne même, c'est de voir, en pareille circonstance, non pas quelques prêtres prêter serment, mais la plupart le refuser énergiquement. Il fallait que l'autorité de l'Évêque fut bien puissante et que sa voix fut encore bien écoutée.

Une autre considération m'a frappé vivement : le décrét du 29 novembre 1790 obligeait *tous les ecclésiastiques salariés par l'État à prêter serment à la constitution promulguée le 24 août, sous peine de perdre leur traitement.*

Or ce qui est bien édifiant c'est que ce sont précisément tous *les prêtres salariés de la paroisse* qui refusent de prêter serment.

Le traitement des Évêques et des prêtres avait été calculé sur les bénéfices de leur emploi : *Monseigneur de* PRUNIÈRE avait reçu 14,972 livres 17 sous, 3 décimes. Le curé MOUGIN recevait 3,000 livres, plus 90 fr. pour rétribution de deux fondations ; le curé GASQ 3,009 livres ; le chanoine CHEVRETEL 1,522 livres 15 sous ; le chanoine MALLET 1,162 livres 10 sous ; le chanoine ROUSTAN 1,219 livres; le chanoine AUGIER AUBAN 1,096 livres (1) ; le chanoine BARBAROUX DE GEVAUDAN 1,764 livres 10 sous, (2) etc, et tous

(1). Ce Chanoine ne figurait pas dans l'ordo de 1789.

(2). Tous ces renseignements sont extraits des archives du département du Var nous ont été fournis par M. Mireur, le savant archiviste de Draguignan.

ces chanoines sacrifient sans hésitation le droit à leur pension, en refusant de prêter serment ; un seul, le chanoine BERNARD qui recevait 1276 livres 19 sous, préfère conserver ce traitement, ainsi que les deux curés dont l'un était infirme et l'autre député. Leur exemple fut suivi par quelques ambitieux, à qui on ne demandait pas le serment puisqu'ils n'étaient pas *salariés*, mais qui voulaient plaire au Gouvernement pour obtenir le poste convoité.

Les Bénéficiers, aussi courageux et désintéréssés que les chanoines, sacrifient presque tous leur pension : (On leur avait accordé généralement 500 livres de rente).

MM. BAIN, ACHARD, CAVALIER, NIEL et IMBERT, déclarent qu'ils ne prêtèront pas serment *parce qu'ils ne sont pas fonctionnaires.*

MM. CRESP, COMTE, ALAVÈNE ET VIAL, prêtres catéchistes, le capucin SERRET qui recevait 700 livres de rente, le sous-diacre, PAYAN, et plusieurs autres, refusèrent de prêter serment pour la même raison.

Seuls quelques religieux, qui ne voulaient pas quitter, leur pays n'eurent pas le courage de rester fidèles à leur devoir, et consentirent à violenter leur conscience pour conserver les faveurs de l'État. Ce furent parmi les Dominicains : les PP. PONS, LUCE. et ROURE ; parmi les Augustins : les PP. AUGIER et ARTAUD et le père SIMON. supérieur de l'Oratoire.

Les prêtres séculiers qui prêtèrent serment ce jour-là furent :

MM. BERNARD, *Chanoine*, ROUSTAN, RICAUD, ISNARD, ERAUD, GIMBERT, CASTEL, ROUQUIER, VILLENEUVE et MUS.

Ce sont les seuls noms que je trouve sur la liste municipale et quoique plusieurs autres noms soient donnés par M.

TISSERAND, et même par M. LAUGIER, je m'abstiens de les mentionner, parceque je ne puis pas en contrôler l'exactitude.

Ce serment fut prêté, en public, le dimanche avant la grand'messe, selon la prescription du comité des affaires écclésiastiques.

L'autorité municipale était dans le sanctuaire, l'Évêque était en chaire.

De son palais Episcopal sans passer par l'Eglise, il pouvait descendre dans la chaire par un escalier pratiqué dans le pilier. Il voulait encourager les faibles par sa présence et empêcher quelques défections.

Pendant tout le temps de la cérémonie le pieux prélat, comme *Moïse* sur la montagne, tenait les mains levées au ciel. et suppliait le Dieu de toutes miséricordes d'accorder à ses prêtres la force et le courage de faire ce sacrifice.

Voici la formule du serment :

« Je jure de veiller avec soin sur les fidèles qui me sont confiés, d'être fidèle à la nation, à la Loi et au Roi, et de maintenir de tout mon pouvoir la constitution décrétée par l'Assemblée Nationale et le Roi ».

Les termes en avaient été choisis pour tromper un plus grand nombre.

Plus tard, le six floréal au IV (25 avril 1796), en confirmite de l'arrêt du quatre germinal, l'Administration Municipale a fait rassembler tous les prêtres séculiers et réguliers qui ont fait la déclaration suivante : « je prête le serment prescrit par la loi du 26 décembre 1790, de plus celui de la liberté et de l'égalité prescrit par la loi du 15 août 1792. Je jure de ne l'avoir jamais retracté ni modifié et d'avoir fait la déclaration exigée par la loi du sept thermidor dernier. (Archives municipales de Grasse) ».

Ce serment de la Liberté et de l'Egalité était ainsi conçu:

« Je jure d'être fidèle à la Nation, à la Loi, et de maintenir de tout mon pouvoir la Liberté et l'Egalité ou de mourir en la défendant ».

Le dernier serment demandé au prêtre fut le serment de Fidélité, ordonné par décret du 6 frimaire an IX.

Dès ce moment le schisme devint un fait accompli. Les prêtres assermentés continuèrent les offices à la paroisse, et les autres se retirèrent dans leur famille et dirent la messe en secret.

Cependant l'Évêque continuait à exercer ses fonctions comme si son siège n'avait pas été supprimé ; il accordait

Serment à la Constitution Civile du Clergé. (p. 159)

les dispenses, multipliait les exhortations et les lettres pastorales, et il usait de tous les moyens pour ramener les prêtres à leur devoir : Il eut ainsi le bonheur de recevoir un grand nombre de rétractations, comme nous en avons la preuve dans ce rapport du Directoire départemental au Comité des affaires écclésiastiques de l'Assemblée Nationale : *Trois vicaires de Grasse ont déjà rétracté leur serment et plusieurs se disposent à quitter le service Paroissial.* (*1er Avril 1791, un mois seulement après la prestation du serment*).

Le palais épiscopal avait été vendu, le 28 mars 1791. La municipalité de Grasse l'avait acheté aux enchères publiques pour la somme de 30.100 livres.

Monseigneur de Prunière ne voulut reconnaître ni la suppression de son Évêché, ni la vente de son palais épiscopal. Il continua à l'habiter jusqu'à la fin de mai, époque à laquelle il se réfugia chez *M. de Sartoux* (maison Gazan), où il trouva tout l'empressement d'une bonne et sincère amitié. Le 21 juin il se retira à Nice, d'où il espérait pouvoir veiller sur son cher Diocèse. Il y fut accompagné par son premier vicaire général, *Jauvy de la Bordère*, son secrétaire *Comte*, les chanoines *Albanelly* et *Chéry*. *MM. Cavalier*, *Imbert* et le jeune *Bonafond* vinrent le rejoindre plus tard.

Le Diocèse fut confié à un prêtre zélé et pieux, M. *Jacques Méro*, que *Monseigneur de Prunière* nomma grand vicaire et administrateur du Diocèse, avec pleins pouvoirs pendant son absence.

L'abbé *Méro*, quoique n'ayant rempli aucune mission importante dans le Diocèse, était vénéré de tous. Doué d'une force morale puissante, d'une vigueur d'âme peu commune, dès longtemps habitué à supporter la souffrance, il se consacra avec un courage héroïque au service de ses frères dans le sacerdoce.

C'est grâce à l'activité prodigieuse de cet infatigable apôtre que le Clergé ne fut pas inquiété à Grasse, malgré les excès et les violences de la Révolution.

La situation particulière de nos pays de montagnes, sans chemins, ni relations avec les villes du littoral, lui permit d'entreprendre d'interminables pérégrinations dans le Diocèse qui lui avait été confié, et d'entretenir des intelligences avec tous les prêtres, pour réconcilier avec l'Eglise ceux qui se repentaient, encourager ceux qui étaient restés fidèles, et accorder les dispenses.

M. l'abbé *Sarrazin*, ancien vicaire de Grasse, qui l'avait beaucoup connu, nous en traçait le portrait le plus séduisant : Beau de visage, élancé de taille, distingué de manières, son corps abritait une âme ardente et passionnée pour l'Eglise et pour Jésus-Christ. Toute sa personne respirait la modestie et la réserve, et n'inspirait que la confiance et le respect. Aussi la tyrannie jacobine n'osa rien tenter contre lui.

Rien ne fut changé dans l'Eglise Paroissiale. Le curé *Gasq*, vieux et malade, ne paraissait presque plus. Il mourut en 1792, probablement sans se rétracter. M. *Mougin de Roquefort*, après avoir terminé sa triste mission à la Constituante,(1) était rentré dans son pays et avait repris avec

(1) L'assemblée nationale disparut le 30 septembre 1791. Le mandat des Messieurs Mougins de Roquefort n'étant pas renouvelable les électeurs de la sénéchaussée de Grasse choisirent pour le remplacer M. Yves Roubaud, médecin, et la sénéchaussée de Draguignan envoya Maximin Isnard. L'élection de la Législative eut lieu à Toulon.

Voici les noms des députés de la Législative 1 Roubaud François de Grasse, 2 Muraire Honoré de Draguignan, 3' Isnard Maximin de Draguignan (sic), 4· Philibert Thomas de St-Julien, 5° Roubaud Jean de Tourves, etc

zèle les fonctions de son ministère. Nous verrons ses réglements pour le service du Culte dans le chapitre suivant, mais la mort vint le frapper à la maturité de l'âge et il ne nous reste aucune preuve de sa rétractation. Il expira le 22 septembre 1793.

Ni l'un ni l'autre ne furent remplacés : lorsque Fréron accusa la municipalité de Grasse *d'incivisme et de lâcheté*, celle-ci répondit, pour se justifier, *qu'elle n'avait pas remplacé les curés*. Ce fut toute sa défense. Son courage républicain n'était pas allé plus loin.

Cependant les offices se continuaient très régulièrement à la Cathédrale, sous la direction d'un vicaire, faisant les fonctions de Curé, de six prêtres, un sous-diacre, un sacristain prêtre, deux chantres, quatre enfants de chœur, un suisse, un bedeau et un sonneur. Une réunion des bourgeois du pays veillait aux frais du culte, et le schisme se continuait sans bruit ni provocation, mais aussi sans repentir ni retour au devoir.

Les prêtres assermentés ne furent pas sectaires, à Grasse. Ils ne dénoncèrent pas leurs confrères, comme ils le firent dans beaucoup d'autres pays : ainsi à Vence le curé VIAL, dénonce même son Évêque au Directoire de Toulon. Le curé d'Auribeau se plaint au district de Grasse de plusieurs Ecclésiastiques qui venaient dire la messe à N. D. de Valcluse, et du peuple qui se rendait à ces offices tandis qu'on désertait la paroisse. Le curé de Caille signale le sieur AUDOLY, curé d'Andon, comme répandant des écrits contre la nouvelle loi Française et composant des cantiques anti-constitutionnels. Rien de semblable à Grasse. Les prêtres assermentés font leurs offices à la Cathédrale et dans les succursales; la majeure partie de la population, ne comprenant pas bien le schisme qui s'était produit, parceque c'étaient les mêmes prêtres qui desservaient la paroisse, les mêmes offices qu'on y célébrait, continuait à suivre ces offices aussi religieusement qu'auparavant. Et les personnes pieuses, qui avaient parfaitement compris l'état de l'Eglise, allaient assister à des offices particuliers célébrés, encore presque publiquement, par les prêtres non assermentés, sans que personne n'eut l'idée de les dénoncer.

La Législative condamna à l'exil tous les prêtres qui avaient refusé le serment ; mais le Roi opposa *son veto*. Vingt mille forcenés envahirent les Tuileries (20 juin 1792) pour forcer le Roi a retirer le *veto*. Louis XVI demeura inébranlable, et beaucoup de prêtres durent leur salut à cette fermeté du Roi.

Mais, le 26 août 1792, un nouveau décrêt de l'Assemblée Législative condamnait à la déportation tous les prêtres non assermentés qui, dans un délai de quinze jours, n'auraient pas quitté le royaume.

Aussitôt le directoire de Grasse signifia aux abbés Niel et Imbert, qui avaient conservé leurs fonctions d'aumôniers à l'hôpital Saint-Jacques, de prêter serment sous peine d'être remplacés immédiatement.

Ces messieurs préférèrent prendre le bâton de l'exil, plutôt que de souiller leur conscience par un serment schismatique.

Car en ce moment l'illusion n'était plus possible : le Pape venait de condamner solennellement le serment à la Constitution civile du Clergé, et sa lettre du 13 avril 1791, avait été envoyée, par les soins des Évêques dans toutes les Eglises du Diocèse :

« Le Pape après avoir employé les raisons les plus fortes et les plus frappantes pour les convaincre et les toucher, trace le caractère particulier des hérétiques et des schismatiques afin qu'ils se reconnaissent à ces signes et qu'ils se repentent. *Substituer un ministère profane à un ministère sacré et légitime, dénaturer et corrompre les saintes ordinations, l'administration des sacrements, l'Église enfin de Jésus-Christ elle-même, en soumettant à la servitude de la puissance temporelle son autorité divine, et en substituant à la vérité, l'erreur, à la piété, l'irréligion. Voila ce qu'on appelle le schisme.*

« Il relève ensuite deux faussetés insignes que les intrus publient hardiment : *1° Que le bref du 10 mars n'était pas l'ouvrage du Souverain Pontife, et il appelle cela une fiction insensée ; 2° Que les intrus sont dans la mauvaise foi lorsqu'ils parlent de formes usitées dans les publications des brefs. Ils savent très bien, dit le Pape, que ces formes ont été détruites, et qu'une pareille imputation ne sert qu'à accréditer le schisme et en favoriser l'expansion.*

« *Il déplore ensuite le bouleversement de l'Eglise de France; il dit qu'il aurait pu lancer l'excommunication contre les contumaces, mais qu'il préfère user d'indulgence et différer le châtiment pour laisser encore un intervalle aux remords, sans révoquer la punition de la suspense portée contre les assermentés par le précédent bref.*

« *Il avertit en conséquence tous les Évêques consécrateurs, les Évêques intrus et leurs vicaires épiscopaux, les Évêques assermentés, les curés intrus, les prêtres délégués par les intrus, de quelque nom qu'ils se qualifient que, s'ils ne donnent à l'Église satisfaction convenable pour le crime dont ils se sont rendus coupables, ils seront tous frappés de la même peine d'excomunication.* »

Ce bref du Pape avait produit son effet sur les populations « On nous regarde comme des pestiférés, écrit le maire de Vence, au directoire de Toulon, depuis la publication du bref du Pape. On fuit la paroisse pour aller à l'église des pénitents noirs. L'église est déserte quand parait le curé constitutionnel Vial. »

La même cause produisit les mêmes effets dans la cathédrale de Grasse.

***

Les prêtres assermentés ne pouvaient donc plus vivre dans la bonne foi. Ils ne pouvaient plus dire qu'ils servaient Dieu comme ils l'avaient toujours servi, et le peuple n'acceptait pas leur soumission aux décrets de l'Assemblée.

Le peuple appelait les prêtres assermentés des apostats et les traitait de profanateurs et d'impies. On disait d'eux partout qu'ils ne célébraient plus qu'au nom du diable, que tout ce qu'ils faisaient était de nul effet, que pactiser avec eux, c'était se damner parce qu'ils étaient excommuniés.

A la Roquette le peuple hue son curé et les femmes le menacent jusqu'à l'autel ; à Auribeau le curé VIDAL est en butte aux insultes de toute la population. Presque toutes les paroisses repoussent par la force les curés assermentés qu'on voulait leur imposer, et dans celles où on les souffrait, les Eglises étaient désertes. Les enfants même se sauvaient en désignant les nouveaux prêtres sous les noms de jureurs, et on entendait dans les rues ces chants et autres semblables :

Nous espérons bien que sous peu
Les apostats auront beau jeu,
Et nous reverrons dans nos chaires
Nos vrais pasteurs, nos vrais vicaires,
Et les autres disparaîtront
En dépit de la Nation,
Car les Evêques qu'elle nomme,
N'étant pas reconnus de Rome,
Sont des intrus, des apostats.
Et les curés des scélérats,..

Quant aux curés non assermentés, la persécution leur donna une auréole de sainteté qui leur ouvrit toutes les portes et leur offrit tous les dévouements. Chaque paroisse cachait au moins un de ces proscrits ; la nuit on leur conduisait, de plusieurs lieux à la ronde, les enfants à baptiser ou les mariages à bénir. Tout mariage qui n'eut pas pas été consacré par eux eut été réputé impur et sacrilège. Ne pouvant pas officier le jour dans les Eglises qui leur étaient fermées, ils improvisaient des autels dans des maisons de campagne, et là, au moment indiqué, toutes les personnes de connaissance se trouvaient réunies pour assister à la messe.

Quelques administrateurs essayèrent d'user de moyens de rigueur et firent faire des visites domiciliaires. D'autres fermaient bénévolement les yeux. Ce fut le cas de Grasse, et nous n'avons eu qu'un seul exemple de prêtre de Grasse arrêté avant 1797, quoique les visites domiciliaires se fissent assez souvent.

Plusieurs fois nous avons entendu les survivants de l'époque révolutionnaire nous raconter les tristes épisodes dont ilsavaient gardé le douloureux souvenir. Ils redisaient que, jusque dansle camp hostile aux prêtre demeurés fidèles, personne n'ignorait leur présence dans la ville et aux environs, mais on avait formé une espèce de pacte tacite pour respecter leur pieux dévouement et tempérer la rigueur de la persécution.

C'est ainsi que pendant toute la révolution, M. l'abbé Feraud pût parcourir, chaque jour, déguisé en berger, les rues de notre ville, en vendant son lait. et entrer dans toutes les maisons où l'on avait besoin de son ministère, pour confesser les malades, baptiser les nouveaux nés, marier les fiancés, et encourager les malheureux. C'est ainsi que plusieurs familles ont pu garder dans leurs maisons des prêtres insermentés et qu'on a pu reconstituer assez facilement tous les actes de catholicité qui relataient les baptèmes et les mariages faits à cette époque malheureuse.

Les prêtres de Grasse ne furent donc point inquiétés : sur soixante environ qui vivaient dans la ville épiscopale, à ce moment, 25 à peu près partirent pour l'exil, 10 prêtèrent le serment schismatique et continuèrent tranquillement à faire les offices dans l'Église paroissiale, et 25 environ vécurent dans leurs maisons ou dans la campagne, sous l'œil paterne et bienveillant de la municipalité.

Bien plus, lorsqu'on apprenait en ville qu'un prêtre étranger avait été amené dans nos prisons, on parvenait ordinairement à le délivrer, à moins que son exécution ne suivit immédiatement l'incarcération, comme ce fut le cas pour les six prêtres guillotinés sur notre place du Clavecin, avant même qu'on connut leur arrivée.

Le fait le plus frappant est celui de la délivrance de quatre prêtres qui étaient venus échouer sur nos rivages et avaient été envoyés dans les prisons de Grasse. C'étaient M. Sales Jh. et M. Lecoq Jean-Jacques, du diocèse de *Narbonne* ; M. Carrigue Raymond, du diocèse de *Viviers* et M. Girma Calixte, du diocèse d'*Albi*. M. Gonnelle un honorable commerçant, qui était coutumier du fait et qui avait toujours eu quelque prêtre caché dans sa maison, résolut de les délivrer. Ils étaient à *la prison du Séminaire* ; le gardien était parfaitement connu de lui. Il va le trouver et lui propose un marché : *Tu as quatre prêtres, il me les faut ; quel prix demandes-tu ?* L'accord est fait, le jour et l'heure sont arrêtés. Les prisonniers sont placés dans une salle séparée : M. GONNELLE apporte des habits, et les outils nécessaires pour leur évasion.

A minuit sonnant, il arrive dans la rue Tracastel, prêt à aider et à guider ces pauvres prêtres qu'il ne connaît pas, mais pour lesquels il est heureux d'exposer sa vie. Bientôt il les voit apparaître, et joyeux il s'avance vers eux. A la rue du Cours, il trouve un complice de son pieux dessein ; il lui confie deux des prisonniers qui sont conduits avec précaution dans une campagne voisine, au point, à peu près, où se trouve actuellement la gendarmerie. C'étaient MM. GARRIGUES et GIRMA. Les deux autres, il les emmène dans sa maison, au bas des Cordeliers, en traversant toute la ville. Personne ne les vit. Chacun dormait à cette heure, excepté la bonne Madame BONNAFOND, qui les attendait. C'étaient MM. SALES et LECOQ.

Dès le lendemain, toute la police fut sur pied ; on battit tous les chemins, on fouilla la campagne et les bois : Quatre prisonniers s'étaient évadés ! Des soldats furent envoyés à leur poursuite. Ils ne recueillirent rien, pas même quelques renseignements. Alors on fit des perquisitions dans la ville. Les maisons suspectes furent les premières visitées, et celle de Mme BONNAFOND était suspecte entre toutes. Deux gardes municipaux arrivent inopinément à la rue des Cordeliers ; ils frappent à la porte n° 13. Les prisonniers étaient dans le salon. Aussitôt l'alarme donnée, ils se précipitent dans leur cachette, et Mlle BONNAFOND, d'une grâce parfaite, toute joyeuse et trottinante, vient ouvrir la porte. — *Bonjour, Citoyens ; que désirez-vous ? — Nous venons faire une perquisition dans ta maison. — Très bien ; je suis à vos ordres. Par où voulez-vous commencer ? par le grenier ou par la cave ?* ajouta-t-elle gracieusement, en ouvrant, toutes larges, les portes de la maison. Les gardes sont déconcertés par tant d'amabilité et de courtoisie, et persuadés qu'il n'y avait rien à prendre dans une maison où l'on se montrait si peu effrayé. — *C'est bien,* dirent-ils, *nous n'avons pas le temps aujourd'hui, nons reviendrons un autre jour. — Quand vous voudrez, Citoyens, toute à votre service.*

Mais dès que les gardes municipaux ne furent plus sous le charme de cette vision céleste, qui les avait ravis, ils se ressaisirent et comprenant la faute qu'ils avaient commise, ils revinrent en toute hâte. Mlle BONNAFOND les reçut de nouveau, toujours avec la même grâce, qui produisit le même enchantement. *Entrez donc, Citoyens,* leur dit-elle, *venez vous rafraîchir. — Tu vas boire avec nous. — Très volontiers, nous trinquerons ensemble au salut de la République.* On lui présente aussitôt un verre dégoûtant de saleté, dont la vue seule lui donna un haut-le-cœur. Un voisin s'en aperçut. Il saisit le verre et alla le laver à la fontaine en face ; puis il le rapporta, rempli d'une eau limpide et pure. La jeune fille le prend bien gentiment, l'élève au-dessus de sa tête : *A votre santé, Citoyens,* dit-elle, et elle le vide d'un trait, sous les yeux des gardes ravis et comme fascinés par son regard. *C'est bien,* lui dirent ils, *tu mérites d'être adorée. Viens donc avec nous, nous allons parcourir la ville pour rendre honneur aux arbres de la liberté : Viens, et tu te prosterneras, comme nous, devant ce signe de notre délivrance. — Un instant, Citoyens, je mets mon chapeau et mon châle, et je vous suis. — Non, tu es assez belle comme ça. — Eh bien ! comme vous voudrez.* Et aussitôt se plaçant entre les gardes municipaux, elle commence cette voie douloureuse, qui fut pour elle la plus affreuse des passions. *Mon Dieu, soutenez-moi,* disait-elle dans le fond de son âme. On la conduisit, suivie d'une foule de curieux, d'abord au Cours, ensuite à la place Neuve, devant la Cathédrale, enfin sur la place des Aires ; partout où l'on avait planté des arbres de la liberté. Arrivée à cette dernière station, elle ne pouvait plus se tenir debout ; son courage fut près de l'abandonner, elle demanda de s'arrêter un instant dans une maison voisine, qui appartenait à un membre de sa famille ; on le lui refusa et elle fut obligée de continuer à gravir jusqu'au bout cet humiliant calvaire. Sa gaîté résista à tant d'ignominies, et les sectaires qui l'accompagnaient ne purent pas surprendre sur sa figure un simple mouvement de dégoût ou d'ennui. Mais, arrivée à la maison, elle tomba sur un fauteuil, et s'évanouit.

MM. Sales et Lecoq continuèrent d'habiter cette maison hospitalière, tout le temps de la Révolution. On peut encore y voir cette cachette obscure où ils passaient souvent une partie des jours. Nous retrouvons leurs noms, ainsi que ceux de leurs confrères Garrigue et Girma, dans nos registres de Catholicité. Ils ont soin de bien marquer qu'ils tiennent leurs pouvoirs de Mgr de Prunière, et qu'ils n'ont jamais été *assermentés*.

M. Garrigue est mort à Grasse dans une campagne de Saint-Mathieu. *Joseph-Charles* Garrigue, porte son extrait mortuaire, *prêtre des environs de Toulouse, âgé de 32 ans, qui après avoir subi, pour la foi, une longue captivité, donna, pendant la Révolution, les soins de son ministère aux fidèles, succomba à ses fatigues vers la fin de janvier 1798, et fut enseveli dans une campagne, aux confins de Grasse.* M. SALES vécut encore plusieurs années dans la maison de campagne de la famille GONNELLE, à côté de la chapelle de Saint-Jean, où il disait la messe chaque jour. MM. LECOQ et GIRMA ont dû rentrer dans leur diocèse, au rétablissement du culte, l'un à Viviers, l'autre à Albi.

***

L'orage révolutionnaire grondait toujours davantage en France, et Grasse commençait à en ressentir les effets. A certains jours, des farandoles formées par quelques hommes avinés, et des femmes publiques arrivées on ne sait d'où, commençaient à apporter l'épouvante dans la ville. Les prêtres non assermentés furent obligés de se cacher ou de fuir. Plusieurs allèrent rejoindre leur évêque à Nice, où ils furent reçus avec l'empressement du père de famille qui revoit ses enfants. De ce nombre étaient l'abbé CHÉRY RAPHAEL, *prieur de Magagnosc,* l'abbé PILAR, *vicaire de Plascassier,* l'abbé PAGAN, *sous-diacre,* et plusieurs bénéficiers : MURET FRANÇOIS, NIEL HENRI, LEMORE, ICARD et IMBERT. Ils pensaient que le temps de l'exil ne serait pas trop long et qu'ils pourraient bientôt rentrer dans leur patrie. Mais Dieu en avait jugé autrement et, quelques mois plus tard, le 28 septembre 1792, ils furent obligés de quitter en toute hâte cette ville hospitalière.

En ce moment les armées françaises, envahissant l'Italie, sous les ordres du général ANSELME, vinrent occuper Nice. Tous les émigrés, se croyant déjà en proie aux vengeances des républicains, se dirigèrent vers Tende, avec la précipitation des incendiés qui se sauvent d'une maison en feu, sans même se munir des objets les plus nécessaires à la vie.

Nous ne connaissons pas les tribulations qu'eurent à subir Monseigneur de PRUNIÈRE et ses compagnons pendant ce douloureux exode, mais le récit du voyage de l'Evêque de Fréjus, qui partit de Nice en même temps que l'Evêque de Grasse nous a été conservé par un témoin oculaire et peut nous donner une idée des souffrances qu'eurent à endurer les émigrés de Grasse et leur Evêque vénéré.

Monseigneur de BAUSSET *était parti à pied, avec un domestique. Un ami le suivit, emportant sur son dos quelques effets. On passa la nuit en marche, et il fallut braver une fatigue extrême, pour arriver le soir à Saorgio. Là, à peine avait-on obtenu, d'un aubergiste peu complaisant, de la paille sans lit pour se coucher, et un peu de vin pour se rafraichir, qu'un ordre du Commandant du fort leur enjoignit de partir tout de suite. Il fallut malgré la fatigue aller jusqu'à Fontan, où l'on pût se coucher dans un magasin. La pluie. qui commença à tomber vers les 9 heures, vint les déranger ; l'eau passait à travers les toits. A 10 heures, chassés par l'arrivée de la troupe, on repartit, plus fatigués qu'avant d'être allés chercher le repos. Un muletier de passage offrit sa bête, qui servit de monture à tour de rôle, et amena les voyageurs, vers 2 heures du matin, à Tende. Il n'y avait qu'une auberge et l'on n'y trouva plus ni pain, ni vin, ni lit ... Le matin, c'était un dimanche, on alla assister à la messe de paroisse, on pensait s'y reposer un peu, mais le curé fit fermer les portes, aussitôt après la messe. L'Evêque de Fréjus alla lui demander un asile, non seulement il le lui refusa, mais il lui reprocha d'être Français et de n'avoir pas prêté serment.... Voilà quelques unes des tribulations des pauvres exilés...* (Relation de M. l'Abbé Gourgon

Monseigneur de Prunière arriva ainsi péniblement dans les plaines du Piemont ; il se fixa d'abord à Carignan où il resta jusqu'au 12 mars 1794, puis se transporta à Bologne où s'accomplit sa longue passion. C'est là qu'il perdit son grand vicaire Jauvy de la Bordère, (le chanoine Chéry était mort à Coni, le 19 septembre 1793). C'est là que privé de tout secours et souffrant des infirmités de la vieillesse autant que des angoisses de la pauvreté, il disait quelquefois avec un profond découragement : *fodere non valeo, mendicare erubesco.* (Je ne puis pas travailler, et je n'ose pas mendier). Pendant un hiver rigoureux, ne pouvant sortir de sa chambre, et manquant de tout, il reçut de l'archevêque de Bologne quelques couvertures, un peu de bois et aussi quelques secours alimentaires. Il n'avait jamais osé s'adresser au Saint-Père qui, à cette époque, envoyait beaucoup de secours aux pauvres émigrés. (1)

Que ces jours durent être longs et pénibles ! Aussi dès qu'un éclair de salut brilla dans sa chère patrie, il se hâta de s'embarquer pour Toulon, où de nouvelles tribulations l'attendaient encore, mais où il pût au moins, auprès d'un ami fidèle, retrouver un peu de tranquilité et l'occasion de faire un peu de bien à ses chers compatriotes.

Voici comment M. Laugier apprécie ce prélat, dans son remarquable ouvrage sur LE SCHISME CONSTITUTIONNEL :

« *Monseigneur de Prunières qui avait été le dernier*

(1) Le Pape envoya des aumones abondantes aux évêques exilés, et son cœur saignait de ne pas pouvoir les secourir tous On n'avait pas oublié à Rome que, depuis des siècles, l'argent français coulait à Rome à titre d'annates et autres redevances diverses. Peut-être pressentait-on dans une intuition de l'avenir, qu'un siècle plus, tard lorsque le Pape se trouverait dépouillé à son tour, ce serait les évêques de France, les successeurs appauvris et plébeens de leurs prédécesseurs d'ancien régime qui fourniraient la grande part de la subsistance du St-Siège et paieraient avec usure la rançon du passé.

(L'abbé Sicard)

prélat provençal émigré, fut le premier à rentrer sur le sol de la patrie. Portant un cœur de feu sous la neige de ses quatre-vingts-ans, il quitta Bologne lorsque les états du Pape furent menacés par les armées républicaines, se rendit à Pise. et en juillet 1797, accompagné de M. RAPHAEL CHÉRY, *il prit la mer à Livourne, avec plusieurs prêtres Français, qui croyaient voir surgir dans leur pays l'ère nouvelle d'une liberté relative. Ils débarquèrent à Marseille où ils apprirent que, sur la proposition de Muraire, les lois portées contre les prêtres émigrés avaient été abrogées, le 7 fructidor an V. (24 août 1797). Mais leur joie fut de courte durée.*

Le 18 fructidor (4 septembre) les révolutionnaires firent le fameux coup d'état qui enleva aux honnêtes gens tout ce qu'ils croyaient avoir reconquis ; le lendemain les lois persécutrices furent remises en vigueur ; un délai fut cependant accordé aux prêtres rentrés, pour s'exiler de nouveau ... Beaucoup de prêtres retournèrent sur la terre étrangère , mais l'Evêque de Grasse ne quitta plus Marseille et les environs.

Après avoir passé quelques mois à MARIGNANE, *il revint bientôt à* MARSEILLE, *où il pouvait plus facilement cacher sa présence. A peine depuis un mois la recrudescence de la persécution avait-elle éclaté, qu'il ordonnait, le 23 septembre 1797, le vénéré* EMMANUEL-FRÉJUS MAUNIER, *qui devait être le premier supérieur du Grand-Séminaire de Fréjus, à la restauration de ce siège.*

Que de saints prêtres font dans le ciel la couronne du Pontife, qui selon une belle expression du Martyrologe a été si rapproché du titre de martyr, **titulo martyribus propiore** *! Tels M.* D'ASTROS DE TOURVES, *mort Cardi-*

nal, Archevêque de Toulouse , M. ALLEMAND, *fondateur de l'Œuvre de la Jeunesse à Marseille* , M. LATY, *devenu curé de St-Sauveur, à Aix* , M. RAYBAUD DE LORGUES, *curé de Flassans* , M. VIAN, *curé de la Verdière, et plusieurs autres moins connus dans notre Diocèse, mais parmi lesquels est due une mention au R. P.* MIE, *missionnaire des oblats de M.-I.*

Monseigneur de PRUNIÈRE *faisait les ordinations tantôt à Ste-Marguerite, tantôt à Ste-Marthe. mais le plus souvent à la campagne Carvin, sur les bords du Jarret, où il mourut le 12 mars 1799. Ses restes ont été solennellement transférés à Grasse le 10 juillet 1823, et inhumés dans le sanctuaire de son ancienne Cathédrale.* »

(M. Laugier, Le Schisme Constitutionnel).

Nous sommes heureux de constater la foi profonde qui a jetté une auréole magnifique sur le Clergé français émigré dans les nations voisines.

« De l'avis des historiens ce sont les milliers de prêtres français, émigrés en Angleterre pendant la Révolution, qui ont, par leurs vertus et leurs exemples, forcé l'admiration de leurs hôtes et rompu la glace entre l'âme Anglaise et Rome. »

« C'est ce que constatait un jour un membre du Parlement devant qui on s'étonnait de voir tant de députés catholiques à la chambre des communes. »

« Ah ? oui, c'est singulier, répondit-il, mais il y a eu 1793 et l'émigration du clergé catholique français. »

N'est-il pas vrai que cette constatation, si elle n'a rien qui réjouisse nos cœurs français, console cependant nos

FRANÇOIS D'ESTIENNE DE SAINT-JEAN DE PRUNIÈRE

né à Gap le 18 Février 1718

nommé Évêque de Grasse le 23 novembre 1752

Préconisé le 6 mars, et Sacré à Paris le 24 Juin 1753.

mort à Marseille le 12 Mars 1799.

Ses restes ont été transférés à Grasse, en Juillet 1823.

L. MOUREN

âmes catholiques, devant le renouvellement de ces immigrations en pays protestant. » (La Croix).

Aucun des prêtres de Grasse n'est allé en Angleterre, il aurait fallu traverser la France entière, et l'Italie était si près ! Mais plusieurs sont allés en Allemagne, où ils ont dû produire le même bien dans la population protestante de ces pays.

Après avoir suivi notre Evèque dans l'exil, donnons une mention, bien méritée, aux prêtres courageux qui ont souffert, comme lui, toutes sortes de privations, pour rester fidèles aux enseignements de l'Eglise.

JAUVY DE LA BORDÈRE 1er vicaire général de l'Evêque de Grasse, était né à Perpignan. Il soutint vivement son Evêque dans toutes ses revendications. Il voulut vivre à côté de lui à l'évêché, pour le défendre contre toute surprise, et au moment de son départ, il s'attacha à ses pas dans l'exil, et la mort seule pût le séparer de lui. Cet évènement arrivé à Bologne en 1796, fut une grande douleur pour l'Évêque.

COMTE, était né à Grasse le 4 mai 1766, fils de François Comte, marchand, et de Marie Isnard. Monseigneur de PRUNIÈRE se l'était attaché au sortir du grand-séminaire, comme secrétaire particulier, et secrétaire de l'évêché. Esprit vif, intelligent, ouvert, ayant une puissance de travail peu commune, il accomplissait ces fonctions avec une telle distinction que l'Évêque faisait son éloge en toutes circonstances.

Il suivit Monseigneur de PRUNIÈRE à Nice, à Carignan,

à Bologne, et il ne le quitta ni jour ni nuit, cherchant, par tous les moyens en son pouvoir, à adoucir les souffrances de son exil. C'est lui qui était allé mendier quelques couvertures à l'archevêque de Bologne, pour couvrir les membres engourdis de ce noble vieillard.

En 1797, il rentra avec lui à Marseille où il reçut un permis de célébrer, signé *Rémusat, vicaire-général, le 15 juillet,* mais à cause de la recrudescence de la persécution, son Évêque ne voulut pas qu'il restât en France, et il lui ordonna de reprendre le chemin de l'exil. M. Comte obéit, quoique à regret, mais consolé de savoir son protecteur et son père entre les mains d'un vieil ami qui le soignerait comme un frère. Il le laissa donc à St-Barnabé, près de Marseille, et retourna en Italie par le premier bateau de passage. Il se rendit à Naples, puis vint à Pise, où il trouva quelques uns de ses compatriotes, et il attendait avec impatience le moment de rentrer en France, lorsqu'il fut frappé par une attaque d'apoplexie foudroyante, le 8 janvier 1799, à la plénitude de ses forces. Il avait à peine 33 ans. Son corps fut inhumé dans le *Campo-Santo* de Pise, par les soins de la vénérable compagnie de la Miséricorde.

PROFESSEURS DU GRAND SÉMINAIRE

CARLAVAN Claude, né à Opio, le 26 décembre 1764, prêta le serment de civisme le 14 juillet, avec la clause *de ne soutenir la Constitution qu'autant qu'elle serait juste.* On s'alarma de cette réserve, quoique la constitution civile ne fut pas encore promulguée, et il fut dénoncé au procureur du roi, et suspendu provisoirement de ses droits de citoyen. Il émigra à Rome où il devint secrétaire du Cardinal MATTEI et ensuite à Pise, où il obtint le bonnet de docteur de l'université.

Au concordat, un instant curé de Cannes, il préféra le vicariat de Grasse. Ses rares mérites comme orateur et ses vertus sacerdotales l'appelèrent, en 1811, à la cure de St-Maximin où il mourut le 11 juin 1819. Il avait une physionomie agréable, et une voix merveilleuse.

⊟*⊟

VENTRIN SÉBASTIEN, né à Antibes le 21 décembre 1748, fils de Jacques Ventrin, aubergiste, et d'Anne Pugnaire. Ordonné prêtre par Monseigneur de PRUNIÈRE, il fut nommé vicaire dans son pays natal, puis professeur de philosophie au grand-séminaire de Grasse, et enfin professeur de dogme. En 1791 il prit le chemin de l'exil, mais ayant fait la rencontre d'un général français, son compatriote, AUBERNON, qui le chargea de l'éducation de son fils, il suivit pendant quelque temps l'armée française, portant l'habit militaire. (Son élève fut plus tard préfet de Versaille, sous Louis-Philippe).

A son retour en France, il fut demandé comme vicaire par M. du ROURET curé d'Antibes, puis il accepta la direction du collège communal, qu'un de ses parents, maire de la ville venait de fonder. Il s'entoura de professeurs distingués, fit prospérer la maison, reçut des félicitations de la mairie, le 16 mars 1806, et mourut le 28 février 1831, à l'âge de 82 ans.

⊟*⊟

CAUSSE PAUL, naquit à Biot, en 1764, d'une famille riche et distinguée du pays. Après s'être déguisé en berger, pendant quelque temps, pour échaper aux poursuites de ses ennemis, il émigra en Italie, et au rétablissement du culte il fut nommé curé de Biot, où il est mort le 21 mai 1845, âgé de 81 ans, avec la réputation d'une grande sainteté et d'une vaste intelligence.

CHANOINES

CHÉRY Marc, chanoine, accompagna son Evêque, dans l'exil en 1791. Il se fixa à Nice avec lui, mais quelque temps après il partit pour Coni où il mourut, le 29 septembre 1793. Il jouissait d'une pension de l'état de 1236 livres avant son émigration. Il préféra l'exil et la pauvreté.

ALBANELLY François, chanoine, était né à Grasse le 25 octobre 1748, fils de Raphaël Albanelly, avocat à la cour et de Anne Luce. Il alla rejoindre son Evêque à Nice le 20 juin 1792, et il le suivit à Carignan et à Bologne. En 1797 il rentra en France avec Monseigneur de Prunière et de Toulon il se rendit dans sa ville natale avec le titre *d'Administrateur du Diocèse*, que lui conféra son Evêque. Tous les actes de baptêmes, signés par lui dans nos registres portent cette qualification.

Ce titre n'enlevait rien aux pouvoirs de M. Méro, qui continuait à signer *vicaire général du Diocèse*, et cela n'amena entr'eux aucune rivalité : Ils étaient si humbles et si charitables l'un et l'autre ! Ils ne surent rivaliser que par leur zèle à faire le bien. « *Son retour, comme sa présence*, écrivait le maire au préfet du Var en 1805, en parlant de M. Albanelly, *n'a jamais provoqué aucun trouble*. Il mourut saintement dans sa maison paternelle, à côté de l'ancien séminaire, le 19 février 1813. *(maison Sarrazin)*

PUGNAIRE François, refusa de prêter serment, mais ne partit pas pour l'exil, à cause de sa vieillesse. et mourut tranquillement à Grasse le 9 février 1793, sans être inquiété.

BRUÉRY JOSEPH, chanoine promoteur, né à Grasse le 25 novembre 1740, mourut le 24 novembre 1799 à Gorith, en Autriche, où il s'était réfugié.

Les autres Chanoines ne quittèrent pas la Paroisse.

PRÊTRES DE GRASSE

GEOFFROY DU ROURET, fils de César Geoffroy, seigneur du Rouret et de Anne de Villeneuve-Bargemont, était né le 24 avril 1749. Il fut nommé, jeune encore, chanoine de la cathédrale d'Aix, puis vicaire général de Monseigneur de PRUNIÈRE. — Nous trouvons ce titre dans une pièce officielle du 14 janvier 1782 : Monseigneur de PRUNIÈRE allait bénir la chapelle de Ste-Lorette. *accompagné,* dit le rapport, *par Messire du Rouret, notre vicaire général.* — Il avait alors 33 ans.

Etait-il vicaire général honoraire ou titulaire ? Je n'ai pas pu être fixé sur ce point. En tous cas, il n'était plus vicaire général titulaire en 1789. Je n'ai trouvé aucun détail sur sa vie avant cette époque.

En 1791 il part pour l'exil. Où se réfugia-t-il ? à qu'elle époque est-il rentré en France ? Obscurité complète. Nous le trouvons seulement en 1802, dans les salons de Monseigneur de CISSEY, archevêque d'Aix, de qui dépendait l'ancien évêché de Grasse. Il vient demander à son Evêque un poste de travail . — Il avait 52 ans seulement — Monseigneur de CISSEY fut émue de tant d'humilité chez un prêtre aussi distingué, qui revenait de l'exil et qui aurait pu se reposer tranquillement dans sa famille. Il lui offrit un canonicat dans sa métropole. *Ce n'est pas ce que je désire,* lui répondit l'humble prêtre, *je veux consacrer les forces qui me restent à évangéliser la plus petite paroisse de mon ancien diocèse, et réparer un peu, si c'est possible, les ruines faites par la Révolution. Eh bien ! Allez à Antibes,* lui dit le saint prélat, *c'est un champ digne de votre zèle.*

M. du ROURET se rendit aussitôt dans le poste qui lui était assigné. Il trouva un terrain bien dévasté : L'homme ennemi, selon la parole de l'évangile, avait semé l'ivraie partout. *L'Abbé* ARDISSON, continuait le schisme constitutionnel, qu'il avait entretenu pendant tout le temps de la Révolution. « *Il faut sévir,* disait-on de toute part au nouveau curé, *demandez à l'Archevêque qu'il porte l'interdit contre lui, et défendez aux fidèles d'assister à ses cérémonies religieuses.*

Laissez faire; laissez faire, répondait notre prudent et saint curé, *cela finira tout seul, vous verrez bientôt le peuple abandonner ce révolté et revenir à nous.* En effet quelques mois après M. ARDISSON fut obligé de se retirer à Cannes, son pays natal, où il mourut en 1804.

M. du ROURET avait été formé à l'école des privations, pendant son exil, et il voulut continuer à vivre dans la pauvreté et la mortification, au milieu de ses paroissiens :

Rien de plus modeste, que sa demeure, rien de plus pauvre que son mobilier : sa chambre ne contenait qu'un lit en fer et quelques vieux meubles, son salon, une table de bois blanc et des chaises de paille, et rien ne fut changé dans ce modeste ameublement, pendant les 33 ans qu'il vécut à Antibes.

Affable pour tous, mais surtout pour les pauvres, et généreux jusqu'a la prodigualité, il fut le père de cette grande famille. Ses paroissiens l'aimaient et l'entouraient d'une très grande vénération. Mais plus ces témoignages d'estime étaient universels, plus il s'en croyait indigne. Il n'avait qu'un seul désir, celui d'avancer chaque jour d'avantage, dans le chemin de la perfection.

Il eut pour vicaires MM. VENTRIN, MERLE, MARCY et CAVALIER, dont le zèle seconda activement ses projets.

Le maire d'Antibes était le frère de M. VENTRIN. Il lui prêta un concours dévoué et efficace pour les réparations de l'église paroissiale, pendant qu'on faisait les offices dans la chapelle de Ste-Claire.

En 1808 il fit prêcher une mission qui lui procura de grandes consolations. La paroisse se rendit en foule aux prédications du P. MAILLAGUET et du P. PARET, et la communion fut presque générale.

On raconte que, le soir d'une cérémonie un peu longue, une pieuse demoiselle, *Marie Giraud*, s'étant endormie sur sa chaise, n'entendit pas la voix du sacristain qui fermait les portes de l'église. Au milieu de la nuit elle s'éveille en sursaut, et elle aperçoit un vieillard portant une longue barbe grise, tenant son chapeau à la main, et priant tout haut sur le seuil du sanctuaire : *Pardon, mon Dieu*, disait il avec une voix émue, *Pardon du sacrilège que je vais commettre... mes enfants n'ont plus de pain, et je ne puis pas leur en gagner* ... Et réunissant tout son courage il se précipite sur les troncs qu'il enfonce et qu'il vide, puis, comme s'il était poursuivi par un être invisible, il quitte furtivement l'Église sans se retourner vers le sanctuaire.

Dès le matin, *Marie Giraud* va avertir M. le Curé. Celui-ci appelle le voleur, lui fait avouer son crime, l'oblige à restituer le fruit de son larcin, et après qu'il a demandé pardon à Dieu, le saint prêtre lui donne une somme double de celle qu'il avait volée, pour subvenir aux besoins de sa famille.

Monseigneur de CISSEY, voulut plusieurs fois attirer M. du ROURET à Aix, auprès de lui, mais le Pasteur ne consentit jamais à quitter les ouailles que le bon Maître lui avait confiées.

Monseigneur de RICHERY, évêque de Fréjus, en 1821, lui demanda aussi de venir l'aider de ses conseils pour l'administration du Diocèse. *Laissez-moi mourir au milieu de ma famille*, lui répondit le saint curé.

Une circonstance bien touchante vint lui procurer une grande consolation, sur la fin de sa vie. Monseigneur de RICHERY étant venu à Antibes pour donner le Sacrement de Confirmation pria le curé d'inviter à la cérémonie son frère, le vicaire de Grasse. — Son amitié voulait lui offrir une agréable surprise. — Aussitôt après la confirmation le prélat entonna de nouveau le *Veni Creator*. Chacun s'étonne, on croit à une distraction, mais l'hymne s'achève et l'Évêque se retournant vers son peuple, fait l'éloge de M. CÉSAR DU ROURET, et solennellement il le proclame *Chanoine de sa Cathédrale*. On apporte aussitôt un rochet et un camail, qu'il avait fait préparer d'avance, et il revet les épaules du vicaire de ces insignes d'honneur. Ce fut une grande joie pour toute l'assistance, mais surtout pour le bon curé d'Antibes.

M. du ROURET mourut le 15 juin 1835, âgé de 86 ans. De toute part on accourut pour assister à ses funérailles ; chacun voulait voir, une fois encore, le visage vénéré du saint prêtre, avant que la pierre tumulaire le ravit à leurs yeux.

Nous n'avons aucun détail sur sa mort, mais sans doute, elle fut aussi douce et aussi précieuse devant le Seigneur que sa vie avait été sainte et fervente.

GEOFFROY DU ROURET César Joseph, frère du précédent, naquit le 16 novembre 1750. Il eut pour parrain Durand de Sartoux, *Chevalier de Saint-Jean de Jérusalem* et pour marraine *noble dame Rossoline de Bargemon, marquise d'Aiglun.*

Dès ses premières années son âme ardente se passionna pour la vertu aussi bien que pour l'étude. A peine avait il reçu l'onction sacerdotale il fut nommé chanoine de la *Collégiale de Draguignan,* mais la Révolution vint le chasser de cette douce retraite, et il prit le chemin de l'exil. Reconnu aux frontières de la France il fut renvoyé à Grasse par ordre de l'autorité militaire. *Il refusa de prêter serment, il fut emprisonné, on ne sait pour quelle cause, et sans la chute de Robespierre, l'intrépide chanoine, eut peut-être payé de sa tête, la noblesse de son nom et sa fidélité à l'Église.* On lui rendit la liberté et il se réfugia dans sa famille ou il put rester jusqu'à la fin de la Révolution sans avoir trop à souffrir.

Au rétablissement du culte, il fut nommé vicaire à *Grasse* (Mars 1802) et pendant 43 ans, il a rempli cet humble ministère avec une piété et un zèle admirables. Son nom parait a toutes les pages de nos actes de catholicité, et jusqu'a l'extrême vieillesse, alors que sa main tremblait et que son écriture etait presque illisible, il rédigeait lui-même tous les actes des baptêmes qu'il faisait. Il mourut à l'âge de 95 ans.

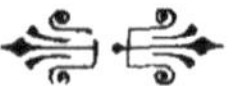

DE CARPILLET Paul, était né à Grasse, le 12 décembre 1732, fils d'*Honoré de Carpillet,* homme de loi, et de *Marguerite Merle.* Tout jeune encore, prévenu par la grâce de Dieu, ses pieux parents reconnurent en lui un goût très prononcé pour la piété, et ils confièrent son éducation aux enfants de *Saint-Philippe de Néry* et du *Cardinal de Bérulle*. Aussi il s'éleva rapidement aux premiers degrès de la perfection, en même temps qu'il faisait de sensibles progrès dans les belles lettres et dans les sciences. Son cœur, incliné à la pratique de toutes les vertus, se passionna surtout pour les œuvres de charité. Il visitait les malades et employait à les secourir tout l'argent dont il pouvait disposer.

Elevé au sacerdoce il fut nommé *Chanoine d'Angers* et peu après *Vicaire général de l'Evêché de Grasse*, mais il ne quitta point son pays natal, et il se prêtait volontiers à tout ce qui pouvait être utile au bien de la paroisse : l'Evêque utilisait son zèle pour la prédication et Dieu bénissait sa parole uniquement dirigée vers le grand but de la sanctification des âmes.

Quand la Révolution éclata, il ne voulait y croire et il restait paisiblement dans sa maison. Un jour on vient l'avertir qu'on va le saisir. Il suit le conseil du maitre : *Si l'on vous poursuit dans une ville allez dans une autre*, et il s'expatrie.

Il se réfugia à *Pise* où il vécut dans la retraite et l'obscurité. se préparant pieusement à la mort, qui ne tarda pas à venir le rencontrer sans le surprendre.

Voici son acte de décès copié sur les registres de la paroisse de *Pise* : *Mort de Messire Paul de Carpillet, prêtre natif de Grasse, en Provence, Vicaire Général de l'Évêque de Grasse et chanoine honoraire d'Angers, le 14 janvier 1798, âgé de 80 ans, demeurant à Pise, a reçu tous les sacrements et est mort dans le sein de l'Eglise.*

BONAFOND Henri Joseph, naquit à Grasse, le 27 août 1762. Son père *François Bonafond,* était à la tête d'une très importante maison de tannerie, et sa mère, *Thérèse Dozol*, était la femme forte dont parle l'évangile, *plus précieuse que les perles qui viennent des extrémités du monde. Le cœur de son mari mettait toute sa confiance en elle. Levée avant le jour, elle partageait le travail et la nourriture à ses domestiques. Elle ouvrait sa main à l'indigent, et la loi de clémence était toujours sur ses lèvres. Ses enfants l'ont proclamée bienheureuse, et ses propres œuvres la louent dans l'assemblée des juges.*

Une telle mère ne pouvait avoir que des saints pour enfants: Nous avons vu ailleurs la piété et le dévouement pour l'église et les prêtres de *Mademoiselle Bonafond.* Le jeune *Henri Joseph* ne fut pas moins admirable. *Il fut envoyé à Marseille pour faire ses études chez les Pères du Sacré Cœur. Doué du plus heureux naturel, d'une délicatesse de conscience qui s'alarme des moindres fautes, d'une grande charité pour les pauvres, il montrait en même temps un grand amour pour les cérémonies de l'église, ce qui est une marque d'une vocation sérieuse, et ses parents loin de contrarier cet attrait, voulurent le favoriser, en confiant son éducation à des religieux fervents.*

Sa physiononomie expressive, ses yeux pleins de douceur disaient l'âme très pure qu'il portait dans son corps et sa nature expansive exerçait une espèce d'attraction sur ses condiciples, qui l'entouraient de leur sympathie. Aussi il devint bientôt l'ami de tous ses camarades, mais plus particulièrement et plus intimement du jeune Guigou *qui fut plus tard, Vicaire Général d'* **Aix** *et Évêque d'* **Angoulême**. *Ces deux âmes s'étaient comprises et* *elles s'étaient voué une amitié éternelle. Souvent ils se rencontraient au pied des saints autels, et ensemble ils furent admis à la première Communion.*

Comment dire les émotions et les transports intimes de ces cœurs si purs, lors de la première visite de Jésus-Hostie à leur âme. Dieu sembla. en ce jour, les marquer de son sceau, pour être ses prêtres dans la tourmente révolutionnaire.

Les études du jeune Henri se continuèrent à Marseille sans aucun incident. Il avait beaucoup d'aptitude pour les sciences et il eut des succès merveilleux dans tout le cours de ses études. Dans cette âme ardente la passion du savoir était aussi vive que la piété. Enfant privilégié de la Providence, il avait été comblé par elle de tous les dons.

Quand les vacances le ramenaient sous le toit paternel il employait la plus grande partie de son temps à prier et à étudier En 1782 il suivit les cours publics de philosophie au Grand Séminaire de Grasse, et l'année d'après il rentra en théologie. Jamais séminariste ne réunit mieux ces trois perfections de l'aspirant au sacerdoce: piété, discipline et science. *Dans sa personne apparaissait la gravité la réserve et l'esprit de foi tant recommandés au Concile de Trente. Il reçut la prêtrise en 1788.*

A ce moment, comme l'avenir était sombre ! Bientôt après, la paix religieuse fut troublée par le vote de la trop fameuse Constitution civile du Clergé. Les Séminaires se ferment, les prêtres se dispersent. Le jeune Bonafond refusa de prêter serment et dut songer à prendre le chemin de l'exil.

Doué d'une forte constitution et d'une taille élancée il

franchit à pied les montagnes des Alpes et arriva en Savoie où il devint aumonier dans un régiment du Marquisat de SALUCE.

Par sa bonté affectueuse, par son intrépidité d'apôtre il eut vite fait de se concilier tous les cœurs des soldats. Il eut cependant à souffrir quelques railleries et quelques médisances à cause de son dévouement. Quand on fait un peu de bien il y a toujours un peu de peine, mais cela ne décourage pas les âmes fortement trempées, comme celle de l'abbé BONAFOND. Il s'étudia à relever ceux qui tombaient, à raffermir ceux qui chancellaient et surtout à encourager par son exemple ceux qui étaient restés fidèles.

En 1797 il crut apercevoir les nuages s'éclaircir sur le ciel de sa chère patrie, et aussitôt considérant combien étaient peu nombreux les ouvriers évangéliques et combien était dévasté l'héritage du Seigneur, il revient en toute hâte au pays natal. Il se met à l'œuvre sous la conduite de M. MÉRO, pour faire revivre dans cette terre en friche et désolée les habitudes de la vie chrétienne.

Il s'installa à la Roquette avec pleins pouvoirs du Grand-Vicaire, et de là il rayonna chaque jour dans les pays voisins pour baptiser les enfants, administrer les malades, entendre les confessions et convertir les pêcheurs. Quand la persécution sévissait plus vivement il se déguisait en berger, en mendiant, en ouvrier et même en gendarme, à cause de sa haute taille et de son air militaire, et il s'introduisait ainsi dans toutes les maisons. On l'espionna, on le guetta, mais il n'hésita pas à pénétrer, même en plein jour, dans les maisons des patriotes les plus déclarés, pour visiter et confesser les malades en danger de mort.

Partout où l'on avait besoin d'un apôtre, il accourait, et il reçut même la visite de plusieurs prêtres jureurs qui eurent recours à ses bons offices pour faire leur rétractation.

Au rétablissement du culte il fut chargé par Monseigneur de CISSEY, Archevêque d'Aix, de qui dépendait l'évêché de Grasse, de continuer à la *Roquette* son ministère de dévouement, puis il fut désigné pour le vicariat de la Cathédrale où il exerça son zèle jusqu'en 1808. Ensuite il fut nommé successivement curé de *Montauroux,* chargé du service de *Peymeinade* et du *Tignet* et enfin curé-doyen de *Saint-Vallier.* En 1824, fatigué par l'âge et les travaux, il se retira à Grasse, dans sa maison paternelle, avenue Sainte-Lorette, où il mourut le 6 janvier 1842, âgé de 82 ans. Sa mort fut aussi sainte que sa vie.

IMBERT FRANÇOIS, Aumonier de la Charité. excerça son ministère dans l'hôpital jusqu'à la fin de 1792. Il était né à Grasse de parents riches, avant tout, d'honneur et de vertu. Sa piété simple, ses mœurs pures, son amour de l'étude étaient remarqués de tous. Trés estimé des pauvres et des malades, il pût continuer, malgré son refus de prêter serment, à donner les soins de son ministère à tous ceux qui en avaient besoin. Il visitait chaque jour tous les hôpitaux, il s'introduisait même dans les prisons pour consoler les détenus. Tant de zèle éveillèrent les soupçons des révolutionnaires. On le dénonça au Club et on décida son arrestation. Au milieu de la nuit, un ami de la maison qui avait eu connaissance de cette décision, vint frapper à sa porte. *Partez tout de suite,* lui dit-il, *demain vous seriez arrêté.*

M. IMBERT fait immédiatement quelques préparatifs et part pour sa campagne. Le fermier est réveillé, on prépare un mulet, et à l'aide d'un déguisement; il se rend à la frontière, d'où il renvoie le fermier et la monture. M. IMBERT se réfugia à *Rimini*, où il mourut en 1798.

M. MÉRO, secrétaire de Monseigneur PISANI de Vence, qui se trouvait en ce temps là à *Rimini*, assista à sa mort et eut la consolation de lui administrer les derniers sacrements A son retour en France, il rapporta à la famille IMBERT, son baton, un peu de mobilier et une somme de 700 fr. que lui avait confiée le noble exilé.

NIEL HENRI JOSEPH, chapelain de *l'hôpital Saint-Jacques* resta fidèle à son poste jusqu'en 1792. Il refusa de prêter serment mais ne quitta pas son pays et il continua, pendant toute la Révolution. à porter son ministère à tous ceux qui en avaient besoin.

Jusqu'en mars 1798, époque de sa mort, il évangélisa toute la campagne de Grasse. La nuit même, il allait souvent offrir le saint sacrifice dans une maison ou dans une autre, surtout lorsqu'il y avait un malade qui désirait recevoir le saint-viatique. Après sa mort son corps fut inhumé dans la campagne qu'il habitait, mais plus tard il fut transporté dans le cimetière de la ville où il reçut la sépulture écclésiastique, le 4 novembre 1820.

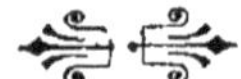

ICART JOSEPH, naquit à *Mougins*; le 17 janvier 1761. A peine ordonné prêtre il fut nommé vicaire à *Cabris*. Il prêta serment avec cette restriction : *En tant que l'Eglise l'approuvera.* Obligé de s'exiler, il émigra en Italie, et ne revint en France qu'au rétablissement du culte. Il fut nommé *vicaire à Grasse en 1802* où il exerça le ministère jusqu'en 1832, puis se retira dans sa maison de la rue Tracastel où il mourut, le 30 janvier 1842, âgé de 82 ans.

BARRÊME JEAN-BAPTISTE, naquit à *Valbonne* le 24 mars 1848. Il était vicaire à *St-Césaire* au moment où éclata la Révolution. Ayant refusé de prêter serment, il ne put se soustraire aux recherches des fédérés qu'en restant caché dans un réduit obscur et sale où ses parents lui apportaient chaque jour quelque nourriture. En 1792 il émigra en Italie et il se fixa à Rome jusqu'en 1798, époque où nous retrouvons son nom dans les registres de catholicité de la paroisse de Grasse. Sa mémoire est en vénération à *St-Césaire* et à *Valbonne*. On chante encore dans son pays natal les cantiques qu'il composa en l'honneur de St-Blaise et de St-Roch patrons de cette paroisse. Il rapporta de Rome une mule du Pape que l'on conserve avec respect et plusieurs reliques précieuses qui sont vénérées dans l'Église paroissiale.

FÉRAUD, naquit à Grasse vers 1720. Il émigra en Italie mais il rentra en France en 1794 ou 95. La plupart de nos prêtres, réfugiés à Nice, mais en relations continuelles avec leurs parents et sachant que les prêtres n'étaient point persécutés à Grasse retournèrent dans leur pays dès qu'ils purent le faire sans danger. M. FÉRAUD vint se fixer dans une campagne du quartier de St-Mathieu. Là il acheta quelques chèvres, qu'il soignait lui-même, et chaque jour il portait son lait à Grasse... *Au bon lait, au bon lait...* Il fut bientôt connu, et quand on entendait sa voix, s'il y avait dans la maison un malade à visiter, un nouveau né à baptiser. un mariage à bénir, on le priait de monter, et il accomplissait la mission dangereuse, mais bien douce à son cœur, dont il avait reçu les pouvoirs de M. Méro, *vic.gén*

Au rétablissement du culte, il fut nommé curé du *Bar*. Un jour, pendant qu'il allait administrer un pauvre malade, il glissa dans la rue, et mourut quelques jours après avec l'auréole de l'âge et de la sainteté. *(Il avait plus de 80 ans)*

⊟✱⊟

CRESP Gaspard, était né à *Grasse* le 14 janvier 1720. Déjà bien âgé lorsque la révolution éclata. il fut saisi d'une tristesse immense : Il ne voulait point prêter serment, et il redoutait l'exil. Il essaya de se cacher dans une maison de campagne ; mais bientôt il rougit de sa faiblesse, prit courageusement le bâton de l'exilé et partit pour l'Italie. Il s'arrêta à *Rimini*, où il mourut le 16 décembre 1796.

⊟✱⊟

CAVALIER Joseph, naquit à *Cabris*. Il était chapelain de *N.-D. de Valcluse*, au moment où la Révolution ferma cette chapelle. Il refusa de prêter serment, émigra en Italie, et, au rétablissement du culte, fut nommé recteur au *Cannet*. Il y mourut le 23 septembre 1827.

PILAR Joseph Michel. Deux prêtres du même nom et du même prénom vivaient en ce moment à Grasse. L'un suivit l'Évêque en exil et rentra en 1794 dans sa famille où il mourut en 1803, âgé de 83 ans. L'autre, son neveu. fut nommé curé de *Saint-Vallier* en 1802. Puis supérieur du petit-séminaire en 1813 et mourut en 1815, âgé de 62 ans.

De petite taille, au front large, au caractére droit, à la conscience inflexible, il donna un grand éclat à cette maison diocésaine, mais il ne vécut pas asssez pour voir la complète réalisation de toutes ses réformes.

MURET François, naquit à *Grasse* le 3 Janvier 1748. Ses parents, de condition modeste, se distinguaient par leur vertu. Intelligent, travailleur et sérieux, le jeune François, eut des succès rapides dans ses classes. Dès le jour de sa première communion il montra une ferveur qui ne se démentit jamais. Après avoir terminé, avec beaucoup d'éclat, ses études au collège de l'Oratoire, il rentra au grand-séminaire. A l'étude sacrée de l'écriture sainte et de la théologie il joignit la méditation des saints mystères, et les rigueurs de la pénitence.

Plus tard, élevé aux saints ordres, il fut le modèle des prêtres du Diocèse. La Révolution le trouva aumonier des religieuses de la Visitation. Il refusa de prêter serment et partit pour l'exil. Mais, aussitot après la chute de Robespierre, dès qu'une lueur de calme apparut sur la France, il retourna dans son pays. Le Diocèse avait bien changé de face, la ville épiscopale surtout avait poussé un cri de détresse bien capable d'émouvoir une âme sensible comme celle du saint prêtre : La guillotine avait été en permanence sur nos places, pendant près de deux ans.

M. Muret se mit à l'œuvre avec courage, et il le fit avec tant de prudence et de bonheur qu'il put visiter chaque jour les malades dans les hopitaux, sans en être empêché. Il fut nommé aumonier général des hospices de Grasse, par acte du 29 décembre 1789, avant qu'aucun autre prêtre insermenté n'eut été accepté dans des fonctions publiques.

Il conserva cet emploi jusqu'à sa mort qui arriva le 18 mars 1818, à l'âge de 70 ans. Il habitait la maison qui se trouve sur la place Saint Martin, derrière le vieux séminaire

PAGAN JEAN HENRI MARIE, naquit à *Grasse* le 11 septembre 1768. D'une famille modeste mais profondément religieuse, il suça avec le lait la piété maternelle. Dès ses premiers pas dans la vie, il ouvrit son cœur à la vertu, en même temps que son intelligence à l'étude. Esprit ardent, intelligence ouverte, mémoire heureuse, il fut bientôt remarqué par ses professeurs, et il fit dans ses classes des progrès surprenants. En même temps, il montra une piété sérieuse, et une volonté énergique qui vint à bout de tout.

Dés ses plus tendres années, il avait donné des marques non équivoques de la sainte vocation à laquelle Dieu l'appelait. Sa modestie, sa douceur, sa charité lui gagnaient l'estime et l'amitié de tous les enfants de son âge. Souvent on le voyait répéter au milieu d'eux des sermons qu'il venait d'entendre et qu'il s'appropriait à merveille, à cause de sa mémoire heureuse et de son goût déjà bien marqué pour la prédication.

Il venait de recevoir le sous-diaconat, avec une piété de séraphin, lorsque les bruits sinistres de la Révolution se répandirent à Grasse.

Ne voulant pas souiller son âme par un serment schismatique, il partit pour Nice avec Monseigneur de PRUNIÈRE et bientôt après il alla à Rome où il espérait trouver un plus vaste aliment pour son zèle. L'Oratoire de *Saint-Philippe* s'offrit à lui, dans la ville éternelle, comme un asile sûr et un lieu protecteur. On lui confia quelques petits enfants du peuple, qu'il soigna avec la plus vive tendresse. Témoins de sa piété, de son esprit de sacrifice, et de sa tendre charité, les Oratoriens le présentèrent à l'ordination pour le sacerdoce. Quel bonheur pour lui le jour où il reçut l'onction sacerdotale ! Qu'elle joie, qu'elle allégresse pour son cœur de pouvoir chaque jour offrir la sainte victime !

Dès ce moment il ne pensa plus qu'à rentrer dans sa patrie pour venir consoler ses frères malheureux et relever quelques unes des ruines amoncelées dans son pays. Que de plaies à cicatriser ! Que de souffrances à soulager ! A cette époque si malheureuse pour l'église de France où les prêtres furent soumis à une si rude épreuve, il ne fallut rien moins que la pensée de ces ruines à relever et du bien à faire pour surmonter la crainte de la persécution qui l'attendait.

Il rentra en France vers 1796, et nous trouvons son nom dans les registres de 1797. Il se mit à l'œuvre immédiatement pour retourner cette terre inculte et la féconder de ses sueurs. Dès ce jour il ne quitta plus sa chère paroisse ; heureux de pouvoir se fixer là ou il y avait plus de périls à vaincre et plus de bien à faire.

Au rétablissement du culte il fut nommé vicaire à Grasse, et nous pouvons dire avec certitude qu'il fit un bien immense à ses concitoyens. Excellent prédicateur, sa parole saisissait et pénétrait profondément les âmes. Les foules arrivaient captivées au pied de la chaire, ou l'on vit se manifester un surprenant réveil de la Foi. Le feu sacré qui brulait son cœur, se communiquait à sa parole. Dieu bénissait et récompensait son zèle, les conversions étaient nombreuses. Il prêcha un grand nombre de missions : à *Saint-Auban en 1801*, à *Auribeau en 1805*, à *Castellane en 1807, où il reçut une lettre très élogieuse de Monseigneur* MIOLLIS *Évèque de Digne*, à *Cotignac en 1807*, à *Chateaudouble en 1809*, *etc*.

M. ARCHIER, curé de *Grasse*, ayant fait fondre de nouvelles cloches pour remplacer celles qui avaient été enlevées pendant la Révolution, en fit la benédiction solennelle le 10 octobre sur la place du Grand-Puy. M. PAGAN se donna beaucoup de peine pour l'organisation de cette cérémonie. Il prit une fluxion de poitrine, s'alita le lendemain, et après deux mois de souffrances supportées avec beaucoup de résignation, il s'endormit dans le Seigneur le 23 décembre, 1810 vers les 10 heures du matin.

MERCURIN LÉOPOLD, était né à *Grasse* en 1731. Il refusa de prêter serment et émigra à Nice, d'où il revint bientôt après, pour vivre à *Grasse*, dans le silence et l'obscurité, jusqu'à sa mort, arrivée le 4 février 1807.

LEMORE JEAN-JOSEPH, MERLE JEAN, JEAN HONORÉ, n'ont laissé aucun souvenir du lieu de leur émigration. LEMORE est mort à Grasse le 7 août 1835, et JEAN HONORÉ le 7 octobre 1825.

Cependant le VII fructidor an V (24 août 1797) les lois portées contre les prêtres émigrés furent abrogées sur la proposition de MURAIRE. Mais quelques jours après (18 fructidor, 4 septembre 1797) un coup d'état inatendu vint renverser ces bonnes dispositions : 42 membres du Conseil des Cinq Cents et onze membres du Conseil des Anciens furent condamnés à la déportation. Les prêtres furent de nouveau traqués partout et livrés aux Commissions Militaires qui procédaient à des exécutions sommaires. Ce fut le temps le plus mauvais pour la France : jamais la terreur n'avait eu autant d'audace.

Par le décret du 18 fructidor, dit TAINE, *non seulement toutes les lois de la terreur contre les prêtres insermentés, leurs receleurs et leurs fidèles, ont été remises en vigueur, mais encore le Directoire s'est attribué le droit de déporter tout ecclésiastique qui trouble la tranquilité publique, c'est-à-dire, exerce son ministère et prêche la foi, et de plus, de fusiller dans les 24 heures tout prêtre qui, banni par les lois, est rentré ou resté en France.*

Si ce décret eut reçu *à Grasse* sa pleine exécution, que de victimes ne compterait-on pas parmi nos compatriotes ! Les prêtres y étaient si nombreux !.. Mais les autorités étaient bienveillantes ! aucun d'eux ne fut arrêté.

*

Nous avons eu cependant deux prêtres martyrs. Recueillons pieusement leur souvenir :

L'ABBÉ OLIVIER, *Curé d'Opio*, avait prêté serment, le 14 juillet 1790, avec une restriction, qui garantissait son ministère .

Le Directoire du district de Grasse ne voulut pas accepter ce serment, et dénonça le saint prêtre au Procureur du Roi, à Grasse, comme séditieux et perturbateur du repos public. On le suspendit de ses fonctions.

M. OLIVIER ne put se résoudre à abandonner sa paroisse. Il se réfugia à Grasse où un fervent catholique lui donna retraite dans son jardin. De là son zèle se multipliait sur tous les pays environnants. Il ne se dissimulait pas le danger, et il plaisantait même quelquefois sur le genre de mort qui lui était réservée. Mis en prison il sut encourager par ses paroles et par son exemple tous ses compagnons de détention. Comme le *P. Honorati à Toulon* il disait aux plus jeunes: *Avec moi, mes enfants, sanglottez et pleurez. A votre âge la vie vaut la peine qu'on la regrette ; mais demain en allant à l'échafaud, levez la tête, regardez le ciel ; le courage d'un chrétien humilie et courbe le front des bourreaux.* Il reçut la rétractation de plusieurs prêtres : on nous a conservé celle de M. Mus qui est un modèle de soumission, et qui est signée par MM. Sales, Lecoq, Garrigues et Girma, détenus dans la même prison que lui et délivrés, peu de temps après, par M. Gonnelle.

Pourquoi M. Olivier n'a-t-il pas pu profiter de cette bonne fortune ? Nous n'en savons rien. Dieu le voulait martyr et à cause de sa liberté de parole et de son énergie il était probablement gardé avec plus de soin que les autres prisonniers.

Plus tard ses infirmités le firent transférer dans un hopital de la ville qu'il transforma en sanctuaire. Les fidèles y venaient, de tout côté, recourir à son ministère. Quand sa santé fut un peu rétablie, on crut pouvoir l'envoyer *à Toulon*, où siégeaient les *Commissions Militaires* qui avaient remplacé le *Tribunal Révolutionnaire*. Mais affaibli par sa longue détention il ne put supporter les fatigues du voyage et on fut contraint de le déposer en route, dans un hopital, où il mourut. Il nous a été impossible d'obtenir des détails sur ses derniers moments, ni sur le lieu de sa mort. (1796)

SICARD Pierre, *né à Vallauris* en 1758, ordonné prêtre le 25 mai 1782 par Monseigneur de Prunière, était chanoine de la *Collégiale de Saint-Paul,* au moment de la Révolution. Il avait prêté un serment restrictif à la Constitution civile du Clergé, et se sentant atteint par la loi de déportation, il émigra à *Nice,* puis à *Bologne* et à *Camerino* dans les états du Pape. L'Archevêque de CAMERINO lui confia le soin d'une paroisse rurale. Revenu en France à la fin d'août 1785 il reçut à *Marseille* les pouvoirs pour administrer la petite paroisse de *Bonne-Veine* mais il crut devoir renoncer à ce poste pour se rapprocher de son Diocèse : il se retira d'abord à *Vallauris* ou il rendit son ministère très utile à l'Eglise, mais comme il était connu et surveillé dans son pays natal, il vint se fixer dans la campagne de *Grasse,* au *quartier de Saint-Jean.*

Là, vêtu comme un paysan, aidé d'une vieille domestique, il exploitait, de son mieux, la terre qui lui avait été confiée. Un jour de foire à Grasse — c'était la foire de St-André, en 1798 — il allait vendre, en ville, quelques uns des produits de sa terre. Des habitants de *Vallauris,* qui étaient venus à la foire, le reconnurent à la place de la Roque, et eurent la cruauté de l'injurier et même de le battre. Puis ils le dénoncèrent aux autorités, qui le mirent en prison. Conduit à *Toulon* et emprisonné au *Fort Lamalgue,* il reçut de l'un de ses confrères les consolations et les encouragements qui le soutinrent au moment du martyre. Il parait qu'on hésita à le condamner : le 9 ventose an VII (17 février 1799) le ministre de la police, mandait au Commissaire central de *Draguignan* : *J'écris au Général de la 6me division, pour lui demander compte des motifs qui ont fait sursoir au jugement de ce fanatique.* (Archives du Var)

Mais à cette date SICARD était déjà exécuté. Il avait subi son matyre le 13 février 1799. *Je pardonne de bon cœur,* écrivait-il, *à tous mes ennemis qui ont contribués à ma mort, principalement à ceux de* VALLAURIS *et de* GRASSE, *Je donne volontiers ma vie pour l'expiation de mes péchés, pour la gloire de Dieu et pour la paix de l'Eglise Je désire que mon sang apaise la colère du Tout Puissant et procure à la France cette paix si désirée et toutes sortes de prospérités... Que cette chair se réduise en poussière, elle le mérite pour donner à mon âme l'heureux avènement des saints... Du fond de mon cachot, les fers aux pieds mais libre en Jésus-Christ, je déclare mourir dans la religion Catholique Apostolique et Romaine. Je vais bientôt sceller de mon sang les vérités qu'elle enseigne. Amen.*

Honneur aux innocentes victimes dont le martyre a sauvé la France de la ruine complète !

Nous avons eu malheureusement à Grasse plusieurs exécutions de prêtres, de bourgeois et d'ouvriers.

Au *Clavecin* moururent quelques nobles victimes dont je ne puis taire le nom. Cette terre que nous foulons aux pieds avec indifférence a bu le sang des travailleurs morts pour la patrie : 10 ouvriers, 6 prêtres, 5 fonctionnaires, 4 bourgeois, 1 médecin, 1 avocat, 1 nègociant une religieuse et une jeune fille.

Ce sang a été la semence des vaillants soldats qui ont porté glorieusement le nom de la *France* dans toute l'Europe, comme le sang des martyrs fut la semence des chrétiens.

Disons un mot des prêtres et nous nommerons ensuite les autres victimes :

Le premiers est JACQUES MARS, chanoine théologal

et sacristain de la cathédrale de *Vence*. Né à *Vence* en 1725, il fut d'abord vicaire à *Cagnes*, puis curé du *Broc* pendant trente ans. Il refusa le serment et alla rejoindre son Evêque à *Nice* .

Quand cette ville tomba aux mains du *Général d'Antelme*, au lieu de fuir vers *Tende*, il prit le parti de revenir à Vence. *Il était vieux, presque aveugle, on le laisserait mourir en paix*, pensait-il. A peine arrivé à *Carros*, on se saisit de sa personne, on l'amena dans la prison de *Grasse*, où il fut déclaré innocent,après plusieurs mois de détention. Mais de vils dénonciateurs le firent porter sur une liste d'émigrés. Dénoncé pour ce crime, le saint prêtre parut de nouveau devant le tribunal de Grasse et fut condamné à porter sa tête sur l'échafaud. La sentence fut rendue à 11 heures et à 3 heures le couperet avait fait son œuvre.

Il est utile de lire le jugement pour se rendre compte de la procédure révolutionnaire.

Vu les décrets de la Convention Nationale des 26 avril et 28 mars 1793, art. 12 de la section I ; articles 76, 77 78, 79 de la section XII contre les émigrés.

Vu la réquisition du citoyen Vachier accusateur public,

Vu la dénonciation du dit accusateur contre Mars, coupable du crime d'émigré.

Vu la liste supplémentaire des émigrés du Var, sur laquelle Jacques Mars est compris comme émigré.

Ouï le prévenu et les déclarations des citoyens Pierre Martin et Jean-Baptiste Michel, de la commune de Vence qui ont constatés l'identité de la personne de J. Mars.

Ouï les conclusions de l'accusateur public.

A condamné et condamne le dit Jacques Mars à la peine de mort, ordonne qu'il sera livré à l'exécution des jugements criminels, pour être conduit sur la place des exécutions de cette commune et y avoir la tête tranchée ; Ordonne pareillement que ses biens seront confisqués au profit de la République.

Fait à Grasse le 26 frimaire an II, à 11 heures du matin en la salle d'audience du tribunal, où étaient présents les citoyens Lombard, président, Roubaud, Abbat, Spitalier juges, ainsi que les citoyens Amic et Féraud, commissaires de la municipalité, qui ont signé avec nous.

En montant les degrés de l'échafaud, ce saint vieillard s'écria : *Peuple de Grasse, priez pour moi.*

Un mois après, le 16 et le 17 janvier, deux autres prêtres François Joseph VILLE, *de Montélimar* et Jean Baptiste PERRAULT, *de Tournus*, étaient condamnés par le même tribunal, avec la même affectation de formes juridiques, et la même cruauté, inspirée par les Jacobins, Barras en tête, qui avaient à assouvir leur vengeance et leur impiété.

Tous deux âgés de trente ans environs. Tous deux fort intelligents et paisibles, n'ayant pris part à aucun mouvement révolutionnaire, tous deux n'étant portés sur aucune liste d'émigrés, quoique revenant d'Italie ; ils avaient été pris l'un à *Ramatuelle* près *Saint-Tropez*, et l'autre a *La Mole*, où ils s'étaient arrêtés, croyant que la Provence était en paix. Transportés aussitôt à *Grasse*, ils subirent un simulacre de jugement, et furent exécutés le même jour

Deux mois aprés Louis JONCQUIERE, ex capucin, fut aussi trainé devant le tribunal révolutionnaire de Grasse, le

28 Mars 1794, *pour avoir correspondu avec les fédéralistes de Toulon, et pour avoir fanatisé le peuple dans une procession qui fut faite à l'occasion du couronnement de la Vierge.* JONCQUIÈRE parait avoir été une des victimes les plus arbitrairement sacrifiées ; rien de plus sommaire que ce procès où pas un seul témoin ne fut entendu. Et, quoique ce malheureux prêtre eut prêté serment et fut curé constitutionnel à Bandol, nous espérons qu'il obtint son pardon, dans le ciel, par l'intercession de Celle, pour l'honneur de qui il subissait la mort.

VICTOR BUISSON, curé constitutionnel de *Néoules* fut incarcéré à Grasse. Il se défendit vivement disant qu'il avait toujours été bon patriote. Il parla même devant le tribunal contre le fanatisme des prêtres et contre l'aristocratie. Cela ne put pas le sauver. Condamné à mort le 24 mars 1794, il fut exécuté le lendemain à 11 heures du matin.

« *Enfin le 8 Décembre 1794 le tribunal révolutionnaire de Grasse condamnait à mort le dernier prêtre traîné à sa barre.* L'abbé THÉODORE RIVIÈRE, prêtre bénéficier de la cathédrale de *Mende*, âgé de 39 ans, avait prêté serment et il l'avoua dans son interrogatoire. Sans doute il en avait du regret puisqu'il cherchait à fuir à l'étranger, à la faveur d'un passeport et d'un certificat de civisme, qui lui permettaient d'aller rejoindre l'armée d'Italie. Mais étant rentré sur le territoire français après avoir quitté l'armée il fut traité en émigré, condamné et exécuté dans les 24 heures.

M. Laugier, Greffe de Draguignan.

Voici le nom des autres victimes condamnées par le tribunal révolutionnaire de Grasse, et exécutés au Clavecin.

10 ouvriers :

1 Antoine Ricard, maréchal-ferrant de Callian, 22 ans, 7 décembre.
2 Honoré Trabaud, cordonnier de Grasse, 8 décembre 1793.
3 Jacques Gautier, droguiste de Toulon, 36 ans, 17 janvier 1794.
4 André Barbégier, maréchal-ferrant à Fox Amphoux, 46 ans, 25 janvier.
5 Jean-Baptiste Aiquier, confiseur de Solliès, 32 ans, 1er février.
6 Jean Bonaventure Poncy, chapelier de Toulon, 25 ans, 11 février.
7 Jean-Baptiste Mottet, ménager de la Valette, 62 ans, 28 mars.
8 Jean Barthélemy, tonnelier de Bandols, 49 ans, 29 mars.
9 Laurent Danion, jardinier de la Valette, 60 ans, 28 juillet.
10 Joseph Roux, laboureur de Solliès, 27 ans, 6 novembre.

Quatre fonctionnaires :

1 Alexandre Jordanis, ex-officier municipal, secrétaire de la comptabilité des fourrages à l'armée d'Italie, 25 ans, 24 janvier.
2 Honoré Claviers, procureur syndic du district de Brignoles, 58 ans, 5 février
3 Jacques Maurel, membre du directoire du district de Méounes, 40 ans. 5 février
4 Martin Siméon, membre du directoire du district de Correns, 40 ans, 5 février

Cinq bourgeois :

1 Blaise Berlier, ex-juge de paix de Draguignan, 64 ans, 7 décembre 93
2 Pierre Auguste Gontard, ex-juge de paix de Barjols, 45 ans, 18 janv. 94
3 Jacques de Cuers-Cogolin, capitaine de vaisseau à St-Tropez. 54 ans, 15 février
4 Jean Louis Béraud, propriétaire à Cuers, 67 ans, 6 avril.
5 Joseph Hauvel, ex-officier municipal à Solliès 44 ans, 1er février.

Un médecin :

Claude François Chibous, de Paris, officier de santé à Fox-Amphoux, 35 ans, 25 janvier.

Un avocat :

Jean François Digne, homme de loi à Draguignan, 71 ans, 11 avril.

Un négociant :

Jean Aurose, négociant a Ségoyer, Dauphiné, 57 ans 7 avril.

Une religieuse :

Sœur Blaise, Théodore de Pontevès, 71 ans, 20 janvier.

Une jeune fille :

Julie Hannequin, de Grenoble, 30 ans, 7 juin.

« *Temps de voleurs, de crimes et d'assassinats,* dit Louis VEUILLOT, où les petits et les faibles sont les plus exposés, mais où toutes les classes de la société doivent fournir leur contingent : *10 ouvriers, 6 prêtres, 5 bourgeois, 4 fonctionnaires, etc...* Nul n'est épargné... Que Dieu éloigne de notre pays de pareils malheurs.

Je remercie vivement M. le Chanoine BARTHÉLEMY dont l'extrême obligeance m'a fourni la majeure partie des détails contenus dans ces courtes biographies, sur les prêtres du diocèse de Grasse, pendant la Révolution.

Ses minutieuses recherches dans les archives paroissiales et communales des diocèses de Fréjus, de Toulon, de Grasse et de Vence, forment une mine abondante, qui fournira des documents précieux aux générations futures. Il est à désirer qu'elles ne soient pas perdues.

CHAPITRE IVme

ÉTAT DU CULTE A GRASSE

PENDANT LA RÉVOLUTION

Le droit de s'assembler publiquement, le libre exercice du Culte ne peuvent être interdits.
(DÉCLARATIONS DES DROITS DE L'HOMME)

Vous vous garderez bien de briser le lien sacré qui les unit à l'auteur de leur être. (ROBESPIERRE)

Dieu est aussi nécessaire aux Français que la liberté
(MIRABEAU)

Un peuple qui n'a pas la liberté du Culte sera bientôt sans liberté. (GRÉGOIRE)

La religion est la vie de la société sauf quelques jours de crise et de décadence honteuse. GUISOT)

L'Assemblée Constituante avait proclamé son attachement *à la religion Catholique, Apostolique et Romaine*, dans la séance du 13 avril 1790. Le lendemain elle déclarait que *dans l'état des dépenses publiques de chaque année, il était porté une somme suffisante pour fournir aux frais du culte.*

Les prêtres reçurent un salaire qui ne fut supprimé qu'après thermidor — deuxième jour des sans-culottides de l'an II — consacré, bientôt après, par la Constitution de l'an III, établissant les contributions volontaires pour l'entretien du culte.

L'Evêque reçut 15,000 fr et les deux curés de Grasse 3000 fr. chacun.

Un décret du 11 juillet établit l'organisation écclésiastique de la France.

La ville de Grasse fut divisée en deux paroisses, l'une avait son centre à la Cathédrale et l'autre aux Cordeliers.

On supprima Magagnosc et Plascassier. Mouans fut réunit à Mougins, Opio à Valbonne, Gourdon au Bar et Caussols à Cipières.

Le 14 septembre 1791, une nouvelle loi sur l'organisation des paroisses portait : *L'Église ci-devant paroissiale de Grasse, sous le titre de l'Assomption de la Sainte-Vierge, est seule conservée comme église paroissiale, et forme l'unique paroisse de Grasse.*

La maison ci-devant canoniale, et dépendances, qui était occupée par le sacristain, contigue à la dite église sera conservée pour le logement du Curé. (Actuellement maison Goby).

L'Église Ste-Hélène du Plan sera conservée comme succursale sous la dépendance du curé de la ville. Les églises des ci-devant Couvents des Capucins, Dominicains et Oratoriens sont conservées comme oratoires. Il est accordé au Curé 12 vicaires pour le service de la paroisse.

Tous ces décrets n'ont jamais eut leur effet complet dans notre ville.

Le 1er avril 1791, *(40 jours après la prestation de serment)* le Directoire départemental, siégeant à Toulon, écrivait au *Comité des affaires éclésiastiques de l'Assemblée Nationale*, que *l'Évêque de Grasse* continuait à exercer ses fonctions comme si son siège n'avait pas été supprimé, accordant les dispenses, forçant les curés à lui laisser faire les cèrémonies... Que trois vicaires avaient déjà rétracté leur serment... et qu'enfin on annonçait une insurrection générale pour la quinzaine de Pâques. *(Archives du Var)*

Ce rapport nous laisse entrevoir que la prestation de serment avait été faite par surprise et qu'un mouvement général de retour et de rétractation se laissait pressentir. M. Laugier.

Constatons, en passant, que notre vaillant Évêque ne se laissait pas intimider. Soutenu par un peuple fidèle, qu'il avait longtemps édifié par ses vertus, il résiste au *Directoire de Toulon,* il fléchit le *Directoire de Grasse* et il apaise la *Municipalité* qui ne cessait de réclamer le palais épiscopal, où elle voulait transporter ses bureaux et tenir ses séances.

Tout cédait à l'entraînement de sa parole et à la puissance de ses convictions. On lui avait signifié qu'il n'était plus Evêque : il écrit aussitôt à ses diocésains *que l'Eglise seule pouvait les soustraire à l'obéissance qu'ils lui devaient.*

On veut lui imposer la *Constitution civile du Clergé* : il fait un long mandement pour prouver que le *civil n'avait aucune autorité sur le spirituel.*

On veut le chasser de son palais épiscopal, acheté par la Municipalité, il y reste et brave toutes les colères des autorités. Il l'habitera trois mois encore, après qu'il eût été vendu, disputant pied à pied sa demeure, comme son autorité à ceux qui voulaient la lui enlever.

On lui défend enfin de faire les cérémonies religieuses : il force les curés à les lui laisser faire.

Sa cathédrale avait été livrée, malgré lui, aux prêtres assermentés : Il y retourne chaque jour et, souvent le Dimanche, il monte en chaire au milieu de son peuple étonné, mais content de le voir.

Il exhorte le peuple par sa parole, comme par son exemple, à résister aux doctrines nouvelles, et à se souvenir du salut de son âme. Le peuple l'acclamait toujours.

Si tous les Evêques de France avaient eu le même courage, ils auraient eu la population pour eux, et si tous les prêtres et le peuple avaient suivi leur Evêque, comme à Grasse, la révolution devenait impossible.

Le Directoire départemental. qui faisait respecter son autorité avec rigueur, n'osa pas urger contre ce vaillant défenseur de la foi et des intérêts religieux. Tout son courage consista à le dénoncer au *Comité des affaires ecclésiastiques de l'Assemblée Nationale*,qui n'osa lui-même prendre aucune mesure contre l'Evêque de Grasse, et le laissa tranquillement dans son palais épiscopal et dans sa cathédrale, tant qu'il lui plût d'y rester.

« Le culte divin se continue à Grasse, écrit le Directoire de Grasse à l'administration centrale de Toulon, une coalition s'est formée en faveur du ci-devant évêque Prunière : l'ex-chanoine Chéry. procureur fondé du curé Gasq. infirme, est à la tête. La plupart des chanoines reprennent, dimanche prochain, l'exercice du culte dans la cathédrale. »

(9 novembre 90).

Malgré ces plaintes du Directoire, malgré les ordres venus de Toulon, le culte ne fut pas interrompu un seul jour. Le chapitre et les prêtres nombreux de Grasse se groupèrent autour de leur Evêque et l'entourèrent des mêmes honneurs qu'aux jours heureux où il venait présider les cérémonies de la Cathédrale.

Dans son palais épiscopal,notre Evêque continuait à recevoir tous ceux qui avaient besoin de ses conseils. Il se montrait chaque jour en public, il visitait ses amis et surtout les prêtres, même les assermentés. Il réfutait leurs objections par les raisons du bon sens, qui arrivent plus facilement à convaincre. *Vous dites que la Constitution civile du Clergé ne touche point à la croyance ? Etes-vous juges de la Foi ? N'est-ce pas au Pape et aux Evêques que Dieu a accordé ce privilège ? Eh bien, le Pape s'est prononcé, tous les Evêques ont condamné avec lui cette constitution ! Pouvez-vous penser qu'ils soient tous dans l'erreur et que vous possédiez seuls la vérité ?*

Plusieurs prêtres furent touchés de cette bonté du pasteur et rétractèrent leur serment.

Il voyait aussi les fidèles, pour les encourager à résister au courant révolutionnaire : *Soyez fermes dans la Foi,* leur disait-il, *ce temps ne durera pas, Dieu viendra à notre secours, prions et faisons pénitence, nous méritons les maux qui nous arrivent, mais espérez et vous verrez des jours meilleurs.*

Et le peuple était heureux de le voir, on le saluait avec respect dans la rue. Aucune autorité n'aurait osé l'inquiéter.

Mais hélas ! malgré les mesures énergiques de notre Evêque, malgré les démonstrations populaires, malgré les coalitions et les murmures de cette population religieuse, qui s'opposait au départ de l'Evêque, le flot, toujours montant du torrent révolutionnaire, ne put être arrêté : Grasse dut subir une partie des calamités et des horreurs qui inondaient la France en ce moment.

L'Evêque partit pour Nice le 21 juin ; le Roi était parti le 20, pour Varenne.

A l'église de *l'Oratoire*, qui était devenue *le Club des Jacobins*, où, depuis les premiers jours du schisme, se réunissaient toutes les sociétés républicaines, où *la société populaire* se confondait avec l'administration centrale « *pour assister au jugement du dernier des tyrans* » où l'autel,les tableaux et tous les insignes religieux étaient restés à la même place, où les Jacobins s'étaient contentés de suspendre à la muraille le portrait de *Marat* et *l'image du Figuier*,sous lequel s'était formée leur société,les Décadi ou dimanches révolutionnaires étaient célébrés solennellement. On y chantait des cantiques composés pour rehausser le nouveau culte ; des prédicateurs laïques y donnaient des conférences pour remplacer les sermons des prêtres. C'est dire combien on avait tenu à conserver les vieilles habitudes, auxquelles le peuple était attaché. Le juge Gasq prononce un discours sur l'Immortalité de l'âme, son collègue Spitalier sur la Bonne-foi, un notaire traite de l'Amour, un garde national du Courage,un chirurgien de la Foi conjugale.

C'était toujours la même promesse d'une impossible égalité entre tous les hommes, la même prophétie annonçant un nouvel âge d'or, où l'Etat assurait le bonheur de chaque individu sans nuire à la collectivité.

Sachant bien cependant que leurs auditeurs, si crédules qu'ils fussent, ne se contenteraient pourtant pas tout à fait d'une absurde espérance, ils détournaient l'attention de cette foule souffrante et misérable en lui montrant, avec un geste de haine, le luxe et les jouissances des privilégiés,et après l'avoir affamée d'un creux idéal,ils lui jetaient l'os d'une mauvaise passion à ronger. » (François Coppée)

Et au milieu du fatras des cultes les plus charnels et les plus naturalistes, un prêtre constitutionnel, que ne choquaient pas le voisinage de Marat et les profanations journalières de ce temple, venait, chaque dimanche, dire la messe sur l'autel consacré au vrai Dieu. (Journal de Grasse)

De ces fêtes,qui étaient pourtant toute la Religion nouvelle, rien n'est resté, pas même le souvenir (Biré)

On est étonné en lisant de pareils faits ! Comment un prêtre, même constitutionnel, put-il, sans trembler, offrir le saint sacrifice dans un lieu souillé par tant de blasphèmes ? Etait-ce ignorance ? Etait-ce impiété ? La conduite de ce prêtre est d'autant plus inexplicable qu'il n'y a pas eu un seul scandale à Grasse, de la part des prêtres, pendant toute la Révolution. Tandis qu'à Antibes, trois vicaires se mariaient, tandis qu'à Vence le curé VIAL dénonçait son Evêque, le chanoine SPITALIER allait prendre femme à Callian, son pays natal, et que les vicaires AUZIAS et ABOU trempaient dans plusieurs crimes de ces temps-là, à Grasse les prêtres restaient prêtres. Quelques-uns ont occupé des charges municipales, comme le P. PONS, mais aucun n'a souillé son ministère par des actes criminels ou impurs. Je parle des assermentés, comme des prêtres fidèles.

Monseigneur Pisani, évêque de Vence, dans sa lettre pastorale du 25 août 1791, dénonce en particulier : les sieurs Vial réputé curé de Vence, Mallet curé du Broc, Blanc curé de Tourettes, Michelis curé de Bouyon, Amic curé de Caille, Taladoire curé de Bezaudun, Audoly curé de Dosfraire... etc. comme notoirement schismatiques.

L'exemple des apostats ne peut nous séduire, ajoute le saint évêque, la loi humaine nous ordonne de cesser toutes nos fonctions épiscopales, et la loi divine nous oblige à les continuer.

Mais les prêtres fidèles furent nombreux à Vence. Notons MM. FLORY doyen du chapitre de *Saint-Paul*, le chanoine SICARD, de LATIL vicaire général, ARCHIER, curé de *Vence*, qui fut plus tard curé de *Grasse*, VARACHON supérieur du grand séminaire, GALLIAN promoteur, MARS théologal, SAVORNIN official et vicaire général, qui fut plus tard curé de *Vence*, SAVORNIN archidiacre, BÉRENGER, BLACAS à qui l'évêque confia le diocèse, BAUSSY prieur de *Cagnes*, CHARRIER prieur d'*Andon*, FÈRAUD et CHEVALIER professeurs au grand séminaire, GARET curé de *Gréolières*... etc.

A la Cathédrale, on a peut-être bien célébré aussi quelques cérémonies étrangères au culte, quoique nos registres paroissiaux n'en fassent pas mention ; mais jamais la Cathédrale n'a été livrée à un culte profane et jamais ses autels n'ont été souillés par la présence de ces déesses impures qui, à la honte de l'humanité, avaient profané les sanctuaires de la plupart des églises de France. Chaque jour, les prêtres, attachés au service de la paroisse, célébraient les saints mystères et faisaient les cérémonies religieuses. Même après le départ de l'Evêque, le culte continua avec la même solennité que lorsque le chapitre célébrait ses offices et que Monseig. de PRUNIÈRE les présidait. C'étaient les mêmes prêtres qu'on avait l'habitude de voir depuis longtemps, qu'on estimait encore malgré leur défection, et qu'on cherchait à excuser à cause de leur piété.

Ainsi en voyant chaque jour à l'autel l'abbé Mus, dont la sainteté ne faisait de doute à personne, on plaignait son erreur, mais on n'osait pas le condamner.

C'étaient les mêmes offices célébrés aux mêmes heures, sans rien changer à ce qui avait été réglé depuis des siècles et qui constituait, pour ainsi dire, l'âme de la paroisse. Nous retrouvons dans le livre de compte du sacristain CAVALIER, qui est resté à son poste, pendant tout le temps de la révolution et plusieurs années après, *le prix du pain eucharistique et du vin de messe, le produit des chaises et des quêtes. L'année 1795 où les offices se firent dans la crypte a été la plus fructueuse : La quête du reposoir du jeudi-saint rendit près de cent fr.; la quête de Pâques, 132 fr. 5 sous ; la quête du dimanche suivant, 52 fr. 11 sous ; et le produit des chaises, pendant les trois premiers mois, fut de 485 fr.*

Le premier vicaire, M. RICAUD, fut chargé de l'administration de la paroisse, la mort après du curé Mougins. C'est lui qui assistait au Conseil de Fabrique, qui défendait les intérêts du clergé, et qui avait la responsabilité du culte. Nous le voyons même, pour certaines réparations urgentes, avancer l'argent nécessaire et le réclamer ensuite aux Fabriciens.

Les autres vicaires étaient MM. Roustan, Bain, Héraud, Rouquier et Amic.

Les sermons étaient prêchés les jours de fête, comme précédemment, et étaient payés aux vicaires.

Les prônes se faisaient, chaque dimanche.

On choisissait un prédicateur étranger pour le carême; tantôt c'était M. Artaud, ex-augustin, tantôt un curé voisin : Le curé du Tignet, M. Mane, ou un autre, etc.

Les funérailles étaient faites comme à l'ordinaire. Je trouve dans la liste des comptes : Reçu de l'enterrement de Laugier, 6 fr. ; de l'accompagnement de Cavalier, 6 fr. ; de celui de Bertrand, 8 fr... etc.

On distribuait le pain bénit.

Il y avait un instituteur pour les enfants de chœur : c'était le citoyen Doussan.

Le sacristain Cavalier ouvrait et fermait les portes, sonnait l'Angelus, distribuait les chaises aux offices.

Les deux chantres étaient Antoine Martin et Jean Bremond ; le bedeau, Philip ; le sonneur, Carlin ; le clerc, Maillan; les enfants de chœur, Castelli et Cavalier

Les fabriciens faisaient la quête à chaque messe, et parfois distribuaient même les chaises dans leur zèle pour augmenter les recettes ; je trouve à la date du 19 avril, dans le compte du trésorier : Reçu du produit des quêtes et des chaises distribuées par MM. Sicard et Bruéry : 53 fr. 11 sous.

Je crois rêver, en lisant ces détails : la distribution de chaises, dans l'Eglise par deux honorables fabriciens !...

A la fin de 1794, l'administration de la guerre s'empara de la Cathédrale pour en faire un magasin à fourrage, et les offices religieux furent transférés à la crypte. Mais le 5 septembre 1795 un épouvantable incendie se déclara tout-à-coup, on ne sait comment, dans cet immense amas de foin sec, et pendant cinq jours et cinq nuits le feu brûla avec une telle violence que les maisons voisines devinrent inhabitables.

La Municipalité, qui tenait ses séances dans l'ancien évèché, fut obligée de s'enfuir et demanda asile à la maison d'Andon.

Tout fut consumé dans l'intérieur de l'Eglise :- Les magnifiques orgues de Monseigneur de Villeneuve, la chaire de Monseigneur de Mesgrigny, les stalles sculptées du chœur, les autels latéraux remarquables par leur richesse et leur ornementation, le maître-autel fait avec les marbres les plus rares, surmonté de la statue des quatre évangélistes ; tout flamba ou fondit comme de l'étain dans une fournaise. Le tableau de *Subleyras* put être enlevé par la fenêtre du chœur ; celui de *Fragonard* fut grandement altéré par la chaleur et la fumée, et il porte encore les traces du feu, dans les boursouflures que la toile a subies.

Dès lors, l'administration militaire abandonna la cathédrale et prit possession de l'hospice, à peine achevé, pour en faire son grenier à fourrages.

Mais le conseil de fabrique s'empressa de réparer les dégâts causés par l'incendie : on mura la petite porte qui avait été calcinée, on rejeta toutes les scories du feu, et on appropria le reste. Puis on fit appel à la charité publique.

Les Marguilliers se partagèrent la ville, et allèrent quêter partout quelques aumônes pour réparer leur chère cathédrale. Toute l'année 1796 est employée à ce rude labeur.

Quêtes de janvier et février 1796	100 fr, 2 sous
Aumônes secrètes pour être employées à l'achat d'un calice	108 fr,
Quêtes et chaises en avril	90 fr.
Quête en ville 3 avril	96 fr.
Quête faite par M Rancé	49 fr. 10 sous
Quête faite par M. Merle	47 fr. 5 sous
Reçu d'un anonyme	50 fr.
id. aumône secrète pour le culte, avril	85 fr.
id. id. id. mai	85 fr.
Produit des quêtes et chaises, mai	72 fr. 10 sous
id. id. id. juin	65 fr.
Quête faite par le citoyen Pons	52 fr. 12 sous
Produit du mois de juillet	39 fr. 16 sous
id. d'août, Merle	49 fr. 5 sous
Produit de la quête faite par Rancé	767 fr. 12 sous.. etc.

On fit aussi la quête des figues et la quête de l'huile qui produisit beaucoup d'argent. On avait mis un grand vase de terre, dans chaque moulin, où chacun mettait son offrande, et on le vidait toutes les semaines.

Aussi les réparations se faisaient rapidement ; nous trouvons au compte des dépenses de cette année 1796:

Payé à Daumas maçon pour 350 journées à la cathédrale	350 fr.
à Bellissen, serrurier	165 fr. 4 sous
à Lieutauds, errurier	430 fr.
à Isnard, menuisier	119 fr. 10 sous

à Muraour, Vitrier 42 fr.
à Merle, pour 100 tuiles 9 fr.
Construction de la petite porte 319 fr. 4 sous. etc.
Notons que la journée d'un ouvrier était de 1 fr. à cette époque

Il est impossible de ne pas admirer la foi de nos pères, en ces jours néfastes de la Révolution.

L'orgue avait été brûlé. On écrit à Marseille et on apprend que deux orgues sont à vendre : celui des Réformés appartenant à l'Etat, de la valeur de 5.000 fr. et celui d'un particulier du prix de 1500 fr.

L'assemblée des fabriciens se réunit *et désirant donner aux cérémonies religieuses toute la splendeur qu'exige la sainteté du Culte, a délibéré de prendre toutes les mesures convenables, pour faire l'acquisition de l'orgue des ci-devant Réformés.* (11 février 1799)

Ce qui fut réalisé peu après.

Cependant à cette époque, les cérémonies extérieures du culte, processions, funérailles religieuses, viatiques, qui avaient été faites sans opposition, jusqu'en 1796, furent interrompues pendant près de deux ans. Ce fut l'époque la plus néfaste pour la religion dans notre pays.

Mais dès les premiers jours de 1799, nous trouvons cette délibération du Conseil de Fabrique :

Deux pluviose an VII (11 février 1799) Il fut question, il y a quelque temps, de faire un réglement concernant l'accompagnement des morts. Vous nommâtes à cet effet des commissaires, qui, craignant de contrevenir aux lois civiles, n'ont pas osé s'occuper de l'objet de leur importante commission.

Actuellement notre doute est éclairci : il a été décidé par le commissaire du Directoire exécutif près l'admi-

nistration municipale de la commune et canton de Grasse, que nous pouvons donner toute la splendeur possible à un tel cortége, pourvu que nous ne manifestions aucun signe extérieur d'un culte quelconque.

On n'osait pas encore sortir avec la croix et les ornements sacrés, mais *on pouvait donner toute la splendeur possible au cortège.*

Voici les principales cérémonies politico-religieuses qui ont eu lieu à l'époque révolutionnaire.

Le 20 juin 1790 on célébra dans la plaine de Châteauneuf la fête de la Fédération, au milieu d'un concours considérable de peuple et de dix mille garde-nationaux.

On y dressa un autel magnifique. Les prêtres offrirent le saint sacrifice, on y prononça des discours, on y prêta serment. *Mais on ne sait comment par la jalousie des Antibois contre les Grassois, l'autel, où l'on venait de sceller un pacte de fraternité, fut sur le point d'être souillé par le sang des Français*

(Rapport officiel dressé par M. Roubaud, syndic.

Le 14 juillet, 1er anniversaire de la prise de la Bastille, on dressa un autel sur le cours, on y dit la messe, on prononça des discours, on tira les boites, mais il n'y eut pas de fête solennelle. Une seule préoccupation possédait tous les esprits : la crainte de perdre l'Evêché.

L'année suivante, la Révolution avait fait du progrés. Les événements marchaient vite : l'évêché était supprimé, le palais épiscopal avait été vendu. l'Evêque avait été obligé de quitter son diocèse, l'Église constitutionnelle fonctionnait dans la cathédrale ; beaucoup de prêtres. préférant le bâton du proscrit à la palme du martyre avaient pris le chemin de l'exil. Les jacobins régnaient en maîtres. Pierre Girard cadet, dit la Barbette, était maire de Grasse ; on décida de faire une grande fête pour célébrer la prise de la Bastille, et comme l'esprit religieux dominait encore à Grasse, on voulut que cette fête fût surtout religieuse.

Un autel magnifique et tout enguirlandé fut dressé au haut du Cours, et le Clergé fut invité à venir y célébrer le saint sacrifice.

Vers le haut de la place, on avait construit en bois la représentation de la ci-devant Bastille, et la veille on avait publié, à son de trompe, l'attaque de la citadelle par tous les citoyens. Cet assaut improvisé réussit parfaitement. Le matin, à la première heure, les tambours battent aux champs, les clairons sonnent à tout rompre. Tous les citoyens en armes se réunissent sur le Cours, et, au signal donné, commence une fusillade infernale. L'attaque a lieu avec furie, les tambours battent la charge, les boîtes municipales, qui représentent les canons, font un bruit affreux, et la forteresse est enlevée aux cris mille fois répétés de Vive la Nation, Vive la Liberté.

Pendant ce temps, les cloches sonnaient à toute volée, la garde-nationale se rendait à la Cathédrale, tambour battant, drapeau en tête, pour escorter le Clergé La Municipalité se joignit à eux, et la foule du peuple toujours amoureuse de la parade suivit, escortant les prêtres en habits de chœur et tous les dignitaires vêtus d'habits aux voyantes couleurs, chamarrés de galons à toutes les coutures, les reins ceints d'écharpes tricolores, les chapeaux ornés de cocardes, marchant glorieux comme pour un triomphe.

On arrive sur le Cours. Une décharge de toute l'ar-

tillerie grassoise retentit, le Clergé et le Maire montent sur l'estrade. Chacun se place autour de l'autel ; les tambours battent aux champs, les clairons sonnent au clair et l'office commence solennel, imposant, majestueux. Chacun était recueilli dans cette immense foule, et suivait la messe en silence.

L'office terminé, M. Girard cadet, dit la Barbette, prononce un discours patriotique où il proclame le *triomphe de la Révolution, qui avait brisé le joug du despotisme.*

On l'applaudit, les boites retentirent de nouveau, on chanta le *Domine Salvum fac*. Le peuple fraternisa avec la troupe, on fit de bruyantes farandoles et des danses avec tambours et musiques. Le soir à 9 heures, toute la ville illumina, chaque famille alluma des feux de joie devant sa maison et le peuple, se félicitant de cette liberté nouvelle, s'amusa beaucoup.

« Mais, tandis que dans la soirée, le peuple fêtait la « prise de la Bastille, dit le procès-verbal de ce jour, une « bande exaltée de gens, qu'on avait poussée à la révolte, « se porte vers la demeure de M. de Théas, maréchal de « camp, et profère des cris menaçants, puis elle va vers le « jardin du sieur de Pontevès, qu'elle dévaste. Le Maire « arrive au lieu de la sédition et il est accueilli par des « huées. La garde nationale et les troupes sont requises « et ce n'est qu'à grand peine qu'on parvient à réprimer « l'émeute. Le jardin de M. de Pontevès avait été dé- « vasté, le mur de clôture et un pavillon étaient en « ruine. »

M. de la Chapelle, qui commandait un détachement du 28e, en garnison à Grasse, envoya son rapport au ministre de la guerre. Mais le signal était donné : les châteaux des seigneurs, dans tous les pays voisins, eurent le sort de la Bastille. A Tourettes, à la Gaude, à St-Jeannet les châteaux du pays sont pillés et renversés. A Cagnes, la population en fureur se précipite vers le château : les uns enfoncent la porte à coups de hâche, brisent tout ce qu'ils rencontrent dans les appartements, tandis que d'autres gagnent les toits et abattent créneaux et merlettes, malgré l'opposition du maire, M. Latty, et de tous les conseillers municipaux. A Cabris, le magnifique château est saccagé et détruit jusqu'aux fondements. La grande tour fèodale du Bar eut le même sort, tous les châteaux des environs furent pillés et quelques-uns démolis.

Grasse émet des billets de confiance de 5. 15 et 25 sous, jusqu'à la somme de 4000 fr.. La planche qui avait servi à les fabriquer fut brisée le 20 décembre 1792, et tous les billets furent retirés.

Le 21 septembre 1791, une grande fête se fit à Grasse, pour la proclamation de la Constitution. On sonne toutes les cloches, on tire les boites ; la municipalité, précédée des tambours et au son des trompettes, lit la Constitution sur toutes les places et à tous les carrefours. On dresse un autel sur la Place-Neuve, on prononce des discours et l'on proclame cette Constitution qui doit rendre la paix à la France.

Le 25 septembre, tous les corps administratifs se rendent à la messe et au Te Deum d'actions de grâces.

Le 23 octobre, les autorités et les employés de l'Etat viennent prêter serment à la Constitution.

Le 30 octobre, toute l'Administration assiste, dans l'église des Cordeliers, au service funèbre des victimes de la garde-nationale de Nancy.

Le 24 août 1791, on célèbre à la Cathédrale une cérémonie funèbre pour les patriotes morts à Paris le 17.

Le 21 septembre, l'état-major du général Anselme assiste au convoi funèbre du sieur François Raybaud, membre du Directoire de Grasse.

Le 10 avril, le couvent de la Visitation fut menacé par une bande exaltée, comme servant d'asile à des prêtres non assermentés. Il fut délivré par la garde Nationale.

Le 1er août, le Directoire de Grasse, poussé par le club, prenait des mesures contre les prêtres perturbateurs, et ordonnait à tout citoyen de les découvrir, de les dénoncer, de les arrêter.

Le 17 août, les Visitandines furent chassées de leur maison et le même jour on proclama à son de trompe le décret de suspension du Roi.

Cependant les membres du Club des Jacobins, siégeant à l'Oratoire, se plaignaient à la municipalité de n'avoir aucun temple consacré au culte de la Raison. Le sieur *Fabre* monte à la tribune et se plaint *« que le fanatisme empiète tout et que partout où il sera en concours avec les fêtes civiques il corrompra l'opinion publique. Il demande donc d'envoyer une députation à la municipalité pour consacrer entièrement la ci-devant paroisse au culte de la Raison et d'en bannir pour toujours le culte catholique. »*

Le corps municipal accepta cette demande et promit de *s'occuper de chasser sans délai le culte catholique de l'ancienne cathédrale pour la consacrer à la Déesse Raison.*

Il parait que c'était plus facile à promettre qu'à accorder. Le 3 prairial (22 mai 1794), cette demande était faite ; le 3 juin *Maximin Raybaud,* agent national de la commune, venait annoncer au Club qu'à l'avenir les fêtes décadaires seraient célébrées dans la ci-devant Cathédrale, et le 15 thermidor, (3 août 1794) rien n'avait été changé dans les offices ou dans les cérémonies de la Cathédrale. Le représentant *Ricord* est furieux. il reproche à la municipalité d'être aussi négligeante : *tandis que toutes les communes de la République, dit-il, se sont empressées de désigner et consacrer un local pour brûler à l'Etre Suprême, véritable Dieu de la Patrie, l'encens de la Vertu, vous, dans ce pays privilégié, vous n'avez encore aucun temple consacré à l'Être Suprême.* Ce qui nous prouve bien que, même l'église de l'Oratoire, dont ils faisaient leur temple, échappait encore à leur domaine souverain, puisqu'ils n'avaient pas pu en expulser le prêtre, et que le peuple exigeait la messe tous les dimanches.

Ricord ne fut pas plus heureux que le citoyen *Fabre*, car, quelque temps après, un autre citoyen montait encore à la tribune des Jacobins et s'écriait : « *Faut-il vous dire que ceux qui crient le plus au milieu de vous qu'il faut dire, qu'il faut faire, sont les premiers à se revêtir, les ci-devant Fêtes et Dimanches, de leur plus bel habillement* **pour se rendre aux offices de la cathédrale**. *Sachez encore qu'hier, ci-devant Dimanche, il n'y avait pas six boutiques ouvertes dans la ville.* Et personne ne le contredit.

Pour donner une idée de la fureur avec laquelle les Jacobins poursuivaient la destruction des institutions chrétiennes, nous allons donner quelques extraits du fameux arrêté de *Fréron*, commissaire du département, par lequel il substitua les Décadis aux Dimanches, et dont la minute se trouve aux archives de la préfecture de Marseille.

Cette piéce extrêmement curieuse est datée du 28 brumaire an II (18 nov. 1793).

« Considérant que les dimanches et fêtes sont rayés pour toujours du nouveau calendrier, et que par là même les bienheureux et bienheureuses qui faisaient tous les honneurs de l'ancien, ont été, pour ainsi dire, condamnés à la déportation pour l'Espagne, l'Italie , le Portugal et les autres contrées de l'Europe où la tyrannie, aidée du fanatisme se retranche contre la liberté.

« Considérant que la liberté et l'égalité sont les seules divinités qui méritent notre encens et nos hommages ; que la Constitution doit être notre unique évangile....etc.

« Considérant que la chute des prêtres doit suivre de près la chute des rois....

« Considérant la nécessité de remplacer par des fêtes nationales dignes de la majesté du peuple Français, et de ses hautes destinées, les cérémonies puériles d'un culte rétrécissant les âmes et les façonnant à l'esclavage, servant de pierre angulaire aux trônes des despotes écroulés sous nos mains vertueusement régicides....etc. etc. »

Suit le dispositif qui réglait l'ordre des fêtes civiques et l'obligation des Décadi.

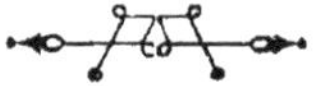

Dès que la nouvelle de la mort de ROBESPIERRE fut connue dans nos pays, il y eut un retour si rapide et si général vers la religion que les révolutionnaires en furent étonnés. En vain avait-on fermé les églises, dispersé les prêtres, dressé la guillotine, fait couler le sang ; à la première lueur de liberté, la réaction fut telle qu'il était évident à tous les yeux que le projet de détruire l'église avait échoué. Les prêtres fidèles et les émigrés franchirent la frontière. Sous les yeux des sectaires, les églises et les chapelles se rouvrirent, et sur le vieil autel purifié on vit fumer l'encens et consacrer la sainte Victime. A Nice, l'abbé

Garidelli inaugura l'exercice public du culte catholique à la cathédrale. A Grasse, tous les prêtres insermentés le célébrèrent ouvertement dans toutes nos chapelles.

Humiliée de cette audace, la Convention ordonna aux proscrits de sortir dans la quinzaine. Pas un prêtre ne bougea, pas un ne retourna en exil. Les prêtres se montrèrent partout librement et les cérémonies se firent publiquement devant une foule frémissante d'émotion.

Alors une guerre implacable, où le spectre de la Terreur tenta maintes fois de nous ressaisir, fut encore déclarée à la France chrétienne : les prisons se rouvrirent, les prêtres et l'élite de la Nation subirent encore les horreurs de la servitude et de l'exil. Cette persécution plus ou moins sanglante dura du 9 thermidor 1794 au 18 brumaire 1799.

Cependant la Convention avait voté la motion suivante, le 27 juillet 1794 : *La République ne paie plus les frais ni les salaires d'aucun culte, une pension remplace le traitement de tous les ministres, qu'ils aient continué, abdiqué ou cessé leurs fonctions.*

Les prêtres catholiques non assermentés, n'étant plus surveillés et traqués, reprirent timidement les réunions publiques, rendues impossibles depuis plus d'un an. Peu à peu l'opinion en leur faveur devint si forte que l'Assemblée se vit obligée de voter, le 21 février 1795, la loi sur *la liberté des Cultes.*

Cette nouvelle loi reconnaissait *le droit des citoyens pour l'exercice du culte, à condition qu'il ne se ferait aucune cérémonie extérieure et que le gouvernement ne serait obligé, ni de payer les ministres, ni de fournir aucun local.*

Des réclamations nombreuses eurent lieu sur ce dernier point, et le 30 mai, un nouveau décret *cédait pour l'exercice des cérémonies religieuses les églises qui n'avaient pas été aliénées*.

Ce décret statuait aussi, que les prêtres, pour avoir le droit de faire leurs fonctions publiquement, seraient obligés de faire *une déclaration de soumission aux lois de la République, et de prouver qu'ils avaient prêté le serment de liberté et égalité, imposé par la loi du 14 août 1792.*. Nous retrouvons ce serment dans nos archives municipales ; la plupart des prêtres crurent pouvoir contracter cet engagement. Monseigneur de PRUNIÈRE, pour être fixé sur la licéité de cet acte, s'était adressé au Pape ; et le cardinal ZELADA lui répondit, vers le milieu de mars 1793, que le Pape ne s'était pas prononcé sur le serment, mais que, s'il était purement civique, on pouvait le prêter.

Le 28 septembre 1795, nouveau décret de la Convention sur la police des cultes. Pour obtenir la permission de rouvrir une église, il fallait une pétition, signée par un groupe de citoyens qui prenaient la responsabilité de l'exécution de la loi, et une simple déclaration des habitants.

Toutes nos chapelles rurales vinrent faire leur déclaration à la municipalité, et le culte recommença à être exercé librement dans chacune d'elles. Nous retrouvons dans nos archives la demande de St-Jacques et de St-François.

Le 6 floréal an IV (29 avril 1796), en conformité de la loi du VII vendémiaire (28 septembre 1795), les habitants du quartier de St-Jacques ont déclaré à la municipalité qu'ils possédaient un édifice sous la dénomination de chapelle de St-Jacques, et dans lequel il y sera célébré le culte catholique, apostolique et romain.

Même déclaration, le 17 floréal (6 mai), a été faite par les habitants du quartier de St-François pour leur chapelle.

Je n'ai pas trouvé la déclaration des autres chapelles, mais en connaissant l'esprit du pays, je suis assuré que tous les quartiers de la campagne ont profité de cette permission, pour rouvrir leurs chapelles, et demander la messe et les cérémonies du culte à l'un des prêtres non assermentés qui étaient à Grasse.

Le 5 floréal an III (21 avril 1794) *les marguilliers voulant pourvoir plus efficacement au maintien du culte catholique, qu'ils se font un honneur et un devoir de professer, fixent eux-mêmes leur service dans la paroisse. Le service, à la compétence des soussignés, sera fait par les citoyens Joseph* AMIC *et* MERLE *père, en floréal et prairial,* RAYMOND *et* DAUMAS, *en messidor et thermidor* ; RANCÉ *et* MANTÉGUÉS, *en fructidor et vendémiaire* ; FERRAND *et* MURAIRE, *en Frimaire et brumaire ;* MAURE *et* ROUBAUD-LUCE, *en nivôse et pluviôse* ; BONNAFOND *et* BRUÉRY, *en ventôse et germinal. Ce service consistera dans les quêtes qui seront faites seulement à l'intérieur de l'église, à chacune des messes et aux vêpres des dimanches et fêtes. Le sacristain et le clerc leur remettront la cire que les fidèles donneront volontairement, et ils ne se dessaisiront qu'à la fin de chaque mois de la dite cire et du produit des quêtes entre les mains du trésorier.*

Comme la pension, que chacun des prêtres qui dessert la paroisse reçoit de la Nation, ne peut suffire à leur subsistance, les soussignés autorisent le trésorier à y suppléer par la somme de 75 livres à chaque trimestre.

Cette délibération nous fixe sur trois points importants. A cette époque (21 avril 1794) 1° Les offices se faisaient encore à la cathédrale et non à la crypte ; 2° On célébrait publiquement et solennellement les offices, le dimanche et les jours de fêtes ; 3° Les prêtres recevaient encore un traitement de la Nation.

Au 6 mars 1795, nous trouvons les offices à l'église souterraine. Le citoyen SICARD chargé de faire la quête du 6 au 17 mars, remet au trésorier la somme 485 fr. 19 sous.

Toutefois le moment de calme accordé à la Religion dura peu. Les ennemis avaient vu avec chagrin qu'un culte, qu'ils s'étaient flattés de proscrire, s'exerçât avec une ombre de liberté. On recommença donc à y mettre des entraves. Un nouveau serment fut exigé des prêtres.... Ces dispositions hostiles s'accrurent encore après le 4 octobre. L'Assemblée rendit des lois de plus en plus rigoureuses. Le 25 de ce mois, elle ordonna de nouveau la réclusion et la déportation des prêtres. Mais ce fut par ce décret que la Convention termina ses séances(27 novembre 1795).

Le Directoire fut institué. Cette magistrature, composée de cinq membres, ne fut pas plus favorable au culte. Voici un passage des instructions qu'il envoyait aux commissaires : *Désolez la patience des prêtres, inquiétez-les nuit et jour, et ne leur donnez pas un moment de relâche.* Quelles expressions sinistres ! C'est l'esprit de toutes les mesures prises contre les prêtres, pendant la Révolution.

Le 14 décembre 1796, le Pape refusa de souscrire aux conditions que le Directoire voulait lui imposer, et il fut accablé d'humiliations.

Le 1er février 1797, l'armée française marche contre l'Etat de l'Eglise et le 19 février le Pape signait avec Bonaparte le traité de Tolen-

tino qui sauvait Rome, mais jetait Pie VI dans le plus grand embarras.

L'Assemblée Constituante a duré du 1er mai 1789 au 1er octobre 1791.

L'Assemblée Législative n'a duré que 12 mois, du 1er octobre 1791 au 21 septembre 1792.

La Convention a duré du 21 septembre 1792 au 27 novembre 1795.

Le Directoire dura du 27 novembre 1795 au 18 fructidor (4 septembre 1797. Le Corps Législatif jusqu'au 18 brumaire (9 nov. 1799).

Pendant les deux premières années de son existence, c'est-à-dire de l'automne 1795 à l'automne 1797, le Directoire, sans montrer la moindre bienveillance au clergé, le laissa user de la liberté inscrite dans la Convention et ne fut pas persécuteur. Il vota mêmele, 24 août 1797, l'abrogation des lois portées contre les réfractaires et substitua aux anciens serments la formule anodine : *Je promets d'être soumis au gouvernement de la République française.* Ce fut le temps de la plus grande liberté pour l'église de Grasse. Tous nos prêtres exilés reprirent le chemin de la patrie. Le culte catholique même ne fut point prohibé.

Mais la réaction ne tarda pas à se produire : 10 jours après le 4 septembre 1797 (18 fructidor), la persécution se dèchaina de nouveau avec fureur contre les prêtres, les émigrés et les royalistes. Dés le 5 septembre, les mesures les plus sévères furent édictées : *le Directoire est investi du pouvoir de déporter par des arrêtés individuels, motivés, les prêtres qui troubleront la tranquillité publique.* On sait ce que cela veut dire. On invente un nouveau serment : *Je déclare et jure haine à la royauté et à l'anarchie.* Tous les prêtres, sans exception, devaient le prêter. La sanction était la déportation à la Guyanne.

Ce serment ne fut pas condamné. Une consultation de M. Pancemont, curé légitime de St-Sulpice, fut favorable à ce serment, et tous les prêtres de Grasse le prêtèrent sans hésiter.

Ce fut le règne de la force brutale dans toute son effronterie. Le Directoire publia décrets sur décrets. Point de procès. Point de juges. Les prêtres sont envoyés devant les commissions militaires et exécutés dans les 24 heures. Tel fut le cas de l'abbé Sicard de Vallauris, arrêté à Grasse et exécuté à Toulon. La plupart des historiens de la Révolution ne consacrent que quelques lignes à cette sanglante période, qui fut beaucoup plus néfaste que les précédentes.

A Grasse surtout, ce fut le temps de la véritable terreur. Notre ville éprouva en ce moment le contre-coup de la grande commotion révolutionnaire que l'on avait ressentie à Paris.

Le fanatisme qui, depuis longtemps, semblait détruit pour jamais, écrit le comité de surveillance de Grasse au directoire de Toulon, *veut relever la tête. Deux prêtres ont obtenu la permission de rouvrir leur église. La société populaire a cru devoir les autoriser, mais nous ordonnons d'exécuter la loi.*

Plusieurs révoltes eurent lieu dans la ville et, le 20 avril, le comité de surveillance écrivait à la Convention : « *Nous avons jugé à propos de mettre Grasse en état de siège, afin que le gouvernement donne plus de force à la loi. On a mis en état d'arrestation les individus dénommés comme terroristes et Robespierristes, ce qui s'est fait sans trouble.* »

Les clubs furent fermés, les rassemblements interdits, excepté à l'église où l'on savait très bien, en ce temps-là, qu'on n'y venait pas pour tramer des complots.

Tous les royalistes, et ils étaient nombreux à Grasse, avaient pris la cocarde blanche ; ils se réunissaient *au Pontet* qui était le quartier général du parti royaliste. Le soir, ils faisaient des feux de joie et se félicitaient ouvertement de la ruine prochaine de la République. C'était suivant l'expression du temps, une véritable *réaction*.

D'autre part, pendant qu'à Paris, la jeunesse dorée poursuivait les anciens jacobins, dans les Alpes-Maritimes, des bandes, connues sous le nom *de Barbets*, infestaient nos pays et les terrorisaient. L'autorité militaire les poursuivit vigoureusement. *Peine de mort*, dit le général Garnier, *pour quiconque donnera vivre ou gîte aux Barbets*. Rien ne put les détruire. Le district de Grasse leur fit la chasse, mais au sein de la ville même, une bande d'individus s'étaient constitués en colonnes mobiles, sous prétexte de défendre la République, semant la terreur à la ville et à la campagne. *Ils cherchaient*, disaient-ils, *les émigrés, les gens suspects*, et en profitaient pour piller les biens nationaux et les biens particuliers. On avait dénoncé à Paris la municipalité de Grasse, comme pactisant avec eux en les laissant agir : elle fut révoquée.

Le 24 septembre, un rassemblement s'était formé chez le traiteur Raybaud, on chercha à le disperser, une bagarre s'ensuivit, et le citoyen *Appian* fut tué aux cris de : à bas la Commune. En ce moment la ville était houleuse, il y avait un courant d'hostilité marqué. Çà sentait la poudre. C'est une odeur que Grasse ne connaît plus aujourd'hui ; il y règne plutôt une douce indifférence. Les coupables ne furent pas poursuivis. Le conseil municipal fut remplacé par une commission de 18 membres. Les perturbateurs, dirigés par un certain Bellissime de Callian, bravèrent impunément la nouvelle administration. Le juge Gaitte fut assassiné dans son domicile ; une femme, en défendant son enfant, eut le bras cassé ; ils dévastèrent l'auberge Roustan ; et l'année suivante, il célébrèrent par un banquet l'anniversaire de l'assassinat d'Appian, sans que personne n'osât les poursuivre.

*

A la suite du coup d'Etat du 18 brumaire (9 novembre 1799), le premier consul exigea des prêtres la promesse de fidélité à la Constitution de l'an VIII, établie par arrêté du 28 décembre 1799. On y satisfaisait par la déclaration suivante : *Je promets fidélité à la Constitution*. Tous les prêtres, revenus de l'exil, purent reprendre le ministère des paroisses sans péril ; on ne leur demandait plus que la fidelité au gouvernement établi.

Ce serment était-il légitime ? Pie VII écrivait de Venise qu'on allait étudier la question : il ne voulut pas se prononcer, et de là, naquit, dans plusieurs diocèses, une divergence déplorable d'opinions qui persista jusqu'à la signature du Concordat.

A Grasse on y alla plus simplement : tous les prêtres prêtèrent le serment et rétablirent le culte catholique dans toutes les chapelles.

L'année 1796 avait été, au point de vue militaire, des plus brillantes et, au point de vue religieux, des plus calmes et des plus favorisées.

A Grasse, le culte catholique ne fut pas prohibé pendant cette année, et les prêtres ne furent point persécutés.

Dans toute cette période de la Révolution, une seule chose repose un peu l'esprit et le cœur : le succès des armées françaises. Si à l'intérieur, le calme est relatif et le spectacle encore quelquefois honteux, à l'extérieur la France est belle, même dans ses défaites qui restent glorieuses.

Le curé Mougins s'occupait sérieusement de sa paroisse. Quelques abus s'étaient glissés dans le nombre et l'ordre des cérémonies : les serviteurs étaient moins exacts dans l'accomplissement de leurs fonctions. Le curé prépara un règlement et, en attendant de le soumettre au Conseil de Fabrique, il s'entoura d'un personnel irréprochable et exigea que rien ne fût changé dans les vieilles habitudes de la Cathédrale. Il faisait chanter tous les jours la Messe canoniale, qu'on sonnait solennellement, et le soir, les Vêpres et tous les offices, que les anciens chanoines avaient coutume de faire.

Il serait intéressant de lire ce réglement rédigé pour les serviteurs de l'Eglise par M. Mougins de Roquefort, qui l'écrivit tout entier de sa main dans le livre des délibérations de la Fabrique, deux mois avant sa mort, arrivée le 22 septembre 1793. Mais il est fort long : je n'en transcrirai que ce qui regarde le sonneur.

On n'aime plus les cloches de nos jours : leur bruit est étourdissant, et on a été obligé de retrancher une partie des sonneries, pour plaire à certains édiles aux oreilles délicates, plus difficiles que les Fréron et les Robespierre, qui habitaient en ce moment l'Hôtel du Département (maison Amic).

Or, voici quelle était la sonnerie à Grasse en 1793, au moment de la Terreur :

Du 15 octobre jusqu'au dernier mars, il sonnera les Matines depuis 5 h. 1/2 jusqu'à 6 heures ; et du 1er avril jusqu'au 15 octobre, depuis 5 h. jusqu'à 5 h. 1/2. A la fin de la sonnerie des Matines, il sonnera l'Angelus.

Les dimanches et fêtes, il sonnera Prime à 6 h. 1/2.

BONIFACE ANTOINE MOUGINS DE ROQUEFORT
né à Grasse le 21 avril 1732, Curé de Grasse
nommé député à l'Assemblée Nationale par le Clergé
nommé secrétaire de l'Assemblée le 9 avril 1791,
mort le 22 septembre 1793.

L. MOUREN

Cette sonnerie ne durera qu'un quart d'heure.

Chaque jour, il sonnera la Grand'Messe : les dimanches et fêtss, de 9 h. 1/2 jusqu'a 10 heures et les jours ouvriers, de 10 h. à 10 h. 1/2.

Il sonnera tous les jours les vêpres à 1 h. 1/2 pour finir à 2 h. 1/4.

Il suivra les usages, observés jusqu'à ce jour, pour l'annonce des solennités, des bénédictions, des processions, pour les agonisants, pour rassembler le peuple qui demande des prières dans les temps orageux, pour les prières publiques demandées par la municipalité au citoyen curé, pour les matines des morts, pour tous les convois funèbres, pour les services anniversaires etc. etc., et toutes les fois que le curé le jugera nécessaire pour cause essentielle.

⊖✱⊖

Cependant le 14 novembre 1790, une ordonnance du gouvernement avait prescrit *de mettre, sous les scellés, les vases sacrés et les ornements des cathédrales, que les commissaires délégués ne reconnaîtraient pas nécessaires au culte, ainsi que le mobilier des maisons religieuses, en exceptant ce qui serait indispensable à l'usage personnel et quotidien des religieux, qui les habitaient encore.*

C'était le commencement de la Confiscation. Grasse ne tint aucun compte de ce décret..

Antibes envoya immédiatement tout son trésor: « *Pour montrer notre bonne volonté*, s'écrie Esprit Reille, maire d'Antibes, *offrons à la nation les bustes en argent de St-Sébastien, de St Roch, de N. D. de la Garde, les lampes, les encensoirs en argent...etc.*, et ainsi fut fait. L'orfèvre *Joubert* évalua cette offrande à 3.612 fr. 15 sols et le Cap.

Suply emporta le tout à la Monnaie de Marseille.

Vence abandonna un capital de 1.026 fr. de rentes sur l'état.

Le 22 décembre 1791, un second décret de l'Assemblée ordonne *de diriger, vers la Monnaie, l'argenterie des églises supprimées et de ne garder que le strict nécessaire pour le culte paroissial. On ne conservera qu'une cloche, et les autres seront envoyées aux fonderies. Chaque commune fera exécuter ce décret, sous peine d'être dénoncée comme ennemie de la patrie.*

M. *Reille,* à Antibes, pour être à la hauteur de son mandat, dit au Conseil : *Descendons les cloches et débarrassons-nous de ce faste religieux, fruit de la superstition qui, sans honorer la divinité, ne sert qu'à assourdir les voisins.*

Le conseil refusa d'abord, mais se soumit peu de jours après.

Grasse envoya à Marseille, pour la fonderie de canons, les cloches des couvents qui n'étaient plus nécessaires : *4 des Jacobins,, 3 des Cordeliers, 3 des Augustins, 3 des Oratoriens, et une du Séminaire* ; mais elle ne toucha pas à ses chères cloches de la cathédrale. Le sieur *Bœuf,* voiturier, porta le tout à Cannes. Là, on joignit à cet envoi les cloches *d'Antibes, de Vence et de Cannes,* au nombre de 22. Le Capit. *Esprit-Honoré Serra* conduisit l'expédition à *Marseille* sur la tartane le *St-Jean-Baptiste.* Le poids de cet envoi était de 10.000 kil.

A partir de ce jour, calices, ostensoirs, reliquaires, ciboires, encensoirs, croix et chandeliers en argent s'accumulent à Grasse, dans la chapelle de la Visitation, choisie par le district, pour recueillir ces objets précieux.

Les Visitandines occupaient encore leur chère maison. La Municipalité s'empara de leur chapelle les premiers jours de janvier 1792, et le 20 février, elle établit les ouvriers dans leur cour, pour la fabrication du salpêtre. La position des Religieuses devenait intenable, elles ne se plaignaient pas pourtant; mais le 17 août, elles reçurent l'ordre de quitter leur couvent, avant cinq jours, pour céder la place à la troupe qui arrivait à Grasse.

Le 10 août 1792, un troisième décret ordonnait l'envoi à l'Hôtel des Monnaies de tout l'or et l'argent employés au service des autels.

Pendant deux ans encore, tous les objets précieux du district arrivèrent à Grasse, en grand nombre. Antibes, qui passait avec raison pour la ville la plus aristocratique, qui n'a eu que quelques révoltes passagères, pendant la Révolution, et qui a vécu dans une tranquillité relative en ces temps troublés, avait été la première à envoyer à la Monnaie une grande partie de son trésor, comme nous l'avons vu.

Vence, avec une impiété sacrilège, avait entassé à coups de pied les bustes vénérés de St-Véran et St-Lambert sur les vases sacrés et les reliquaires de la Cathédrale.

Cannes et les autres paroisses du district avaient fait de même. Grasse recevait tous ces objets, les accumulait dans le local du dépôt, envoyait de temps à autre quelques caisses à Marseille, mais ne touchait encore à rien de son propre trésor.

Ce ne fut que le 1er décembre 1793 (trois ans après le décret) qu'un arrêté fut remis « aux citoyens Marguillers composant la Fabrique pour l'administration du Culte Catholique des églises paroissiales et annexes de cette ville, par le secrétaire-greffier de la Municipalité de cette commune », arrêté pris par le corps municipal de Grasse en surveillance permanente, portant que « par les citoyens

JEAN-FRANÇOIS GIRARD, PONS et CRESP aîné il serait enlevé, sous inventaire, tout l'or, l'argent et le fer, qui se trouveraient dans toutes les églises dépendantes de cette commune, et faire porter, savoir : l'or et l'argent, dans le secrétariat du district, et le fer, croix et autres objets en fer servant au culte, dans la ci-devant Eglise des ci-devant religieuses, lieu indiqué par le district, pour servir de dépôt. »

« L'assemblée des Marguilliers, après avoir entendu la lecture de l'arrêté du corps municipal de cette commune, considérant qu'il a été nécessité par des circonstances impérieuses, qui exigent l'abandon de tous ces objets, nécessaires à la défense et au soutien de la Rèpublique, a unanimement délibéré d'obtempérer à l'arrêt du conseil muninicipal, sous la réserve de deux calices avec leurs patènes, d'un ciboire et d'un ostensoir pour la paroisse, d'un calice avec sa patène et d'un ciboire pour chaque oratoire, et d'un ostensoir commun aux trois oratoires, lesquels objets sont d'une absolue nécessité pour le service divin, sauf de faire la remise des dits objets réservés, dans le cas d'une nouvelle réquisition, les regardant comme soumis à toute réquisition ultérieure. »

Cette délibération est signée par PONS, président, CRESP, COURT, GIRARD aîné, PUGNAIRE, TOUSSAN, LUCE, MAURE, BRUERY et PEILLON.

« En exécution de cet arrêté, les trois citoyens nommés commissaires par le corps municipal, après un travail de plusieurs jours, ont remis au citoyen ROUBAUD, receveur du district de Grasse, l'or et l'argent qu'ils ont trouvés dans l'église paroissiale le 29 frimaire an II (19 décembre 1793), en présence des citoyens VIDAL, présisident du district et du citoyen COURT, maire. »

Quand au fer, la municipalité avait déjà fait enlever les tables de communion du maître-autel et de la chapelle du Saint Sacrement, ainsi que la grande grille qui fermait la dite chapelle.

Suit l'inventaire des objets remis :

1° Huit croix d'or, dont six avec un cœur et une bague.
2° Neuf croix d'or, un grand cœur et cinq petits.
3° Quatre calices en vermeil pesant 18 marcs.
4° Une Vierge, un Christ, une croix, un ciboire, deux burettes, deux chandeliers, un bassin, un goupillon, une sonnette, un ostensoir en vermeil, pesant 60 marcs.
5 Les bustes de St-Honorat, de St-Aigulphe, de St-Pierre, de Ste-Ursule, en argent, pesant 80 marcs.
6 Six grands chandeliers, avec la croix tout argent, pesant 80 marcs.
7° Six autres chandeliers plus petits, pesant 50 marcs
8° Deux grandes lampes 52 marcs
9° Deux bourdons et la masse du bedeau, 52 marcs
10 Un bras portant un drapeau, 8 marcs.
11° Trois ciboires, 14 marcs.
12° quatre encensoirs avec leurs navettes, 20 marcs
13° quatre calices avec leurs patènes, 10 marcs.
14° Deux ostensoirs, 8 marcs.
15° Deux petites Vierges, deux croix, deux couronnes, 8 marcs.
16 Deux Christ, trente-cinq cœurs, couronnes, etc., 24 marcs.
17° Galons d'or, franges et dentelles d'or, 186 marcs.

Les effets ci-dessus ont été remis par le citoyen receveur du district dans deux caisses et une malle :

Une des caisses contient 230 marcs.
L'autre contient 169 marcs
La malle contient 268 marcs.

Ce qui cadre exactement avec l'inventaire ci-dessus.

A Grasse, ce 1er nivôse, an 2 de la République (21 décembre 1793).

Signés : CRESP et PONS, Commisssaires.

L'administration avait gardé, selon la permission qui lui avait été donnée par l'Etat, deux calices avec leurs patènes. un ciboire et un ostensoir pour la paroisse, un calice avec sa patène et un ciboire pour chaque oratoire, et un ostensoir commun à l'usage des trois oratoires, lesquels objets étaient d'absolue nécessité pour le service divin.

Le 13 frimaire (2 décembre 1794), une nouvelle loi enjoignit aux administrateurs de chaque district, d'envoyer *au magasin général des dépouilles des églises, tous les objets d'or ou d'argent, provenant des églises ou des maisons religieuses, qui n'avaient pas encore été envoyés.*

Je ne trouve aucune trace de cette loi dans nos archives, il est probable qu'aucun autre envoi n'a été fait.

A St-Paul tout fut conservé : vases sacrés, croix, statues, etc.

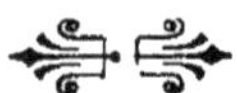

Pendant ce temps, toutes nos cloches étaient restées au clocher. Tous les jours, leur joyeux carillon apportait un peu de gaieté au milieu de la tristesse des temps, et rappelait aux pieux fidèles de notre religieuse cité les belles cérémonies de leur glorieux passé.

Le décret du 22 décembre 1791 ordonnait de ne conserver qu'une cloche. En 1793, les huit cloches étaient encore au clocher. Fréron et Robespierre jeune, furieux de cette négligence de la municipalité, lui ordonnèrent de procéder immédiatement à leur descente. On ne se pressa pas ; mais la loi du 23 juillet 1793 arrêta toute hésitation.

Le 23 octobre, le conseil général de la commune, décida que toutes les cloches, sauf une, seraient descendues du clocher et envoyées à la fonderie.

Le 28, la descente des cloches fut adjugée au sieur *Antoine Curel*, moyennant la somme de 600 livres.

Voici ce que rapporte la tradition à ce propos :

Le Maire appela le sonneur et lui dit : *Tu vas, une dernière fois, mettre en branle toutes les cloches, et, la dernière qui sonnera, sera celle que nous conserverons.*

C'est bien, dit le sonneur, *Sauveterre nous restera.*

Il monte au clocher avec sept jeunes gens aux membres vigoureux. Chaque cloche est délivrée de ses liens, et, au signal donné, les huit cloches sont mises en branle en même temps. Ce fut un vacarme épouvantable, on ne savait plus ce qui arrivait. Dans tout le pays, les femmes et les enfants sortent de leurs maisons ; on accourt sur la place de l'Eglise, et chacun de se demander : *Qu'est-il donc arrivé ? Est-ce une grande victoire ou le sonneur est-il devenu fou ?* On se précipite vers l'escalier, les portes sont fermées... Alors quelqu'un, au courant des affaires, dit tout bas : *On veut nous enlever les cloches pour les envoyer à la fonderie ! Ce n'est pas possible ! Nous voulons garder nos cloches !* Tel est le cri général, et, au milieu de l'indignation publique, on aurait pu voir un pleur perler sur bien des yeux.

Cependant le bruit diminuait ; une, deux, trois cloches ont cessé de parler ; le silence de la quatrième et de deux autres suivit de près ; bientôt, il n'en reste plus qu'une : *C'est Sauveterre,* qui de sa voix puissante continue à frapper l'air et à faire retentir majestueusement sa plainte sur la ville attristée. Elle semblait dire à tous : je ne vous quitte pas, je reste au milieu de vous, pour partager vos peines et vos joies.

Elle cessa de parler, chacun l'avait comprise.

Les bonnes femmes rentrèrent en silence et tout consternées dans leurs maisons, en essuyant leurs larmes du revers de leurs mains.

Voici le réglement de *l'Assemblée des Marguilliers composant la Fabrique établie pour l'administration des frais du culte catholique, signé le 20 mai 1793,* après *avoir éte examiné article par article et unanimement adopté.*

Article 1er. — *L'Administration des frais du Culte Catholique sera composée de 24 membres, renouvelés toutes les années par moitié, la seconde fête de Pâques, à l'issue des Vêpres.*

Art. 2. — *L'élection sera annoncée, le dimanche des Rameaux, à la Messe du prône de la paroisse et des églises de secours.*

Art. 3. — *Les administrateurs procéderont, le lendemain de l'élection, par le vote du scrutin et à la majorité absolue, à l'élection d'un président, d'un trésorier et d'un secrétaire, qui seront réélus ou renouvelés tous les trois mois.*

Art. 4. — *L'Administration se rassemblera tous les premiers dimanches du mois, à l'issue des Vêpres, sans convocation, et extraordinairement, toutes les fois que les besoins de la Fabrique l'exigeront. Les assemblées extraordinaires seront convoquées à la diligence du Président.*

Art. 5. — *Un seul membre de l'Administration pourra requérir une assemblée extraordinaire et la convoquer lui-même, si le président s'y refusait.*

Art. 6. — *Le président aura la clef des archives.*

Art. 7. — *Le trésorier recevra tout le produit et acquittera toutes les dépenses délibérées. Il sera dépositaire des clefs du tronc et du dépôt de la cire, mais il ne pourra les ouvrir qu'en présence d'un ou de deux administrateurs de service. Il rendra son compte à la fin du trimestre, en présence de l'administration assemblée extraordinairement.*

Art. 8. — *Aucun changement ne pourra avoir lieu, dans l'état des églises et dans le nombre des serviteurs, qu'après une délibération.*

Art. 9. — *Il y aura tous les dimanches et fêtes quatre administrateurs dans chacune des trois églises de secours et douze à la paroisse. Ils feront la quête à la Messe et aux Vêpres, à tour de rôle.*

Art. 10. — *Chaque trois mois, les administrateurs changeront d'église, de manière que ceux des Dominicains iront à l'Oratoire, ceux de l'Oratoire aux Capucins et ceux-ci à la Paroisse; et quatre de la Paroisse iront aux Dominicains. On tirera au sort ceux qui commenceront.*

Art. 11. — *Les administrateurs de service à la Paroisse seront obligés d'accompagner, au moins au nombre de deux, le Saint Viatique et d'assister aux enterrements auxquels ils seront appelés.*

Art. 12. — *Ils veilleront tous exactement à ce que les églises soient bien et proprement entretenues, à ce que les sacristies soient pourvues de tout ce qui peut être nécessaire, et à ce qu'elles soient exactement desservies.*

Art. 13. — *Ils veilleront à l'entretien et à la conservation des objets mobiliers inventoriés, dont il sera fait chargement au bas de l'inventaire.*

Art. 14. — *Ils veilleront aussi à ce que les serviteurs payés par la Fabrique fassent leur devoir avec ponctualité.*

Signé : MOUGINS, curé de Grasse, CRESP, BONNAFOND, COURT, MANTEGUÉS, MERCURIN, BRUERY cadet, PONS, MURAIRE, EUZIÈRE, MOUGINS, GIRARD aîné, GIRARD cadet, PEILLON.

N'y a-t-il pas quelque chose de bien suggestif de voir ces 24 bourgeois au banc des Fabriciens, au moment où la Terreur régnait partout en France?

Ce règlement a été suivi très exactement pendant toute la Révolution, et en 1817, à la dernière feuille du registre, nous retrouvons encore plusieurs des noms ci-dessus.

Dans quel pays peut-on trouver un pareil zèle pour la maison de Dieu ?

La Terreur avait commencé avec l'arrestation des Girondins, le 31 mai 1793.

Le 10 août 1792 Marat, Danton et Robespierre s'étaient emparés du pouvoir et avaient pris un tel ascendant sur la Convention qu'ils l'avaient entraînée à renverser le gouvernement monarchique.

Le 11 décembre Louis XVI était traduit à la barre de la Convention.

Le 3 janvier l'Assemblée décida que le jugement serait renvoyé à la sanction des assemblées populaires.

Le 14 janvier, cédant aux menaces des clubs, elle inscrivit à son ordre du jour ces trois questions :

1° Louis est-il coupable ?

2° Son jugement sera-t-il soumis à la sanction du peuple ?

3° Quelle peine lui sera-t-il infligée ?

Le 15 elle déclara qu'il était coupable et le 16 elle prononça contre lui la peine de mort.

L'odieux forfait fut consommé le 21. Sur 745 membres de la Convention 349 votèrent le bannissement, 370 la peine de mort. Les autres votes furent nuls.

Les député du Var, Ricord et Isnard, votèrent la peine de mort.

Cependant l'église schismatique de France commençait à fonctionner. Le 3 avril, l'assemblée électorale, convoquée pour élire l'évêque du département du Var, se réunit dans l'église Sainte-Marie à Toulon. Quatre cents quinze électeurs prirent part à cette élection, et parmi eux, quatorze ecclésiastiques seulement.

Les évêques étaient nommés par les mêmes électeurs que les députés, les curés par les électeurs des conseillers du district à raison d'un électeur sur cent citoyens. On allouait aux évêques un traitement qui variait entre 12000 et 50000 francs, et aux curés un traitement qui ne pouvait être inférieur à 1200 francs. Les grands ancêtres reconnaissaient qu'ils ne

pouvaient s'emparer des biens du clergé, qu'en s'engageant à remplir les conditions imposées par les donateurs, et en supportant les charges qui en résultaient.

L'ouverture de l'assemblée se fit à la suite de la messe paroissiale. M. GAZAN, électeur de Grasse, fut élu procureur général syndic. Il ouvrit la séance par un discours fort applaudi, où il ne craignit pas d'affirmer que *les lois nouvelles avaient pour but de faire recouvrer au christianisme sa première grandeur et son utile influence.* (Procès-verbal de l'assemblée).

La session fut très longue, chaque électeur voulait y aller de son discours. D'ailleurs ils s'étaient voté des honoraires, ce qui leur permettait de prendre patience.

Le 8 avril, premier tour de scrutin. Le plus grand nombre de voix fut obtenu par le Père AYCARDI, dominicain, et M. MOUGINS de ROQUEFORT, curé de Grasse, alors député à l'Assemblée Constituante.

Le 3me tour donna 258 voix au P. AYCARDI sur 411 votants, et il fut déclaré élu. Le P. AYCARDI refusa l'épiscopat, alléguant sa mauvaise santé.

Le 11 avril, nouvelles élections. Les suffrages se portèrent sur M. MOUGINS et sur M. RIGOUARD, curé de Solliès-Farlède. Ni l'un ni l'autre n'eut la majorité des voix.

Enfin le 12 avril, M. RIGOUARD fut élu par 204 voix sur 385 votants.

La proclamation de l'élu schismatique se fit aussitôt dans l'église parée et illuminée. Un *Te Deum* fut chanté solennellement.

On ne sait quelles furent les grandes qualités qui désignèrent M. Rigouard au choix des électeurs, dit M. Laugier. Il accepta avec reconnaissance, et s'empressa de se faire sacrer à Paris par Gobel, évêque métropolitain de La Seine, assisté de Lyndet, évêque de l'Eure, et de Aubry, évêque de la Meuse. Le lendemain de son sacre, il adressait aux prêtres et aux fidèles du département du Var sa première lettre pastorale, commençant par ces mots: *Jean-Joseph Rigouard par la miséricorde divine, l'élection constitutionnelle, l'ordination apostolique et dans la communion du St-Siège, Evêque du département du Var, à nos très chers coopérateurs Messieurs les Curés et Vicaires, et à tous les fidèles du diocèse, salut en N. S. Jésus-Christ.*

Cette lettre est un tissu de mensonges et d'incohérences. Il proclame la primauté du Pape au moment où il refuse de se soumettre à ses enseignements, il affirme qu'il n'est point intrus, puisqu'il a reçu la mission du peuple et l'ordination d'un Evêque. Il dit qu'il ne craint pas l'excommunication qui le frappe, parce qu'il ne fait que revenir à l'antiquité, et il termine en faisant des vœux pour la prospérité de Louis XVI.

Gardiol, ancien curé de Fayence, son collègue à l'Assemblée nationale, contresignait cette lettre comme secrétaire, et pour que rien ne manque à la peau de brebis, il prenait des armoiries, portant sur champ d'azur ses initiales accompagnées à dextre d'une croix et à senestre d'un bonnet phrygien.

Il arriva à Toulon, le jeudi 22 juin, jour de la Fête-Dieu. Cinquante hommes de garde nationale et cinquante de troupes de ligne partirent à sa rencontre, jusqu'à la chapelle de N. D. de Bon Secours, où le tir de 19 boîtes lui fit un premier salut. Les Corps administratifs, les autorités judiciaires, une députation des clubs et le clergé de la ville

RIGOUARD JEAN-JOSEPH
né à Solliès-Pont en 1735
Curé de Solliès-Farlède depuis 1779
nommé Évêque du département du Var en 1791
prit pour armoiries la Croix et le Bonnet Phrygien
mourut le 15 mai 1800, à Solliès-Pont.

L. MOUREN

auquel s'étaient joints les ecclésiastiques des communes voisines, le reçurent à la porte de France. A sa rentrée dans la ville un second salut de 19 coups de canon fut fait par les remparts. Au passage du prélat sur le port, le vaisseau amiral fit un troisième salut du même nombre de coups de canon. Arrivé à la porte de l'église, 19 boîtes lui firent un quatrième salut.

Trois jours après, les mêmes honneurs lui étaient rendus, à Fréjus, par toutes les autorités locales.

A peine installé, il nomme des prêtres assermentés à toutes les églises vacantes ; mais Grasse n'eut aucun changement.

Le 5 juillet, il se rendit à Draguignan, où le conseil du district lui avait préparé une réception solennelle.

Le 18 juillet, il reparut à Toulon et y data un mandement, pour se plaindre « des prêtres d'un Dieu de paix, qui tâchent d'allumer les torches du fanatisme. »

Il est à supposer qu'aussitôt après, Rigouard retourna à Paris, afin de reprendre sa place à l'Assemblée Constituante, car nous ne le retrouvons plus dans son diocèse que peu avant la séparation de cette Assemblée, qui eut lieu le 30 septembre 1791.

Le 6 avril 1792, Rigouard écrivit à la municipalité de Grasse, de garder une attitude énergique contre les réfractaires et de recommander aux Pénitents de ne donner des ornements, dans leurs chapelles, qu'aux prêtres assermentés et approuvés par lui. Il ajoute que les réfractaires ne demandent de la tolérance que pour propager la rébellion. *Heureusement,* dit-il, *Dieu bénit la Révolution, nous sommes les plus forts.*

Rigouard arriva à Grasse le 4 juillet 1792.pour y faire sa

première visite pastorale. Toutes les administrations vinrent au-devant de lui, jusqu'au dehors de la ville. On l'accompagna à la cathédrale.

Le curé MOUGINS, entouré de tout le clergé constitutionnel, reçut l'évêque à la porte de l'église, parée comme aux plus beaux jours de fête, et le félicita.

Le lendemain, toutes les autorités assistent à la messe pontificale.

Le 6, l'Évêque apprend que le curé est appelé auprès d'un malade, pour lui porter le Viatique. Aussitôt il demande à le porter lui-même, et les autorités viennent lui faire escorte.

Le 7, il se rend à Cabris. Les autorités l'accompagnent encore sur la route jusqu'à une certaine distance, et le directoire de Grasse écrit à la municipalité de Cabris de recevoir l'évêque avec tous les honneurs dus à sa dignité.

Comme on le voit, toutes ces démonstrations étaient surtout officielles ; le peuple ne s'y mêlait pas ou fort peu. L'évêque RIGOUARD avait beau jouer le rôle d'un apôtre et d'un ministre dévoué à l'Eglise, on ne le prenait pas au sérieux. Pour se rendre populaire, il défendit aux prêtres d'exiger le Casuel (22 janvier 1793). Il aurait voulu, par ce moyen, ramener le peuple à l'église, mais ce fut en vain ; on désertait tous les jours davantage les offices des prêtres assermentés, pour aller entendre la messe des prêtres fidèles.

Le 11 février, il avait ordonné des prières pour la santé de N. S. P. le Pape ; il avait nommé grand vicaire l'abbé PONS, curé de Vence, et il voulut bénir lui-même, à la demande des Vençois, le drapeau du 2e bataillon du Var.

La municipalité de Vence se fit autoriser par le Directoire du district à donner un repas à cet évêque *vertueux et patriote*. Elle le reçut, le 12 mars, en grande solennité. Le 14, on procéda à la bénédiction du drapeau. Masséna était là, simple capitaine. Le commandant Sanglier prit la parole : *Il vous manquait*, dit-il aux soldats, *le signal auquel se rallient les guerriers, vous l'obtenez intact, pur comme le Pontife sacré, qui vient d'en faire la bénédiction orthodoxe. Sous cet enseigne agréable à l'Eternel, vous serez toujours invincibles.*

La fête se termina par un banquet.

Le lendemain, Rigouard baptisa les enfants nouveau-nés, et il alla, le 16, recevoir une ovation à St-Paul, d'où il rentra à Fréjus.

Mais son triomphe ne fut pas de longue durée, il fut accompagné de bien d'amertumes. Une lettre de Rigouard au conseil municipal de Fréjus nous apprend que des couplets injurieux circulaient contre l'évêque. Nous avons eu la bonne fortune de nous procurer une de ces chansons très spirituelles et qui dénote une plume finement taillée.

BAUSSET et RIGOUARD, ou les prélats rivaux.

sur l'air : *C'est ce qui me console*

1

Chrétiens, deux hommes sont connus,
Ensemble évêques de Fréjus,
Voilà la ressemblance.
L'un vient du Pontife Romain,
L'autre du peuple souverain,
Voila la différence.

2

Tous les deux ont été sacrés.
Tous deux sont crossés et mitrés,
Voilà la ressemblance.

Bausset est humain, bienfaisant,
Rigouard du club est président,
Voilà la différence.

3

Chacun d'eux de ses doigts bénits
Va confirmant grands et petits,
Voilà la ressemblance.
Quand Bausset chante Alléluia,
Rigouard fredonne : Çà ira,
Voilà la différence.

4

Tous deux à l'exemple des saints,
Font la guerre aux plaisirs mondains,
Voilà la ressemblance.
Mais un jour, fou de rigodons,
Rigouard danse avec des guenons
Voilà la différence.

5

Une fois dans chaque saison,
Tous deux font l'ordination,
Voilà la ressemblance.
L'un fait prêtres des gens de rien,
L'autre, dit-on, plus d'un vaurien.
Voilà la différence.

Cette chanson fut répandue dans les diocèses de Toulon, Grasse et Vence, qui formaient avec Fréjus le diocèse de RIGOUARD, et on la chantait en remplaçant Bausset par celui d'évêque du diocèse.

La Convention abolit tout culte public en 1795 et RIGOUARD se retira à Solliès-Pont, dans la maison de sa mère. Il vécut là.comme curé ou simple prêtre assermenté, du 1er janvier 1797 au 6 novembre 1799, n'ayant aucune considération, même au milieu de ses parents, qui refusaient de lui faire baptiser leurs enfants.

Il mourut le 15 mai 1800, (25 floréal an VIII).

Monseigneur de PRUNIÈRE, en apprenant l'usurpation de l'intrus, envoya de Nice à ses diocésains un mandement, daté du 3 avril 1792, qu'il « notifia en particulier au sieur Jean-Joseph RIGOUARD, prétendu évêque, intrus et invaseur de notre diocèse, à tous les vicaires dits épiscopaux, à tous les intrus qui ont la place des curés légitimes, à tous les vicaires des dits curés, et à tous les prêtres, sous quelque nom ou quelque qualification que ce soit, qui exercent quelque fonction du ministère en vertu des prétendus pouvoirs donnés par le faux évêque RIGOUARD ou par les curés intrus assermentés, quoique canoniquement institués, leur déclarant que le délai de quatre mois, pour la 2me et 3me monition péremptoire, commence du jour de la date de notre présente ordonnance. »

Il dénonce « tous les assermentés, en tant que de besoin, suspens et irréguliers, en vertu du bref du 13 avril, qui a sorti son plein et entier effet, depuis l'expiration du terme de quarante jours, assigné pour se rétracter ou être privés de la suspense prononcée. »

Il défend « à tous les fidèles de son diocèse de communiquer dans les choses divines avec tous les dénoncés de la présente ordonnance, aucun d'eux ne pouvant exercer le ministère ecclésiastique et n'ayant aucune sorte de pouvoir. »

Enfin il révoque « tous les pouvoirs illimités et autres qu'il avait donnés aux prêtres assermentés réguliers ou séculiers de son diocèse, avant d'avoir prêté leur serment ; et même tous les pouvoirs qu'il aurait donnés aux religieux qui, sans avoir prêté le serment, auraient quitté leur maison sans la permission des supérieurs légitimes ecclésiastiques. »

« Nous espérons, ajoute-t-il, que tous les prêtres de notre diocèse. qui n'ont pas encore rétracté leur serment, écouteront la voix de l'Eglise qui, après leur avoir parlé par le ministère du corps épiscopal et du souverain Pontife, leur parle pour la seconde fois par le Père commun des fidèles. C'est ce que nous ne cessons de demander à Dieu avec les plus instantes prières, afin que, ramenés au sein de l'Eglise avec les fidèles, que leur funeste exemple en a éloignés, ils puissent par leur repentir en être la consolation, comme ils en sont en ce moment le deuil et l'affliction. »

« Donné à Nice, lieu de notre retraite, ce quatre avril 1792. »

François, évêque de Grasse

C'est le dernier mandement de Monseigneur de PRUNIÈRE : il est signé de sa main. Nous le conservons religieusement dans le trésor de la paroisse de Grasse.

Ce mandement fut répandu dans chaque famille et affiché même à la porte de la Cathédrale.

Tous les prêtres assermentés de la paroisse continuèrent le schisme, et tombèrent sous le coup de la suspense et de l'excommunication du Pape.

On a peine à concevoir un pareil aveuglement.

FIN DE LA PREMIÈRE PARTIE

Lorsque le Concordat eut rendu la paix à l'Église, le nouveau curé de Grasse, M. Archier, ancien curé de Vence, tout jeune encore, doué d'une vaste intelligence et d'un grand caractère, n'eut qu'à rentrer dans son Église et à continuer les offices de la cathédrale qui n'avaient presque pas été interrompus. Les dégats de l'incendie avaient été réparés en grande partie, mais l'Église restait sans décoration et sans ornements. Toutes les boiseries avaient été brûlées, la chaire de Mgr de Mesgrigny et le bel orgue de Mgr de Villeneuve n'existaient plus. Il fallait rendre la vie et le mouvement à ce grand corps à demi-mort.

M. Archier aurait pû conserver aussi toutes les anciennes chapelles des couvents, car aucune n'avait été démolie, et l'Église des Augustins seule avait été vendue; mais en présence de la nudité de son Église paroissiale il préféra abandonner ces chapelles et orner de leurs dépouilles l'Église qui lui avait été confiée par l'autorité Diocésaine. La chapelle des Dominicains lui fournit la chaire, les stalles du chœur, plusieurs tableaux, des bancs et des chaises. L'Oratoire fournit l'autel de la Sainte Vierge qui était l'ancien autel des Augustins, et qui est devenu plus tard l'autel de Saint-Jean, à côté de la petite porte d'entrée. Les Capucins fournirent divers objets du culte et la belle Vierge en marbre qui est au dessus de la porte principale de l'Eglise. La grande chapelle des Cordeliers était dévastée: elle avait servi successivement de club, de prison et d'hôpital, et la Visitation, achetée par le Père Artaud et réparée par lui fut approuvée par l'Archevêque d'Aix et rendue publique, comme chapelle de secours. La façade de l'Église des Cordeliers a été transportée à l'Oratoire en 1858, lorsque le style de cette chapelle fut transformé du roman en gothique par M. Raymondi vicaire de la paroisse.

EPILOGUE

A qui appartiennent les églises et les chapelles paroissiales ?

La loi du 2 et 4 novembre 1789 déclarait : *les biens ecclésiastiques sont mis à la disposition de la Nation.*

La loi du 14 et 20 avril 1790 décréta : *les Eglises paroissiales sont exclues des ventes et seront remises aux Conseils de Fabrique.*

La loi du 15 mai 1791 ajoutait : *Les Eglises, sacristies, parvis, tours et clochers des paroisses ou succursales supprimées, à l'exception des terrains ou édifices qui auraient été conservés pour oratoires ou chapelles de secours par décret de l'Assemblée nationale, seront vendus, après le décret ou la suppression de la paroisse ou succursale, dans les mêmes formes et mêmes conditions que les biens nationaux.*

Les Eglises supprimées furent donc vendues par l'Etat le 15 mai 1791, et *les Eglises paroissiales, exclues des ventes par la loi du 20 avril 1790*, furent remises à l'Administration des Fabriques, comme. plus tard, *les propriétés communales* furent vendues, en vertu de la loi *du 24 août 1793,* excepté les immeubles affectés à un service public.

Enfin, *le 13 et 14 Brumaire an XI,* tout l'actif des Fabriques fut réuni aux biens nationaux.

L'article 12 du Concordat est ainsi conçu :

Toutes les églises métropolitaines, cathédrales, paroissiales et autres non aliénées, nécessaires au culte, seront remises à la disposition des Evêques.

« Qu'est-ce que remettre un immeuble à la disposition de quelqu'un ? dit Gaudry en expliquant cet article. Est-ce seulement en accorder l'usage ? Nullement : c'est l'abandonner pour en disposer ; or, le droit de disposer devient un véritable droit de propriété, quand cet abandon se fait sans réserve. Les évêques ont reçu les églises dans ces conditions, et ils en ont disposé, à raison d'un édifice par cure ou succursale, en faveur des paroisses ; c'est donc à celles-ci que doit être attribuée la propriété. »

Par ces mots : *remises à la aisposition des Evêques,* dit aussi M. Emile Ollivier, on entendait, *comme la Constituante l'avait décidé, la pleine propriété de ces églises rendues aux Evêques.*

D'ailleurs *la loi du 30 mai 1806* déclare *que toutes les Eglises et presbytères, qui, par suite de l'organisation ecclésiastique, sont supprimés, font partie des biens restitués aux Fabriques.*

Il est vrai qu'un *Avis du Conseil d'Etat* du 3 novembre 1836 déclarait que les églises restituées aux Fabriques appartenaient à la Commune.

Mais que peut un *Avis,* même du Conseil d'Etat, contre des lois et des décrets aussi clairs que ceux que nous avons cités ?

Un autre *Avis du Conseil d'Etat* du 2 et 6 Pluviôse an XIII avait bien déclaré auparavant que les dites paroisses devaient être considérées *comme propriétés nationales.*

Nous pouvons nous attendre à *un avis nouveau,* qui sera peut-être encore moins conforme au Concordat et aux anciennes lois.

Il n'est pas indifférent de rappeler les principes et de

fixer le droit, à l'heure même où l'on est prêt à le méconnaître.

Nos églises, après Dieu, appartiennent au peuple, pour qui elles ont été construites.

Et Mirabeau ne craignait pas de dire du haut de la tribune avec sa grande éloquence : *Le vœu des donateurs doit être respecté, et l'on ne peut,* **sans commettre un vol véritable,** *ne pas tenir compte du bien que se proposait leur générosité.*

AVIS SUR L'ERRATA SUIVANT

La plus grande partie de ce volume ayant été imprimée pendant la maladie de l'Auteur, et le Prote étant absent de l'imprimerie, il s'y est glissé un certain nombre de fautes dont quelques-unes altèrent le sens ; le lecteur est prié de les corriger.

Page	9	ligne	18	*mon âge,* lisez *moyen-âge.*
—	9	—	25	*troubles* lisez *trouble.*
—	31	—	24	*de la résistance,* lisez *de résistance.*
—	36	—	13	*Parlente,* lisez *parlante.*
—	42	—	8	ajoutez à la fin du parag. *Ste-Maxime.*
—	53	—	10	*jettait,* lisez *jetait.*
—	68	note		*parlent-on,* lisez *parle-t-on.*
—	86	ligne	1	lisez : *Erreurs de tous genres.*
—	101	—	7	supprimez *en 1789.*
—	109	note	2.	*composées,* lisez *composé.*
—	121	ligne	4	*12 feux,* lisez *72 feux.* **(Très important)**
—	147	—	8	*tous les ordres,* lisez *les trois ordres*
—	149	—	19	*au plutôt,* lisez *au plus tôt.*
—	176	—	16, 17,	*jetté,* lisez *jeté.*
—	181	—	25	*émue,* lisez *ému.*
—	201	—	dernière lig.	*les premiers,* lisez *le premier*
—	208	—	6	*réunit,* lisez *réuni.*
—	208	—	23	*eut,* lisez *eu.*
—	208	—	27	*éclésiastiques,* lisez *ecclésiastiques.*
—	214	—	14	*sans rien changer,* lisez *sans que rien fût changé.*
—	214	—	17	*de doute à personne,* lisez *de doute pour personne.*

Les fautes de ponctuation sont trop nombreuses, nous ne pouvons pas les signaler, mais le lecteur n'aura pas de peine à les corriger.

TABLE DES MATIÈRES

Une table onomastique sera jointe à la seconde partie de cet ouvrage, si Dieu nous permet de l'achever. Tous les matériaux sont prêts, il ne reste qu'à les assembler, et à les présenter d'une manière convenable.

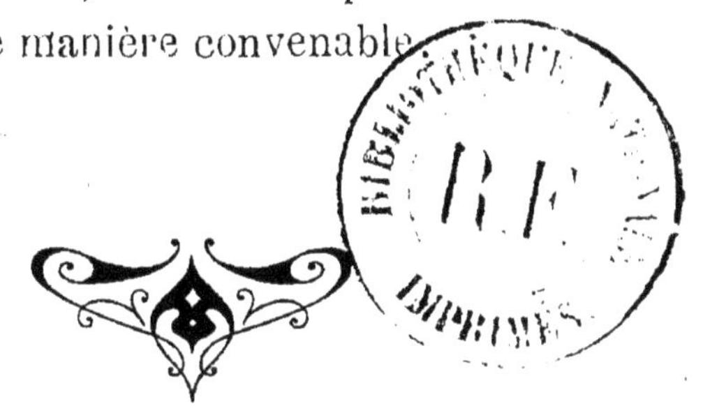

www.ingramcontent.com/pod-product-compliance
Ingram Content Group UK Ltd.
Pitfield, Milton Keynes, MK11 3LW, UK
UKHW021055220726
13924UKWH00005B/2111